Catalogage : ressources humaines, entreprise, digital

Éditrice : Dominique Gibert
Éditrice junior : Louise Baudrillart
Assistante éditoriale : Louise Péroche
Coordinatrice éditoriale : Andrea Goulet

ISBN : 978-2-35456-102-4

Retrouvez-nous sur :
http://diateino.com
http://twitter.com/diateino
http://facebook.com/diateino

RH & Digital

RH & Digital

Regards collectifs de RH sur la transformation digitale

Sous la direction de
Jean-Noël Chaintreuil

Préface de Yann-Étienne Le Gall
DGA du Groupe Rocher,
en charge des Ressources Humaines,
de la Communication et des Organisations

diateino

Remerciements

Hemingway répétait souvent qu'il voulait que chaque livre soit un voyage. Un voyage pour ses lecteurs, un voyage pour lui-même.

Comme chaque voyage, il est essentiel d'avoir des compagnons de route. Andrea Goulet et Benjamin Fouks sont les miens. Les remercier ne suffirait pas à mettre en valeur tout ce qu'ils ont apporté à cet ouvrage : leur présence, leur pertinence, leur impertinence et les nombreuses heures que nous avons passé à débattre, analyser et décrypter les tendances digitales et leurs effets de transformation sur les organisations et les entreprises.

Pour chaque instant et chaque mot, je tiens à les remercier avec sincérité et profondeur.

Je remercie également Yann-Étienne Le Gall, qui nous a fait l'honneur de préfacer cet ouvrage, en apportant son expérience et sa vision pragmatique des changements de l'entreprise.

Puis, il est essentiel de remercier ceux qui ont pris sur leur temps pour échanger avec nous et nous donner leurs points de vue – toujours en le justifiant et en l'illustrant parfaitement – sur les transformations digitales qui s'opèrent.

Je tiens donc à remercier tous les intervenants de ce livre : Jonathan Andrews, Didier Baichere, David Bellaïche, Michaël Blin, Aurélien Boutaudou, Mickaël Cabrol, Mathieu Cassotti, Nicolas Combemorel, Sophie Corbillé, Julien Cotte, Florie Crétin-Le Drogo, Julien Dargaisse, Jérémie Debord, Julien Fanon, Stanislas de la Foye, Erwann Gaucher, Julien Gautier, Lucie Girault, Nolwenn Godard, Perrine Grua, Julie Guesdon, Jean-Roch Houllier, Athanasios Koussoulos, Katrin Kuth, Franck La Pinta, Jérémy Lamri, Céline Lappas, Pierre-Yves Le Lan, Christelle Letist, Steffen Maier, Xavier Monty, Anne-Sophie Novel, Aurélie Olivesi, Laurent Pernelle, Francesca Pick, Charlène Pompidou, Laure Pourageaud, Grégory Pouy, Vincent Puren, Audrey Quievreux, Jérôme Réthoré, Laure Rocalve, Guillaume Rouzaud, Frédérique Scavennec, Joanna Spiette, Ewa Sulima, Julien Tassel, Laurent Vimont, Aurélie A. Vincent, Aymeric Vincent, Laure Wagner et Joe Wiggins.

Je tiens aussi à remercier les trois personnes qui ont illustré cet ouvrage : Céline Burlet qui a réalisé l'illustration sur les GAFA, Jordane Lacroix, qui a conçu les schémas des quatre phases de la transformation digitale, ainsi que Céline Lappas pour les autres illustrations de cet ouvrage.

Un grand merci à Jana El-Assaad et Jeanne Larour pour leur implication dans l'écriture de cet ouvrage.

Je continue l'inventaire des remerciements avec ceux dédiés à la maison d'édition Diateino – et particulièrement à Dominique Gibert pour sa confiance et son œil avisé et à Louise Baudrillart pour son temps, sa patience et sa rigueur face au chaos organisé de nos écrits.

Et enfin, sans les encouragements de chacun d'entre vous, familles, proches, amis, collègues, professionnels des RH et lecteurs inconnus, nous n'aurions jamais réussi à finaliser ce livre.

MERCI et en route pour l'aventure !

Jean-Noël Chaintreuil

Préface

Pour ceux qui, comme moi, ont des enfants adolescents, que cela nous plaise ou non, force est de constater que le smartphone est devenu une extension presque physique de leur personne. Cette petite bête à puce, plus puissante que l'ordinateur de la fusée Apollo en 1970, leur permet de s'informer, de communiquer, de travailler, d'aimer, d'acheter… en court-circuitant tous les intermédiaires classiques. Ce digital qui change nos habitudes, notre vie privée et nos mœurs au travail est une mutation irréversible. Et ce n'est qu'un début, disent les spécialistes. La transition digitale bouleverse toute l'économie, toutes les entreprises, qu'elles soient high-tech ou low-tech.

Parce qu'au sein du Groupe Rocher, la marque Yves Rocher possède le premier site beauté d'e-commerce en France et parce que nous sommes tombés tout petits dans la marmite de la vente à distance, le Web n'a cessé depuis plus de dix ans de transformer notre business model. De nouveaux profils (Web designers, Web architectes, data miners, community managers, e-marchandisers, etc.) sont apparus petit à petit dans l'entreprise pour constituer aujourd'hui une communauté digitale, composée de jeunes *digital natives* mais aussi de plus anciens qui, venant du marketing client, ont pu apporter le contenu nécessaire qui fait qu'un site marchand est aussi un média de marque.

Forts de cet acquis, nous nous sommes dit en 2013 que nous consacrions beaucoup d'efforts digitaux vers l'extérieur (les consommateurs) mais assez peu en interne pour les salariés. Nous nous sommes alors engagés dans un parcours de digitalisation de nos outils et de nos process, qui continue à ce jour.

Un bel exemple à cet égard est le réseau social d'entreprise que nous avons lancé il y a plus d'un an et dont les objectifs étaient assez largement orientés vers le partage d'information et de bonnes pratiques, la productivité, la collaboration entre marques, l'internationalisation, l'innovation. Ces intuitions de départ n'ont pas été contredites mais grâce à une enquête quantitative et qualitative réalisée un an plus tard sur les plus de 6 000 utilisateurs de Lisa (le petit nom de notre réseau social), nous nous sommes aperçus que les items positifs qui ressortaient le plus dans l'adoption et l'utilisation de Lisa étaient liés à la promotion de « l'*employee empowerment* », ou l'autonomisation des équipes.

En effet, la capacité à s'exprimer directement et sans barrière, le court-circuitage de la hiérarchie, le management par la conviction et l'image employeur ont été les éléments les plus plébiscités.

Le digital existe donc aussi (et peut-être même avant tout) pour casser les codes et créer du « collaboratif direct ». Quel bel enseignement pour le DRH !

Ce DRH se bat depuis plus de dix ans pour devenir un partenaire stratégique dans l'entreprise, pour être au cœur de la transformation du business, pour peser davantage au Comex. Alors comment le DRH pourrait-il ne pas s'emparer du sujet de la digitalisation, qui, on le voit tous, révolutionne l'entreprise ?

Bien sûr, le DSI ou le CDO (*Chief digital officer*) ont leur mot à dire car c'est le cœur de leur compétence, mais à y regarder de plus près, ce qui change vraiment, ce sont d'abord les hommes et les femmes de l'entreprise et leurs interactions. Beaucoup de nos dirigeants et managers voient encore les jeux de pouvoir en termes de maîtrise de l'information, de contrôle des équipes et des territoires. C'est encore leur grille de lecture privilégiée dans les grands process RH que sont l'évaluation de la performance, la rémunération et la mobilité.

Or, tout cela est en train de voler en éclats. L'information est partout et pas seulement (et de moins en moins) chez le supérieur hiérarchique, l'évaluation devient plus collective, avec une vision à 360 degrés, le pouvoir se dilue et le leadership se gagne et se transmet par le respect, la compétence, la crédibilité et l'empathie. C'est donc bien toute l'identité au travail qui se transforme, et le DRH doit non seulement en avoir conscience mais essayer d'anticiper ces évolutions.

Le jeune diplômé a souvent décroché son stage ou son premier emploi grâce à LinkedIn ou Viadeo : le profil sur ces réseaux est une nouvelle carte d'identité professionnelle, une publicité visible. Ce jeune diplômé va construire son identité au travail et sa fierté d'appartenance par ses contributions au réseau social d'entreprise (surtout si elles sont « likées »). Le DRH doit comprendre cette évolution, ne pas la juger, mais l'utiliser pour créer de la valeur pour l'entreprise et de l'engagement pour ses salariés.

Ces salariés qui manipulent au quotidien le digital sont au cœur de ce livre. Parce qu'il est essentiel de les accompagner, de les guider et de les former pour intégrer au mieux la culture digitale à celle de l'entreprise qu'ils connaissent déjà, cet ouvrage sera votre compagnon de route, directeurs et responsables des ressources humaines, pour mener dans votre entreprise la transformation digitale dont vous êtes l'acteur privilégié.

Yann-Étienne Le Gall
DGA du Groupe Rocher, en charge des Ressources Humaines,
de la Communication et des Organisations

Sommaire

Introduction

Parmi les 30 700 000 résultats de la requête « ressources humaines » sur Google[1], les 15 488 ouvrages français[2] sur les ressources humaines et les innombrables mémoires et thèses traitant de recrutement, formation, gestion de la paie et autres leviers RH, très peu abordent sous toutes ses formes le virage digital qu'a pris la profession ces dernières années. Pourtant, la transformation digitale est un projet stratégique d'envergure impliquant la totalité d'une organisation et tout particulièrement les RH, qui ont un rôle essentiel à jouer.

Pourtant, alors que les directions de la communication et du marketing se sont très tôt emparées du digital, les directions RH n'en tirent pas encore pleinement profit, ce qui a poussé Laurent Alexandre[3] à déclarer, de manière volontairement provocante, que les RH étaient des « handicapés du mulot ».

Plutôt que de survoler l'intégralité des acteurs impliqués dans une transformation au sein de l'entreprise, nous avons pris le parti d'explorer dans ce livre les différents aspects de la transformation vus par les professionnels des ressources humaines. Forts du constat que chaque entreprise est le résultat des individus qui la composent, nous nous sommes attachés avant toute chose à l'humain au cœur de la transformation digitale de l'entreprise.

Cet ouvrage comprend trois parties distinctes mais complémentaires, afin que vous puissiez appréhender et contextualiser au mieux la transformation digitale sous le prisme des ressources humaines. Au fil de la lecture, vous trouverez de nombreux retours d'expérience de praticiens RH d'entreprises très différentes (AXA, Deezer, L'Oréal, etc.) qui étayent leur propos d'exemples concrets permettant de confronter les visions des professionnels.

La première partie s'attache à présenter les nouveaux paradigmes qui ont transformé la société dans laquelle nous évoluons et ont, par conséquent, impacté les entreprises. La compréhension de ces paradigmes est le prérequis de toute transformation digitale. Les quatre paradigmes sur lesquels nous nous concentrerons sont les suivants : les GAFA[4], le Web social, le mobile, et l'économie collaborative. Ils sont à l'origine de 80 % des transformations, tant au niveau individuel qu'à l'échelle des entreprises.

La deuxième partie présente toutes les notions relatives à la transformation digitale en elle-même : définitions, objectifs, indicateurs de mesure et feuille de route, avec des exemples réels et variés ainsi que les clés pour appréhender au mieux ces notions et les adapter à votre propre organisation.

1. Au 22 juin 2015.
2. Nombres d'ouvrages référencés sur Amazon France, avec le mot-clé « ressources humaines » le 21 juin 2015.
3. Déclaration de Laurent Alexandre, chirurgien, urologue, auteur et chef d'entreprise, lors de la #rmsconf 2014, conférence dédiée au recrutement.
4. GAFA (Google, Apple, Facebook, Amazon) désigne les quatre grandes firmes américaines qui dominent le marché du digital.

La troisième et dernière partie est consacrée aux processus RH de l'entreprise, en suivant le cycle de vie d'un collaborateur. Les segments majeurs des processus RH y sont regroupés en trois grands chapitres. Le premier s'attachera à l'acquisition des talents en abordant les questions de l'évolution du rôle de recruteur, de la marque employeur et des stratégies de recrutement dans un marché de l'emploi concurrentiel. Le deuxième abordera l'*onboarding*[1], la gestion de la mobilité, l'engagement des collaborateurs et la diversité à travers le thème de l'expérience collaborateur. Enfin, le troisième chapitre sera consacré à l'évolution de la gestion de la formation, que ce soit à l'intérieur ou en dehors de l'entreprise, dans le cadre d'universités digitales, de *reverse-mentoring* ou par le biais des MOOC.

Les questions concernant le développement des talents, la gestion des salaires et des avantages (communément désignée sous sa forme anglaise, *compensation & benefits*) et des relations sociales ne sont volontairement pas abordées, leurs différentes facettes méritant un ouvrage à part entière.

Ce livre a pour but de vous dévoiler et d'analyser ce qui existe – en termes de bonnes pratiques et d'usages – ici et ailleurs pour enrichir votre culture digitale. Les nombreux témoignages de praticiens RH – déjà engagés dans une transformation digitale ou en cours de réflexion – ainsi que les modélisations proposées vous donneront les clés de compréhension pour designer des nouveaux schémas d'organisation et de fonctionnement des départements RH. Pour que les « ressources humaines » de l'entreprise deviennent des « richesses humaines ».

Voyez ce livre comme un guide didactique et pragmatique de la transformation digitale : il pourra vous accompagner à chaque étape de votre processus. Dévorez-le d'une traite ou piochez-y les idées qui vous inspirent le plus ! S'il existe des bonnes pratiques, il n'y a pas de recette universelle. Ce livre vous donnera des pistes à suivre avant de lancer ou relancer votre transformation digitale, sans formule miracle, mais avec l'esprit start-up et l'envie de *test & learn*.

Rien ne nous fera plus plaisir que de partager un moment avec les lecteurs de ce livre. Vous pouvez donc nous contacter si vous voulez échanger sur un cas, nous apporter un retour d'expérience pour enrichir le sujet ou simplement savoir comment adapter et appliquer une méthode à votre organisation.

Je vous souhaite une excellente lecture, pleine de transformations !

Jean-Noël Chaintreuil
@jnchaintreuil
@231e47
Paris, juin 2015

1. Intégration des nouveaux collaborateurs.

CHAPITRE 1

Les changements de paradigmes[1]

> *Le monde déteste le changement, c'est pourtant la seule chose qui lui a permis de progresser.* – Charles F. Kettering

Pendant les 7 secondes que vous prendra la lecture de cette phrase, plus de 3 200 photos seront partagées sur Instagram, plus de 61 000 tweets seront envoyés, plus de 34 000 statuts seront publiés sur Facebook et 14 nouvelles personnes se seront inscrites sur LinkedIn. Dans le même temps, le monde comptera 60 nouveaux internautes, 260 smartphones seront vendus, Amazon générera 26 500 dollars de ventes, Airbnb enregistrera 6 nouvelles réservations et BlaBlaCar, 2.

Ce ne sont que des chiffres. Certes, souvent vertigineux. Mais derrière ces données se cache un constat évident : notre société a changé. Nos usages quotidiens, nos réflexes professionnels, nos attentes et nos envies ont pris depuis ces dernières années un nouveau chemin. Les paradigmes de notre société ont changé et, à travers ce changement, nos entreprises ont également changé.

Aujourd'hui, plus aucune entreprise ne peut ignorer les bouleversements apportés par ces changements : des salariés qui amènent sur leur lieu de travail leur propre téléphone portable, voire leur ordinateur, des candidats de plus en plus informés sur l'entreprise via les réseaux sociaux, d'anciens employés qui notent leurs entreprises et soulignent leurs travers, parfois de façon tonitruante[2], des demandes croissantes de formations ou de candidatures via un canal mobile, des stagiaires qui posent des questions en entretien, parfois via Skype, sur la politique de diversité de l'entreprise ou la mise en place du télétravail et du covoiturage.

Certains pensent que ce n'est que le début de la révolution digitale. Demain, on pourrait voir des employés présents sous forme d'hologramme, des robots recruteurs, des drones livrant les contrats de travail, des salariés munis de vêtements connectés travaillant dans un open-space intelligent voire même hors de l'entreprise, dans un espace de co-working... La liste est sans fin !

En choisissant d'analyser ces quatre paradigmes que nous estimons majeurs (les GAFA, le Web social, le mobile et l'économie collaborative) et en donnant la parole à des experts dans ces domaines ainsi qu'à des entreprises, nous posons le cadre des changements sociétaux qui ont bouleversé le monde de l'entreprise.

1. Du grec *paradeigma* qui signifie « modèle » ; désigne ainsi une représentation du monde qui repose sur un courant de pensée dominant.
2. Voir à ce sujet, la vidéo : « Joey Quits » : http://youtube.com/watch?v=9A4UGtM4hDQ.

Les GAFA

Les GAFA ont les dents longues et les moyens de percer outrageusement. (...) Ils n'ont pas fini de dominer le monde, car pour eux, les frontières n'existent tout simplement pas, chaque humain connecté est un client potentiel. C'est pour cela qu'ils investissent pour connecter toutes les régions du monde.

Vous souvenez-vous de la peur du bug de l'an 2000 ? Si oui, vous vous souvenez aussi qu'il n'y a eu aucune catastrophe majeure. Pourtant, l'an 2000 a été décisif pour Internet et son économie. C'est en mars 2000 que la bulle spéculative d'Internet a atteint son paroxysme, avant d'exploser quelques mois plus tard. De nombreuses start-up – survalorisées – n'ont pas survécu à ce choc, mais celles qui ont su surmonter cette épreuve sont devenues des géants qui ont façonné l'Internet tel qu'on le connaît aujourd'hui. On peut citer parmi elles eBay, mais surtout Amazon et Google, créées respectivement en septembre 1995, juillet 1994 (pour une entrée en Bourse en mai 1997) et septembre 1998. La fin des années 1990 a aussi été la période du renouveau d'Apple, avec le retour de Steve Jobs en juillet 1997, qui a alors lancé l'Apple Store en ligne et le premier iMac, liant technologie et design. Quelques années plus tard, une fois ces géants et leurs business models arrivés à maturité, on a vu de nouveaux services se développer, parmi lesquels les réseaux sociaux, dont Facebook est le roi.

Aujourd'hui, quatre entreprises forgent les usages d'Internet, mais aussi les business models et les rapports qu'ont les entreprises plus anciennes et traditionnelles avec leur écosystème. Ce sont les GAFA : Google, Apple, Facebook et Amazon.

Les évolutions qui mènent à la naissance des GAFA

L'Internet grand public est un univers économique récent, et pourtant, ses évolutions répondent aux mêmes principes que des industries plus anciennes, comme l'automobile ou les télécommunications. Les opportunités se créent, un petit nombre d'acteurs les saisit et développe leur potentiel. On assiste alors à une forme de ruée vers l'or, où une foule de petits acteurs sature le marché en espérant obtenir des bénéfices immédiats et attirer les investisseurs. Cette saturation entraîne une vague de spéculation qui ne peut aboutir qu'à l'effondrement d'une partie du marché par faillite ou rachat, pour ensuite laisser émerger les acteurs qui ont mieux encaissé l'effondrement que les autres.

Dans le cas de la bulle Internet, ce sont les modèles économiques (*business models*) qui ont fait la différence : Jeff Bezos, fondateur d'Amazon, n'avait pas prévu de profits pour les cinq premières années. De la même façon, Larry Page et Sergueï Brin n'avaient pas vraiment élaboré de business model pour Google, qui n'était rien d'autre que leur très chronophage projet étudiant de Stanford. S'ils avaient déjà attiré les investisseurs avant 2001, ça n'est qu'à cette date qu'ils ont lancé Google AdWords[1] pour monétiser leur moteur de recherche.

1. Régie publicitaire de Google. Celui-ci affiche des annonces ou bannières publicitaires, qui sont ciblées selon les mots-clés que tape l'internaute ou en fonction de son comportement de navigation.

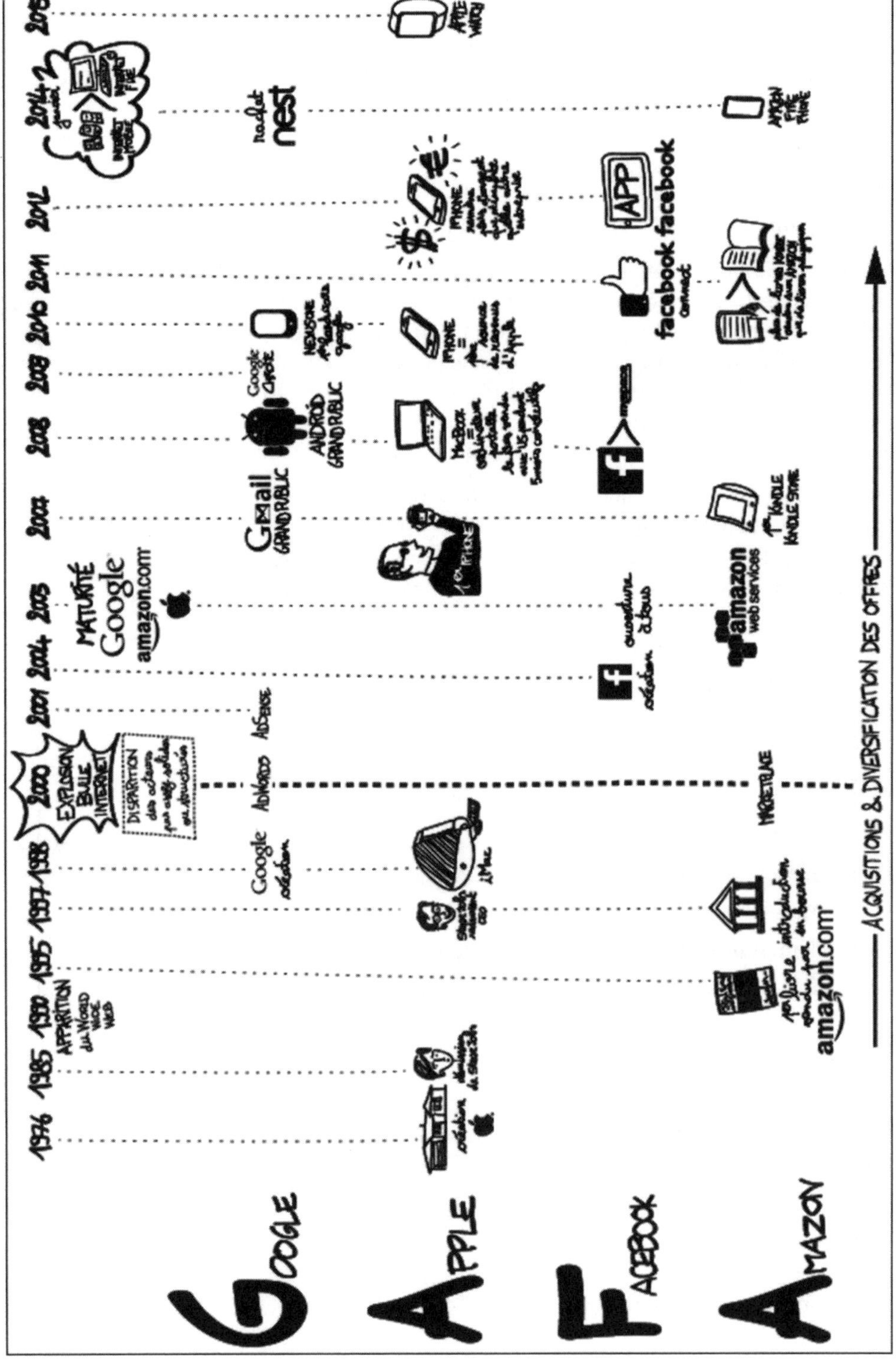
GOOGLE
APPLE
FACEBOOK
AMAZON
1976
1985
1990
1995
1997-1998
2000
2001
2004
2005
2007
2008
2009
2010
2011
2012
2015
APPARITION du WORLD WIDE WEB
EXPLOSION BULLE INTERNET
Google
AdWords
AdSense
MATURITÉ
Google
amazon.com
Gmail GRAND PUBLIC
ANDROID GRAND PUBLIC
nest
iMac
facebook connect
facebook
APP
amazon.com
amazon web services
KINDLE STORE
ACQUISITIONS & DIVERSIFICATION DES OFFRES

Pour Apple, la problématique est un peu différente : comment redonner de la puissance à une entreprise qui souffre de ne vendre que du matériel informatique ? La réponse est la même que celle que trouveront Amazon et Google pour leur développement : faire des acquisitions pour monter en compétences et créer des écosystèmes autour de leurs produits existants. Ainsi, Apple commence en 1998 à racheter des développeurs de logiciels pour intégrer leurs produits dans ses ordinateurs. Pour Amazon, il s'agira de racheter des acteurs locaux de la vente en ligne puis des acteurs en dehors du monde du livre. Enfin, Google misera sur le rachat de moteurs de recherche, plateformes de blogging ou logiciels d'analyse cartographique pour profiter de leurs fonctionnalités.

À partir du milieu des années 2000, ces géants, arrivés à maturité, travaillent à la création de nouveaux marchés, comme celui du mobile. Leur stabilité et la construction de leur valeur autour des données des utilisateurs donnent alors des idées à d'autres entrepreneurs. Émergent ainsi les géants des réseaux sociaux, LinkedIn, Twitter et surtout Facebook (qui est devenu accessible à tous l'année où le verbe « to google » est entré dans le *Merriam-Webster*), qui décuplent la force des données des utilisateurs et se développent en grande partie par acquisitions, comme leurs aînés.

Aujourd'hui, avec 300 milliards de revenus annuels cumulés, Google, Amazon, Facebook et Apple sont des puissances économiques fondées en grande partie sur l'utilisation sans divulgation des données personnelles grâce à leur impressionnante base de données cumulées, qui représente la moitié de la population connectée mondiale.

Les dates clés :

Juillet 1995 : Premier livre vendu sur Amazon.

Mai 1997 : Entrée d'Amazon en Bourse.

Juillet 1997 : Retour de Steve Jobs chez Apple.

Août 1998 : Sortie du premier iMac.

Septembre 1998 : Lancement de Google.

Mars 2000 : Début de l'explosion de la bulle Internet.

Septembre 2006 : Ouverture de Facebook à tous.

Les GAFA et leurs utilisateurs

Pour les utilisateurs, les GAFA, à force de répondre à des besoins et d'anticiper des usages, sont passés peu à peu de « pratiques » à « incontournables ». Et 68 % des Français pensent qu'ils ont transformés leurs vies[1].

Les deux premiers à montrer leur puissance ont été Google et Amazon. Google a d'abord lancé son moteur de recherche et l'algorithme PageRank[2], puis les groupes et les blogs

1. Étude BVA sur le comportement des Français face aux GAFA.
2. Algorithme d'analyse des liens concourant au système de classement des pages Web utilisé par le moteur de recherche Google.

grâce au rachat de Pyra Labs, ainsi que Gmail en avril 2004. En 2006, l'année où le verbe « to google » entre dans le *Merriam-Webster*, Google lance notamment Google Translate, Calendar, Checkout, Apps, Docs et rachète YouTube. Depuis, Google est capable de créer des téléphones, des tablettes, des objets connectés pour la maison et des montres connectées et a fait de Chrome le navigateur le plus utilisé au monde. Amazon, principalement par rachats successifs, a étendu son royaume bien au-delà des livres et des États-Unis. Le site est aujourd'hui devenu un site de référence pour acheter tout et n'importe quoi, des casseroles aux chaussures en passant par le chocolat, mais aussi pour vendre, qu'il s'agisse de biens physiques ou dématérialisés. Aux États-Unis, l'offre d'Amazon est encore plus large qu'en Europe, avec la livraison de légumes frais, la création et la vente de téléphones et télévisions, la VOD... Peu à peu, Amazon a complètement changé notre façon de consommer : on s'est habitué à recevoir ses achats en 24 à 48 heures, en quelques clics, sans se déplacer et sans même entrer à nouveau son numéro de carte bleue, et même à recevoir des recommandations d'achat.

Apple, avec le lancement de l'iPod au début des années 2000, a su dépasser son image d'entreprise qui fournit les créatifs en progiciels et ordinateurs alliant design et technologie. Elle est devenue une marque qui suscite le désir du grand public grâce à des objets au potentiel qui semble illimité, et ce sentiment a bien évidemment été renforcé avec le lancement de l'iPhone et de l'iPad, complétés par l'App Store. L'iPhone est aujourd'hui non seulement la première source de revenu d'Apple, mais il génère plus de revenus que n'importe quelle autre entreprise.

Enfin, au milieu des années 2000, Facebook a changé la façon dont nous gardons le contact avec nos proches, mais aussi la définition des termes « être amis » et « aimer » grâce à la possibilité de maintenir des liens faibles avec des personnes perdues de vues en un simple clic.

Pour les GAFA, la prochaine étape est la maîtrise des modes de paiement. Alors que PayPal, acteur historique du paiement dématérialisé, a lancé une application mobile et une solution de partage de paiement entre amis, les GAFA cherchent maintenant comment maîtriser, au-delà de la vente et de la promotion des objets, les transactions elles-mêmes. Facebook permet maintenant l'envoi d'argent entre amis via Messenger, Apple a lancé son propre système de paiement mobile sans contact (via NFC[1]) : Apple Pay, Google centralise les moyens de paiement dans Google Checkout et Amazon a lancé Amazon Payments à travers son API pour permettre aux utilisateurs d'utiliser sur d'autres sites les moyens de paiement enregistrés dans leur compte Amazon.

La maîtrise du paiement mobile et des transferts d'argent entre utilisateurs sont les deux axes d'affrontements sans merci entre les GAFA mais également le terrain de jeu de nouvelles start-up innovantes telles que l'alliance Snapchat avec Square qui a lancé Snapcash[2] ou encore Stripe[3] ou le Russe, uBank[4].

1. Near Field Communication.
2. Introducing Snapcash : http://youtube.com/watch?v=kBwjxBmMszQ
3. http://stripe.com/fr
4. http://ubank.ru/

Les GAFA contrôlent 55 % de la vie numérique[1]

Finalement, la force des GAFA est de couvrir la vie quotidienne de l'humain connecté en entrant par la porte du digital. Grâce à eux, on communique, on collabore, on rencontre, on cherche, et si tout va bien, on trouve. La plupart de leurs services sont gratuits pour les individus, puisque ce sont leurs données qui font la richesse de ces services et rendent possible leur monétisation, notamment à travers la publicité. Cette possibilité d'utiliser les données des utilisateurs, même si elles sont non-nominales, est le prix que la plupart des internautes acceptent de payer pour avoir accès aux services des GAFA. Pourtant, la protection de la vie privée et la possibilité de cibler les utilisateurs en recoupant des informations est une préoccupation majeure de notre époque. Si certains refusent catégoriquement de s'inscrire sur les réseaux pour éviter de voir leurs données récupérées, les gouvernements se mobilisent également pour mieux encadrer les données collectées, notamment, au niveau européen, sous l'impulsion d'Angela Merkel.

Par exemple, Guillaume Pepy, PDG de la SNCF, a déclaré que son principal concurrent était désormais Google, capable d'analyser les données client et de proposer la solution la plus adaptée et la moins chère pour chaque trajet. C'est pour cette raison que l'entreprise a misé sur le digital en investissant dans des start-up, en lançant un store d'applications internes et externes développées par des cheminots et des start-up (tout en repensant son offre sur les stores habituels) et en ouvrant son API pour permettre à des acteurs extérieurs d'intégrer et de diffuser leurs données. Elle a également équipé ses agents de tablettes et smartphones et a créé des fab-labs destinés à accueillir en France et à San Francisco des équipes projets travaillant sur des sujets comme le big data, l'open data, le design, la robotique et les objets connectés.

Les GAFA, de nouveaux modèles de développement

Si les GAFA ont si bien réussi leur prise de pouvoir sur le monde, c'est aussi parce qu'ils ont créé de nouveaux modèles économiques. Les entreprises traditionnelles ont pour habitude de se développer en recrutant ou en faisant l'acquisition d'activités qui sont ensuite intégrées à leur activité principale, alors que les GAFA innovent sur ce point. Ces derniers recrutent peu pour le développement de nouveaux produits et préfèrent le rachat de start-up qui permet de renforcer leur activité principale. À titre d'exemples, Amazon a racheté Hunch[2] pour servir son système de recommandation ; Google a acheté plusieurs entreprises de construction de robots (dont le leader Boston Dynamics) entre autres pour leurs compétences en intelligence artificielle ; Apple a acquis Siri pour l'intégrer à ses produits mobiles. À ce jour, l'acquisition la plus impressionnante est probablement celle de WhatsApp par Facebook en 2014 au tarif de 40 dollars par utilisateur, soit 22 milliards de dollars.

D'autre part, les GAFA ont créé de nouvelles façons de consommer. Quand vous achetez un Kindle, Amazon vous propose avant tout les livres disponibles dans le Kindle Store. Le thermostat Nest donne la possibilité de contrôler votre maison à distance… On ne vend plus de produits uniques, on vend des abonnements, des produits doublés d'un service

1. FaberNovel, GAFAnomics, octobre 2014.
2. Site qui permettait de recommander des produits à partir de données collectées auprès de ses utilisateurs.

qui facilite la vie. La prolongation de cette façon de consommer se retrouve dans l'abonnement aux box, qui permettent de s'abonner à un produit reçu à intervalles réguliers.

En tant que particulier, vous avez accès à une infinité d'applications mobiles gratuites ou payantes sur les stores, à différents produits sur la place de marché d'Amazon ou dans les applications et groupes Facebook. La particularité de cette méthode ? Aucun des produits n'est créé par la plateforme qui la vend. En mettant à disposition un lieu de vente virtuel, les GAFA ont créé un modèle qui peut facilement changer d'échelle sans investissement supplémentaire. Résultat : en 2013, leur chiffre d'affaires cumulé était proche du PIB du Danemark, soit 316 milliards de dollars – pour 252 000 employés contre 2,7 millions habitants – et leur croissance était supérieure à celle de la Chine : 12 % contre 9 %. En 2014, les apps iOS ont à elles seules généré un chiffre d'affaires plus important que… la totalité des films hollywoodiens dans les salles de cinéma américaines[1].

Et si vous aviez investi 1 000 dollars dans un GAFA à son entrée en Bourse, vous auriez combien aujourd'hui ?

Pour Amazon : 253 360 dollars US (entrée en Bourse le 15/05/1997).

Pour Apple : 69 140 dollars US (entrée en Bourse le 12/12/1980).

Pour Google : 10 329 dollars US (entrée en Bourse le 20/08/2005).

Pour Facebook : 2 169 dollars US (entrée en Bourse le 18/05/2012).

Les GAFA et les entreprises

> *Si ça n'est pas sur Google, ça n'existe pas.* – Jimmy Wales, fondateur de Wikipédia

Une entreprise peut-elle encore fonctionner sans les GAFA ? À l'été 2014, Amazon a demandé à Hachette de revoir à la baisse le prix de ses ebooks pour le marché américain. Face au refus du groupe français, le géant de l'e-commerce a mis en place des sanctions, comme des délais de livraison allongés (de quelques jours auparavant à plusieurs semaines), la suppression des promotions et l'impossibilité de précommander un de leurs ouvrages. Si, après plus de cinq mois de bras de fer, un accord a finalement été trouvé – au grand soulagement d'Hachette et de ses filiales, mais aussi des maisons d'édition plus petites – il a surtout bénéficié à Hachette, qui n'aurait pas pu se permettre plus longtemps de ne plus être distribué par celui qui détient près de 50 % du marché du livre aux États-Unis.

Ces quelques mois qui ont fait trembler Hachette sont révélateurs de l'emprise des GAFA : c'est grâce à eux que les marques ont de la visibilité. C'est ainsi que Facebook, en donnant de moins en moins de visibilité aux publications des pages, vend de la publicité. C'est

1. http://readwrite.com/2015/01/26/ios-app-development-hollywood-revenues-growth/

aussi comme ça que Google vend des AdWords et impose ses propres règles en matière de référencement. Enfin, c'est par son influence sur les usages qu'Apple façonne l'expérience utilisateur des applications de son store.

Les marques n'ont d'autre choix que de se plier aux règles du jeu imposées par les GAFA, que ce soit en termes de contenu, de format, de décence, de tarifs. Dans le même temps, les marques gèrent de manière plus précise leur budget consacré aux médias : là où elles dépensaient il y a quelques années des sommes fixes pour apparaître sur un abribus, dans un magazine, ou même sur une bannière Web avec une audience peu maîtrisée, elles peuvent aujourd'hui choisir précisément qui verra leur publicité, en connaître les retombées et savoir ce que les utilisateurs disent de leur produit.

Les entreprises ne peuvent donc plus passer à côté des GAFA, mais elles profitent en échange de tous les avantages du big data, de l'écoute de leur communauté et d'un lien quasi direct à leurs consommateurs[1].

Les entreprises peuvent-elles fonctionner sans les GAFA ?

Dans une certaine mesure, les GAFA se sont immiscés dans le fonctionnement même de l'entreprise. Évidemment, cela passe tout d'abord par la création de services dédiés aux entreprises, qui sont les plus performants du marché. Outlook reste un serveur mail privilégié dans les entreprises et Microsoft a créé des produits dédiés comme SharePoint et Yammer pour des usages internes. Pourtant, des Google Apps répondent aux mêmes besoins et ont décidé de prendre les produits Microsoft d'assaut. Elles ont pour avantage de proposer à l'utilisateur l'environnement des produits Google, dont il est déjà familier grâce à son utilisation dans la sphère privée. Amazon est également entré dans la course des services aux entreprises, tant est si bien qu'il est le fournisseur de cloud de la Maison Blanche. Facebook, enfin, a choisi de lancer fin 2014 une version entreprise de son réseau social.

Les GAFA influencent le monde de l'entreprise bien au-delà des outils proposés. En effet, ils sont aujourd'hui de plus en plus à la recherche de talents provenant d'univers traditionnels mais ayant des connaissances dans le digital afin de les aider à conquérir de nouveaux marchés. Ainsi, au printemps 2014, Angela Ahrendts a été débauchée par Apple pour devenir la vice-présidente senior en charge des boutiques et des ventes en ligne. Elle était alors directrice générale de Burberry, après avoir fait toute sa carrière dans l'industrie de la mode. Et ce n'est pas un cas isolé. Cet exemple est révélateur de la stratégie des GAFA, mais aussi de leur pouvoir d'attraction. Google est, selon Forbes, l'entreprise où il est le plus agréable de travailler, et obtient une note de 4.4/5 sur Glassdoor[2]. Sur cette même plateforme, Apple obtient une note de 3.9, Facebook 4.4 et Amazon 3.4. Ces notes sont le résultat de leur gestion unique des talents et de la mobilité dans ces entreprises, de la façon dont elles s'investissent dans le bien-être de leurs cadres et d'un mode de travail favorisant la créativité.

Si les entreprises ont su attirer les clients B2B et B2C, c'est parce qu'elles ont su fidéliser les meilleurs talents, notamment en leur donnant les conditions optimales pour se

1. http://searchenginejournal.com/social-media-makes-nearly-third-referral-traffic-stats/124422/
2. Site sur lequel les internautes peuvent noter et laisser des avis sur leur entreprise, ses pratiques RH, ses entretiens d'embauche, son PDG… et où les entreprises peuvent déposer des offres d'emploi.

concentrer sur leur travail dans une ambiance conviviale, mais aussi en les payant bien plus qu'à leurs postes précédents, dans la mode, les médias ou la grande distribution. Armez-vous, la guerre des talents ne fait que commencer ! À vous de créer des politiques de rémunération et d'avantages sociaux aussi avantageuses que celles des GAFA, mais aussi de trouver comment vous inspirer de leur agilité pour retenir vos meilleurs éléments avant qu'ils ne s'envolent[1].

Les GAFA et la guerre des talents

Dans la Silicon Valley, Apple et Tesla sont en concurrence permanente. En effet, le constructeur de voitures intelligentes et connectées ne bouscule pas seulement le monde de l'automobile, il menace aussi le géant de l'électronique. Tout a commencé lorsqu'en 2013, Tesla a fait démissionner Doug Field, le VP Hardware des produits Mac, pour le placer au poste de VP des programmes véhicules. Depuis, chacune des deux entreprises chasse les ingénieurs de l'autre.

Pour montrer à vos collaborateurs que vous prenez soin d'eux, au-delà des Comp & Ben, observez leur façon de vivre dans le privé et inspirez-vous-en pour les rendre plus heureux – donc plus productifs et créatifs au travail. L'économie collaborative, qui est aujourd'hui entrée dans les habitudes de consommation de vos salariés, peut être intégrée dans vos processus et votre organisation, grâce au Web mobile et social notamment. Déjà utilisés par les start-up et les travailleurs indépendants, les principes de l'économie collaborative nécessitent de repenser la structure de votre entreprise et sa place dans son écosystème. C'est une excellente façon de favoriser une émulation saine, d'accroître la créativité, et une nouvelle façon d'innover au sein de l'entreprise.

Pour en savoir un peu plus sur ces géants du Net, nous avons interrogé Vincent Puren, Directeur des Contenus chez Maddyness, magazine en ligne des start-up et de l'innovation.

Comment expliquer l'ascension des GAFA du milieu des années 1990 à nos jours ?

Je crois qu'au-delà de la vision à long terme des fondateurs, c'est l'approche managériale qui a primé chez ces acteurs. Les GAFA ne font pas qu'utiliser le digital pour créer de nouveaux services. Ils pensent digital, mangent digital, dorment digital. C'est un style de vie, une façon de voir les choses et de travailler, plus proche que jamais des consommateurs. Une approche communautaire qui consiste à responsabiliser, impliquer et faire évoluer les collaborateurs. Prenez Google et son principe du 80/20 par exemple : 80 % du temps de travail est consacré aux projets de l'entreprise, 20 % à des projets personnels qui peuvent indirectement influencer l'entreprise. C'est comme ça qu'est né récemment Cardboard, le casque de réalité virtuelle en carton imaginé par les Français David Coz et Damien Henry, basés à Paris à l'époque et désormais au cœur du QG américain de Moutain View de Google. Google a vite compris que pour devenir un géant et sortir les produits associés, tout se joue avant tout en interne. Pari gagné !

1. http://capital.fr/carriere-management/actualites/apple-google-facebook-des-geants-du-Web-ultra-genereux-avec-leurs-salaries-1009305

Pourquoi les GAFA grandissent-ils par acquisitions plutôt qu'en recrutant pour développer de nouveaux produits et services à partir de zéro ?

Effectivement, ces dernières années, les principales acquisitions sont à mettre à leur actif. Du début 2012 et à la fin 2014, les GAFA ont investi environ 44 milliards de dollars dans des succès commerciaux et technologiques comme Uber, Instagram, Airbnb, Beats, WhatsApp, ou Boston Dynamics. En quelques années, Facebook est devenu un géant du mobile, Google un monstre de la robotique, Amazon un maître du cloud computing et Apple un incontournable dans l'univers de la musique. Pourtant, on ne peut pas résumer leur expansion à cela. Les succès d'aujourd'hui et de demain se construisent en meute, avec des individus. Soit ils vont les chercher à l'extérieur en rachetant leurs structures, comme l'a fait Google avec Tony Fadell (Nest), soit ils les laissent expérimenter en interne. C'est le principe de Pareto, mis en forme avec le 80/20 chez Google et à travers des cellules d'innovation de rupture chez Amazon Lab126.

Y a-t-il encore un domaine où les GAFA ne sont pas présents ?

Oui, car ils ne sont pas directement présents dans l'agriculture et autres métiers du secteur primaire. Mais ils le sont tout de même indirectement puisque tout le monde (ou presque) a un iPhone ou un smartphone Android dans la poche, agriculteurs compris ! Mais les secteurs de la grande distribution (AmazonFresh), du divertissement (iTunes d'Apple), de la santé (Google Calico), des télécoms (Google Fiber), du paiement (Apple Pay), de la communication (Facebook)... ont tous été investis par les GAFA !

Avec de plus en plus de Unicorns[1] comme Uber, Airbnb ou encore Dropbox, l'hégémonie des GAFA sera-t-elle remise en cause ?

Ces Unicorns sont de belles réussites dont le succès ne tient qu'à un fil. La culture et l'histoire des entreprises sont aujourd'hui montrées comme une faiblesse face à ces jeunes acteurs agiles. En cas de tempête, l'arbre qui tiendra debout sera le plus grand et le plus solide. Évidemment certains arbres vieillissent moins bien que d'autres et leur stature ne tient également qu'à un fil. Cette métaphore montre que la structuration de ce nouveau monde à l'heure du tout connecté ne se fera pas sur des critères noirs ou blancs. C'est plus complexe que cela et je suis intimement convaincu que ce sont les individus qui composent l'entreprise qui feront la différence. L'intelligence collective primera toujours. Pour cela il faut être d'autant plus à cheval sur les profils qui composent les troupes. L'acteur emblématique du covoiturage en France, BlaBlaCar, est dirigé par Frédéric Mazzella, un homme qui consacre 30 à 60 % de son temps au recrutement. La pression la plus forte repose donc sur les épaules des DRH.

Quelles sont les trois bonnes pratiques de management des GAFA que les entreprises plus anciennes peuvent appliquer ?

- **Responsabiliser :** plus vous mettez de contraintes sur les épaules de vos collaborateurs, moins ils avanceront facilement. Pour les GAFA, la clé d'une bonne gestion des équipes est la confiance. L'entreprise ne traque pas ses salariés car elle considère

1. « Licornes » : start-up qui sont estimées à plus d'un milliard de dollars.

qu'ils sont des adultes responsables. Les GAFA fonctionnent par mission : ce qui compte c'est le résultat, pas les heures passées au bureau. C'est pourquoi les collaborateurs passent beaucoup de temps au bureau, mais avec une grande liberté, des pauses pour aller faire du sport ou déjeuner avec des amis. En périphérie des GAFA, des acteurs comme Netflix vont plus loin en laissant les collaborateurs prendre autant de vacances qu'ils le souhaitent. Résultat, aucun abus. S'ils partent se reposer, c'est qu'ils en ont besoin et qu'ils seront plus performants dans leur travail à leur retour. La culture de l'effort et de la performance est si profonde que personne ne songerait à abuser des vacances.

- **Expérimenter :** chez les GAFA, on n'hésite pas à s'éloigner de son cœur de métier. Amazon réinvestit 80 % de son cash-flow dans des projets différents, contre 51 % pour Walmart par exemple. La clé ? Des structures internes pour imaginer le futur, baptisées Google X (et bientôt Google Y) ou Facebook Connectivity Lab.
- **Accélérer :** les GAFA encouragent un management « pirate » qui repose sur la culture hacker[1], c'est-à-dire des prises de décision rapides, un travail agile en équipe réduite avec une organisation hiérarchique quasi-nulle. Par exemple, Sergueï Brin et Larry Page de Google militent pour une organisation beaucoup moins hiérarchique dans toutes les entreprises. Google compte seulement 14 % de managers et 3 % de directeurs pour ses 37 000 collaborateurs.

Comment les GAFA ont-ils su façonner les attentes des consommateurs ?

Ce qui différencie les GAFA et plus largement les nouveaux arrivants des autres entreprises, c'est leur capacité à démontrer la pertinence du produit par l'usage et non par la technologie. En France et ailleurs, les ingénieurs ont cette volonté de justifier leur puissance en mettant sur le devant de la scène l'innovation technologique. Cela a effectivement une incidence sur un certain public, mais le consommateur lambda n'y accorde aucune importance, voire ne comprend pas ces technologies. Il veut surtout comprendre les usages potentiels, ce que cela va lui apporter de nouveau et d'utile. Ce n'est pas pour rien si le Brand Content est aujourd'hui le modèle de communication qui prévaut, au détriment de la publicité. Il vaut mieux mettre en scène ses produits et raconter une histoire autour plutôt que de matraquer le consommateur à coups de slogans.

Les entreprises doivent-elles avoir peur des GAFA ?

Comme expliqué plus haut, le monde n'est pas noir ni blanc. Les entreprises ne doivent ni craindre ni aduler les GAFA. Elles doivent les prendre en considération et les observer pour évoluer. Il faut qu'elles positivent et analysent leurs forces pour faire la différence et continuer à avancer en toute sérénité. Je suis persuadé qu'à l'heure de l'Internet des objets, les consommateurs auront une préférence pour un produit connecté proposé par un acteur historique, plutôt que pour le même type d'objet vendu par un acteur technologique : des Ray-Ban connectées vaudront plus que des Google Glass, une Ford connectée vaudra plus qu'une Apple Car. L'un va construire le hardware, l'autre le software. La question étant de savoir qui dégagera le plus de valeur.

1. De l'anglais *hack* : « bidouiller, modifier, bricoler ».

Le Web social

Les réseaux sociaux ont disrupté[1] les schémas d'influence, en changeant la façon dont les organisations interagissent avec leurs collaborateurs, clients, fans, détracteurs, prospects, partenaires et concurrents, et en permettant aux consommateurs de partager leur avis et choix vis-à-vis des marques et de leurs actes d'achat. – Brian Solis[2]

Les premiers réseaux sociaux sont apparus en 1995, mais ce n'est qu'à partir de la seconde moitié des années 2000, avec l'apparition de Facebook, que l'on assiste à une croissance exponentielle des réseaux sociaux, qui changent réellement les comportements des individus et leur rapport à l'information et aux marques.

Les réseaux sociaux permettent aujourd'hui de relier les personnes entre elles, mais aussi de leur donner plus facilement accès à l'information, donc au pouvoir. Au niveau des entreprises, les réseaux sociaux ont d'abord été un lieu d'échange avec leurs clients, à la fois pour présenter leurs produits sous un autre jour, garder un œil sur ce que les gens en disent et pouvoir réagir en cas de critique. Peu à peu, les Directions des Ressources Humaines ont investi les réseaux sociaux, cherchant à séduire les candidats pour recruter les meilleurs éléments dans leur équipe. Pour aller plus loin, certaines entreprises ont même créé leurs propres espaces dédiés où les candidats trouvent des conseils qu'ils peuvent utiliser à chaque étape du processus de recrutement.

Les dates clés :

Décembre 1995 : Création de Classmates.com, premier réseau social.

Mai 2003 : Lancement de LinkedIn.

Août 2003 : Création de MySpace.

Février 2004 : Lancement de Facebook pour les étudiants américains.

Février 2005 : Lancement de YouTube.

Mars 2006 : Lancement de Twitter.

Septembre 2006 : Facebook devient ouvert à tous.

Octobre 2010 : Lancement d'Instagram.

Octobre 2012 : Facebook compte 1 milliard d'utilisateurs.

Il y a encore quelques années, l'heure à laquelle Monsieur et Madame Dupond s'informaient sur l'actualité était bien définie : le journal du matin nous donnait les nouvelles qui avaient eu lieu avant le bouclage, nous avions rendez-vous avec l'information à heures

1. Bouleverser un marché en suivant le modèle économique de l'innovation disruptive.
2. B. Solis, *Engage!: The Complete Guide for Brands and Businesses to Build, Cultivate, and Measure Success in the New Web*, Wiley, 2011.

fixes, toutes les heures pour certaines stations de radios, à 13 heures et à 20 heures pour la plupart des chaînes de télévision. Les réseaux sociaux ont désormais pris le relais avec un flux permanent d'informations et, très vite, on a pris l'habitude d'être informés en continu, grâce à des chaînes comme LCI, i-Télé ou BFM.

Bien au-delà de cet accès facilité à l'information, Internet et les réseaux sociaux ont aboli la distance et les frontières entre les personnes et l'information. En réalisant son « expérience du petit monde » en 1967, Stanley Milgram est arrivé à la conclusion que chaque être humain est relié à un autre par une chaîne de 6 personnes[1]. En novembre 2011, Facebook, en partenariat avec l'université de Milan, publie une étude démontrant que chaque utilisateur est relié en moyenne par une chaîne de 4,74 relations (contre 5,28 en 2008). Ce rétrécissement du monde n'est évidemment pas sans conséquences sur le fonctionnement de la société en général, mais aussi, par extension, sur les sociétés. Ces données bouleversent les rapports entre les entreprises et les citoyens, mais aussi entre les entreprises et leurs salariés.

Les réseaux sociaux et les individus

Grâce aux réseaux sociaux, les dynamiques et les liens qui unissent les individus ont évolué. On peut se connecter plus facilement aux autres, mais les liens sont généralement plus faibles. Alors qu'un ami était auparavant quelqu'un que l'on voyait régulièrement et une relation professionnelle une personne avec qui on faisait l'effort d'entretenir un lien, ce n'est plus tout à fait le cas aujourd'hui. Évidemment, tous nos amis Facebook ne sont pas vraiment nos amis et nous ne pourrions pas demander de service à tous nos contacts LinkedIn. Cependant, il est devenu facile de rester en contact avec un simple like ou un commentaire de quelques mots.

Ce type de relation, que l'on pourrait qualifier de légère et peu contraignante, permet à chacun de reprendre facilement contact avec des personnes perdues de vue. Nos réseaux de relations sont ainsi devenus tentaculaires : chacun peut choisir de partager ses relations ou d'explorer le réseau des autres. Il devient ainsi plus simple d'entrer en contact avec quelqu'un que l'on souhaitait contacter depuis longtemps.

Cette facilité d'accès a profondément changé nos pratiques. Nous avons notamment perdu l'habitude d'attendre. Pourquoi attendre alors que trouver la personne qui résoudra notre problème ou répondra à notre question n'a jamais été aussi rapide ? Pourquoi attendre alors que l'information vient à nous, répondant à des questions que nous ne nous posions même pas avant ? Même chose quant à la consommation de contenus (qu'ils soient textuels ou vidéo). De plus en plus de socionautes[2] ne lisent que le titre d'un article sans prendre la peine de cliquer pour en savoir plus. Il nous suffit d'une fraction de secondes pour décider, parmi la multitude des contenus, celui qui retiendra notre attention.

Les réseaux sociaux et la société

Cette multiplicité de contenus, de sources et la facilité avec laquelle on y accède font probablement de nous des êtres plus informés qu'à n'importe quelle autre époque. L'idée que

1. http://fr.wikipedia.org/wiki/%C3%89tude_du_petit_monde
2. Internautes membres d'au moins un réseau social.

les frontières de l'information sont abolies et que les citoyens sont informés est séduisante. L'une des conséquences directes de ce déluge, c'est la surcharge informationnelle[1], liée au trop-plein d'informations reçues et à l'incapacité de les traiter.

Cette abondance d'informations a aussi un impact direct sur la façon dont celui qui reçoit l'information la traite : les socionautes ont maintenant bien compris que la course au scoop, buzz ou autre punchline et bon mot, pratiquée par ceux qui les diffusent les pousse parfois à partager une information sans l'avoir vraiment vérifiée. Avec les réseaux sociaux, la chasse aux fakes s'est donc accrue, de même que le besoin de rétablir la vérité sur cette information. La facilité d'archivage informatique et la rapidité de diffusion de l'information sur les réseaux sociaux ont d'ailleurs donné naissance à un nouveau type de journalistes : les « fact checkers ». Une de leurs tâches est de vérifier les dires des personnages publics (hommes et femmes politiques, porte-parole d'entreprise, experts...). Cette démocratisation de l'information permet également aux citoyens de s'engager plus facilement pour les causes auxquelles ils croient.

Internet permet d'accéder facilement à des rapports d'entreprises, à des documents gouvernementaux, à des chiffres confidentiels, mais aussi de trouver aisément des personnes du monde entier avec qui militer pour ses convictions. La mobilisation sur les réseaux sociaux a ainsi donné lieu à des mouvements qui ont renversé des gouvernements, mis des entreprises dans des situations inconfortables, obligé des experts à revenir sur leurs propos. Le consommateur est devenu consom'acteur.

Les réseaux sociaux, l'entreprise et les clients

Les marques et les entreprises se sont mises à s'intéresser aux réseaux sociaux progressivement. Étant un espace privilégié de contact avec le consommateur, les réseaux sociaux ont tout d'abord été le territoire des services de communication externe, grâce à la possibilité de diffuser de la publicité ciblée. Peu à peu, la communication entre le service communication et le consommateur est passée d'une diffusion strictement top-down à une communication bidirectionnelle, et donc à un échange.

Les marques ont aussi alors pu surveiller ce que les consommateurs disaient d'elles, tant positivement que négativement et ont appris à réagir en cas d'attaque ou de « bad buzz ». Cela a notamment été le cas pour des groupes comme Nestlé, qui, à défaut d'être à ce jour irréprochable, a structuré sa cellule social media suite à une campagne lancée sur les réseaux sociaux par Greenpeace contre le groupe.

Pour avoir accès à tous les commentaires les concernant, les marques ont dû apprendre à s'immiscer habilement dans les conversations des consommateurs et à leur apporter une réelle valeur ajoutée.

Des réseaux sociaux comme Facebook, LinkedIn ou Google+ ont créé des espaces dédiés pour les marques, comme les pages fan ou Entreprise. Les sociétés ont alors dû chercher des moyens d'animer ces espaces. Le métier de community manager a ainsi pris de l'importance et la création de contenu par les marques s'est développée. Sur les pages des marques, la communication est différente : on ne parle plus de produit, mais d'un univers

1. Appelée aussi « infobésité », ou encore « surinformation ».

avec un ton bien particulier, tout en conseillant les clients, en investissant dans la création de contenus viraux sur des blogs de marque ou de contenus discrètement sponsorisés sur des sites populaires. Les réseaux sociaux ont poussé les marques à communiquer différemment, en devenant elles-mêmes des médias.

Les réseaux sociaux, l'entreprise et les candidats

Il est devenu rapidement évident que les entreprises devaient faire rêver leurs clients, mais aussi leurs candidats. Pour séduire les meilleurs profils, les recruteurs ont commencé à contacter des candidats via les réseaux sociaux, ce qui était le meilleur moyen de communiquer sur leur culture d'entreprise. En créant des espaces carrières sur Facebook, Twitter et LinkedIn, les entreprises sont entrées dans une logique d'échange avec leurs candidats et ont commencé à répondre directement à leurs questions sur les réseaux sociaux. Un univers à part s'est créé : on peut s'appuyer sur des collaborateurs-ambassadeurs, développer des plateformes à forte valeur ajoutée où les candidats sont accompagnés depuis la sélection de l'offre jusqu'à la signature du contrat.

Par le biais des réseaux sociaux, la communication entre les candidats et l'entreprise s'est vue transformée. Il en est de même pour la communication entre les collaborateurs de l'entreprise. En effet, l'entreprise cherche aussi à s'approcher des usages (applications, modes de communication, etc.) de la vie privée des collaborateurs pour que leur passage vers la vie professionnelle soit fluide. Ainsi, au sein même de l'entreprise, on communique de plus en plus comme on le ferait en dehors de l'entreprise. L'intranet est de plus en plus souvent remplacé par un réseau social d'entreprise, comme Yammer ou Zyncro, qui adapte les habitudes de la sphère privée à la sphère professionnelle. En reprenant les codes des réseaux sociaux grand public, ces intranets facilitent la communication entre collègues, mais aussi la collaboration grâce à des espaces projets. Tout comme sur Facebook et Twitter, les collaborateurs peuvent y faire des rencontres en fonction de leurs centres d'intérêt, voire créer des réseaux dédiés aux femmes, aux noirs ou encore aux handicapés, pour favoriser la diversité.

Le succès des réseaux sociaux en entreprise est ainsi dû à la prolongation des usages de la sphère privée à la sphère professionnelle, mais aussi à la valeur ajoutée qu'ils apportent aux collaborateurs à la fois dans leur travail quotidien et dans le développement de leur carrière.

L'essor des réseaux sociaux, qu'ils s'adressent au grand public ou aux entreprises, n'est pas étranger à la montée en puissance du smartphone. En effet, chaque réseau social propose aujourd'hui son application mobile, occupant ainsi les temps creux des utilisateurs. Les médias sociaux sont de plus en plus utilisés sur téléphone mobile et continuent ainsi d'influencer les contenus et les habitudes de communication. Le mobile, quant à lui, influence la façon dont nous consommons des contenus et transforme notre quotidien. En devenant une prolongation intime de nous-mêmes, le smartphone devient notre compagnon de chaque moment de la journée, nous informant, nous distrayant et enregistrant une partie de nos activités.

Grégory Pouy est le fondateur de La Mercatique, cabinet de conseil qui accompagne les entreprises dans la compréhension et l'intégration du digital. Durant cet entretien, il explique comment l'utilisation des réseaux sociaux peut être pertinente pour une entreprise, tant d'un point de vue externe qu'interne.

Comment les réseaux sociaux ont-ils changé les rapports entre les marques et les consommateurs ?

Avant l'ère du Web, quand un consommateur était satisfait, il pouvait en parler à ses amis, ses collègues ou sa famille. Lorsqu'il ne l'était pas, il pouvait contacter le service clients et, dans le pire des cas, écrire à *60 Millions de consommateurs*. Un tel comportement était souvent sans conséquence pour les marques, qui pouvaient encore se permettre d'ignorer ces consommateurs... Il leur est désormais clairement difficile d'avoir des comportements *centrés client* après plusieurs décennies d'ignorance, voire de mépris.

À l'origine de la création du Web, Tim Berners-Lee[1] souhaitait qu'Internet soit un espace où chacun puisse échanger et partager. Dans sa conception, le Web était donc intrinsèquement social. Avec l'avènement des réseaux sociaux, ce rêve est devenu réalité, chacun peut facilement donner son avis et lire celui d'autrui. Est-ce pour autant une révolution ? Pas vraiment. Le Web a permis un rééquilibrage du rapport entre les marques et les consommateurs et a recréé une situation similaire, en termes de répartition du pouvoir, à celle qu'ont connu les commerçants pendant des millénaires.

Finalement, c'est plutôt la situation de ces dernières décennies qui était étrange. Bien sûr, le Web donne une importance hors du commun à l'avis de chacun puisqu'il n'existe plus de frontière et que, potentiellement, le message d'une personne peut être lu par des millions d'autres. Ainsi, il est courant de voir des commentaires en ligne de personnes qui déclarent leur amour pour une marque ou un produit, ou au contraire, qui se plaignent. Le Web social est un concentré d'avis de consommateurs très intéressant pour les marques, qui peuvent ainsi s'améliorer sans cesse.

Les marques ont-elles besoin d'une communauté pour réussir sur les réseaux sociaux ?

Cela vous étonnera peut-être mais la recette du succès sur le Web social est la même que dans le commerce classique. Il faut écouter et prendre en considération les remarques de ses consommateurs, leur répondre lorsque c'est nécessaire et s'améliorer en fonction de leurs retours. Ensuite (et seulement ensuite), il faut s'intégrer à des communautés verticales.

Le Web est en effet structuré en communautés verticales, c'est-à-dire en groupes au sein desquels les internautes ont la possibilité de partager autour d'un sujet donné. Ces communautés ne sont pas liées à la segmentation sociodémographique classique (âge, sexe, catégorie socio-professionnelle...) ; sur le Web, ce qui importe, c'est la pertinence d'une personne sur le sujet qui vous intéresse. Une communauté verticale implique des lieux (forums, Pinterest, Tumblr...), des codes (terminologie, images...), des leaders et des followers. Pour une marque, il s'agit donc de savoir dans quelles communautés elle souhaite s'intégrer et de construire une stratégie pour y arriver.

À l'instar d'un adolescent qui arrive dans un nouveau lycée, une marque doit comprendre comment fonctionne la cour de recréation, observer, s'intégrer dans des cercles, se faire accepter pour ensuite faire grossir son cercle de connaissances.

L'erreur typique des marques est de vouloir s'adresser à tout le monde et d'avoir l'ambition de fédérer via les *communautés de marque*. Pour cela, il existe des outils sur le Web, mais les réseaux sociaux, à moins de les utiliser comme médias, ne sont pas adéquats.

1. Principal inventeur du World Wide Web (WWW) au tournant des années 1990.

Pour avoir du succès, il faut donc s'intégrer à une communauté existante ou mettre en relation des personnes de manière pertinente. Il ne s'agit pas de vouloir réunir les gens autour de soi mais bien d'aider ces personnes à se mettre en relation. Ainsi, les laboratoires pharmaceutiques, étant légalement contraints de ne pas communiquer sur leurs marques, ont compris qu'il leur fallait lier des malades entre eux. Personne ne peut mieux comprendre quelqu'un souffrant d'un cancer du foie qu'un patient lui-même atteint d'un cancer du foie, c'est une réalité.

Intégrer une communauté verticale, c'est donc comprendre et utiliser ses codes au bon endroit et au bon moment.

Comment les réseaux sociaux ont changé les rapports entre les consommateurs ?

Les réseaux sociaux ont beaucoup apporté aux consommateurs. Bien sûr, Facebook peut s'apparenter au Wikipédia du pauvre dans lequel chacun essaie de mettre sa vie en avant comme celle d'une célébrité, mais je ne crois pas que ça soit le plus intéressant à retenir du Web social.

Les réseaux sociaux ont permis à des personnes qui avaient beaucoup de choses en commun de se trouver et de partager sur un sujet particulier (ou même plusieurs). Ils ont aussi donné la possibilité au consommateur potentiel de se renseigner avant l'acte d'achat grâce à l'avis d'autres consommateurs. Les réseaux sociaux permettent au consommateur de trouver de l'entraide ainsi que des réponses à ses questions et ce, même en cas d'urgence. Ils ont totalement modifié le rapport entre les consommateurs à de multiples niveaux.

Qu'est-ce que les réseaux sociaux actuels (Facebook, Twitter, LinkedIn...) ont de plus que ceux de la génération précédente (MySpace, Friendster, SixDegrees...) ? Y a-t-il encore de la place pour de nouveaux venus ?

Je ne crois pas qu'on puisse voir cela de cette manière. Comme partout, il y a sur le Web des mouvements de mode. MySpace a eu son heure de gloire, c'est désormais au tour de Facebook et consorts. Pour qu'un réseau social perdure, il doit savoir évoluer avec son temps, ajouter des éléments qui vont rendre son usage plus pratique.

Il y a également une différence majeure entre les réseaux sociaux qui sont des espaces d'échange (c'est le cas de Facebook) et ceux qui sont des outils (comme Google ou Twitter). Pour ces derniers, la longévité est évidemment plus forte.

Il y a toujours de la place pour les nouveaux venus, Snapchat en est un très bon exemple. Les nouveaux réseaux sociaux créent des usages inédits correspondant à des besoins bien particuliers, comme celui d'envoyer des photos qui ne sont stockées ni sur votre téléphone ni sur le téléphone de la personne à qui vous l'envoyez. Le mobile modifie beaucoup les règles du jeu mais il y a déjà bien longtemps que nous sommes entrés dans une ère *mobile first*.

Pourquoi et comment les réseaux sociaux ont-ils contraint les entreprises à se transformer de l'intérieur ?

Les entreprises ont dû se réorganiser de l'intérieur pour plusieurs raisons. D'abord, les réseaux sociaux ont mis en évidence la multiplicité du consommateur : celui-ci est tout à la fois, une personne en ligne et une personne physique, à distance sur son mobile et en magasin, ce qui est compliqué pour les entreprises car elles ne sont pas structurées de cette manière mais en silos. Il faut donc qu'elles s'adaptent au consommateur pour se réinventer et supprimer les frictions. Prenons l'exemple d'une société spécialisée dans deux activités : la vente de livres de cuisine et la livraison de produits gastronomiques. Si un client a un problème avec deux commandes, une avec chaque type de produits, il s'attendra à pouvoir résoudre le problème avec un service après-vente (SAV) unique, plutôt qu'avec un SAV pour les livres et un autre pour les produits alimentaires. De plus, s'il veut modifier ses coordonnées pour l'une des deux commandes, le client ne comprendra pas pourquoi on le dirige vers un service autre que le SAV.

Les réseaux sociaux n'ont pas de frontières ; un événement qui a lieu à l'étranger peut avoir des répercussions en France ou ailleurs. Par exemple, l'effondrement en 2014 du Rana Plaza[1], l'usine au Bangladesh dont les employés produisaient des vêtements de nombreuses marques internationales, a donné naissance sur les réseaux sociaux à une campagne internationale de prise de conscience sur les conditions de fabrication dans l'industrie textile. Il est désormais primordial pour les entreprises d'élaborer une stratégie cohérente à l'international. Et de s'organiser de manière différente. Il en va de même pour les avis consommateurs, les potentielles crises sur le Web social, etc.

Il ne faut pas oublier non plus que les salariés sont des internautes comme les autres. Ils utilisent le Web social et peuvent eux aussi critiquer leur entreprise, ce qui a déjà donné lieu à des débordements totalement non-maîtrisés. Par exemple, en juin 2015, le zoo de Brookfield, près de Chicago, a licencié une collaboratrice qui s'est plainte de son travail et de ses clients sur Twitter, en postant un selfie d'elle en uniforme. La photo a été très rapidement relayée et des clients du zoo ont menacé sur Facebook de ne plus venir tant que l'employée était en poste[2]. Les entreprises ont donc aussi dû apprendre aux salariés à revoir leur manière de fonctionner. Interdire l'accès à Internet sur un ordinateur au bureau n'est pas la solution.

Pour en savoir un peu plus, Julie Guesdon, journaliste et animatrice de communauté chez France Bleu, nous explique la manière dont les réseaux sociaux ont transformé le lien entre le consommateur et le secteur de l'information.

Quelles sont les particularités des radios et des autres médias par rapport aux autres marques sur les réseaux sociaux ?

Un média n'a pas besoin de se créer une communauté sur les réseaux sociaux car celle-ci existe déjà. Les courriers des lecteurs, la libre antenne, les micros-trottoirs peuvent être considérés comme les ancêtres des commentaires d'articles sur Internet et des posts sur Facebook. De plus, on a toujours discuté de l'actualité du jour au bar du coin ou autour du café avec ses collègues, on se partage les journaux de la semaine entre proches comme on se partage un lien en ligne.

La notion d'engagement est donc une base déjà acquise pour un média. Il lui suffit de publier un article sur un sujet pour générer de la réaction, sans chercher forcément à la susciter par des techniques d'écriture « marketées ». À l'inverse, les médias ont souvent un objectif d'audience. Ils doivent donc veiller à équilibrer leurs actions sur les réseaux sociaux pour améliorer la notoriété du média et le trafic vers le site.

1. http://fr.wikipedia.org/wiki/Effondrement_du_Rana_Plaza
2. http://inquisitr.com/2159085/brookfield-zoo-fires-employee-for-racial-comment-in-social-media-post/

Comment créer une stratégie sociale unifiée à travers 44 radios locales ?

France Bleu est un réseau très particulier puisqu'il est né en 2000, alors que la grande majorité des radios locales qui le composent existaient bien avant sa création. Nous sommes face à 44 entités propres qui possèdent des identités très hétérogènes en fonction des bassins de vie et des zones géographiques. Pour unifier une stratégie sociale dans ces conditions, il faut mettre en place trois piliers fondamentaux :

- le recours à la formation systématique des équipes, que ce soit les cadres, les journalistes, les animateurs mais aussi tous les autres métiers qui sont au contact du public (les personnes en charge du standard) ou au cœur de la construction d'une émission (les techniciens en régie, souvent les mieux placés pour mettre en ligne quelques photos du studio par exemple) ;
- la diffusion de best practices en s'appuyant sur les actions des autres radios du réseau mais aussi sur la concurrence. Cela implique une veille rigoureuse du secteur et la mise en place d'un support, type blog ou revue interne, pour diffuser et mettre à jour régulièrement ces retours d'expériences et bonnes pratiques ;
- la création et la diffusion de reportings agrégés mais aussi détaillés, pour à la fois montrer la puissance globale du réseau et examiner à la loupe les performances de chaque radio locale et en identifier les leviers de croissance.

En quoi les réseaux sociaux sont-ils importants pour les médias aujourd'hui ?

Le secteur de l'information est devenu de plus en plus concurrentiel. Il est en pleine mutation, avec une prise de recul vis-à-vis de l'infobésité et du temps réel. Si, comme nous l'avons évoqué plus haut, les médias disposent déjà d'une communauté, ils doivent utiliser les réseaux sociaux pour sortir du lot, pour mettre en avant leur identité propre et leur traitement particulier d'une information.

D'un point de vue divertissement et *infotainment*[1], les réseaux sociaux permettent de cibler plus facilement les fans lorsque l'on reçoit un artiste dans une ou plusieurs émissions, que l'on organise un concert exclusif, ou que l'on est présent sur un événement...

Comment les réseaux sociaux changent le rapport entre les médias et les lecteurs ?

Le réseau social donne la parole au lecteur. Celui-ci dispose d'une exposition médiatique bien plus importante en commentant sur Facebook qu'en envoyant un courrier à son journal, courrier qui peut ne pas toujours être publié faute de place. Ici, chaque avis peut être publié et sera visible. Et pour le média, c'est un nouveau moyen d'obtenir des témoignages ciblés. Plutôt que d'aller interroger une à une chaque personne qui se trouve sur son chemin, celles-ci vont venir spontanément témoigner.

Cette proximité avec les lecteurs a été une nouveauté pour certains médias nationaux. Pour les journalistes de ces médias aussi, qui se font bien plus alpaguer sur Twitter qu'ils ne l'ont probablement été physiquement, au jour le jour. Certains de mes confrères trouvent cela effrayant, car être présent sur un réseau social public signifie qu'on s'expose à la critique. Pourtant, c'est aussi une très bonne manière de retourner aux sources, d'avoir un

1. Mot-valise de l'anglais *information* et *entertainment* (divertissement) désignant les contenus créés à la fois pour informer et pour divertir.

retour immédiat de son lectorat et de trouver de nouveaux angles pour traiter un sujet en s'inspirant de ces retours.

Le Monde, par exemple, qui accorde une place toute particulière aux réactions suscitées par ses publications, a mis en place une cellule de décryptage – « Les Décodeurs » – qui répond au mieux aux interrogations et incompréhensions des lecteurs.

Pour France Bleu, en revanche, le contact avec les auditeurs était déjà présent avec les libres antennes et réactions téléphoniques. Nous avons ajouté les réactions sur les réseaux sociaux, qui viennent enrichir l'antenne, dans un créneau spécifiquement consacré à cela en matinale, mais aussi dans plusieurs émissions et rendez-vous d'actualité. Il nous arrive aussi de contacter quelqu'un suite à sa réaction en ligne, pour qu'il la développe à l'antenne.

Quels sont les KPI[1] que vous surveillez pour suivre votre performance ?

Le premier indicateur que nous suivons est la proportion du trafic qui provient des réseaux sociaux et la croissance de ce trafic au jour le jour et sur le long terme.

Ensuite, le taux d'engagement est particulièrement important, bien plus que la croissance des communautés, qui n'arrive qu'en troisième position. Sur Facebook, nous tentons de maintenir l'engagement le plus haut possible, en gardant à l'esprit que France Bleu a la chance de disposer d'une communauté incroyablement positive. Nous n'avons, en comparaison avec de nombreux concurrents, que très peu de *trolls* et commentaires indésirables et nous recherchons à conserver cette qualité de commentaires qui est, en quelque sorte, le reflet de l'antenne.

Enfin, la composition de nos communautés est importante. Nous analysons régulièrement l'âge et les intérêts de nos fans, pour déterminer quelle partie de nos auditeurs est présente dans chaque communauté et publier, en conséquence, des contenus qui leur correspondent. Cela peut être, en fonction de chaque communauté et chaque support, plus de musique, plus de cinéma, plus de cuisine, de jardinage, de faits divers, de sujets de société ou scientifiques.

1. Key Performance Indicators, ou ICP en français (indicateurs clés de performance).

Le mobile

> *Le mobile devient l'un des objets les plus intimes d'une personne. Les mêmes zones du cerveau s'activent quand quelqu'un touche son smartphone ou quand il caresse son animal de compagnie ou embrasse un membre de sa famille.* – Matt Cohler[1], citant une étude faite avec des IRM

Il s'est imposé partout : à la pause café, dans le métro, devant la télévision. Que l'on veuille vérifier les caractéristiques d'un produit ou immortaliser et partager un bon moment, le smartphone est devenu incontournable, suivi de près par la tablette, qui distrait les enfants au restaurant et dont l'écran est plus léger qu'un ordinateur, plus commode pour les vacances ou pour la simple consultation de ses mails. Les appareils mobiles font partie intégrante de la vie de chacun, personnelle comme professionnelle, et il n'est plus possible de les ignorer.

Devenus des objets indispensables, brassant de nombreux usages grâce à un écosystème complet d'applications, les smartphones sont aussi moteurs dans le développement des objets connectés. Souvent utilisés pour maintenir un contact avec les consommateurs, les mobiles peuvent aussi être exploités par l'entreprise dans une optique de recrutement, mais aussi de gestion des talents et de communication interne. Cependant, l'entreprise doit rester vigilante quant aux risques inhérents à la multiplication des supports utilisés à des fins professionnelles. En investissant un support, l'entreprise doit ainsi être sure qu'elle aura les moyens financiers et humains de prendre soin de sa présence et d'assurer les interactions avec les utilisateurs pour éviter de créer de la frustration.

Nos téléphones servent-ils encore à téléphoner ? Jusqu'au milieu des années 2000, l'un des objectifs des constructeurs était de réduire au maximum les composants électroniques pour diminuer la taille de nos téléphones portables. Malgré l'apparition des écrans couleurs, l'émergence des protocoles WAP et i-mode et l'entrée dans une ère de la téléphonie qui ne se limitait plus aux quatre fonctions de base (appels-SMS-réveil-snake), il fallait que les téléphones prennent le moins de place possible et que l'écran donne un maximum d'informations ; la création d'un clapet a permis de camoufler le clavier et de diviser par deux la longueur du téléphone.

Depuis, les constructeurs ont progressivement misé sur le confort visuel du mobile. Ils ont été en mesure d'intégrer des écrans couleurs de plus en plus grands, des processeurs de plus en plus puissants et des mémoires avec une capacité de plus en plus grande dans des boîtiers de plus en plus fins. Des écrans plus grands, des appareils de plus en plus puissants et le développement des normes de téléphonie mobile ont contribué à faire des smartphones et tablettes le terrain de jeu privilégié des développeurs et des professionnels du marketing. Ces derniers redoublent d'ingéniosité lorsqu'il s'agit de voir leurs applications dans le top des stores et conquérir les usages des mobinautes.

1. Ancien vice-président de la gestion produit de Facebook et membre fondateur de LinkedIn, actuellement associé au sein du fonds de capital-risque Benchmark dans la Silicon Valley, qui a notamment investi dans Dropbox, Uber, Snapchat, Instagram.

Les dates clés :

Mars 2002 : Lancement du BlackBerry 5810, premier mobile capable de lire les mails.

Juin 2003 : Lancement commercial de la 3G.

Juin 2007 : Premier iPhone.

Novembre 2007 : Lancement d'Android Apple Pie.

Mars 2010 : Premier mobile compatible 4G.

Avril 2010 : Sortie du premier iPad.

Février 2020 : Date du lancement commercial de la 5G.

Le mobile et les utilisateurs

Les réseaux sociaux n'auraient pas pu exploser sans la révolution du smartphone et l'amélioration progressive des terminaux et des normes utilisées en téléphonie mobile. À l'inverse, le succès des smartphones n'aurait peut-être pas été le même sans les réseaux sociaux. Nos smartphones nous ont permis de meubler nos temps morts (files d'attentes, trajets…) et de communiquer sans arrêt. Évidemment, si un smartphone permet de téléphoner, tweeter et publier sur Facebook, il sert aussi de support à des réseaux purement mobiles (Instagram, Snapchat, Tinder), ou principalement mobiles (Yelp, Foursquare). Le smartphone a aussi su intégrer des objets indispensables à notre quotidien : le réveil, le lecteur MP3 ou encore l'appareil photo. Il est ainsi devenu un objet indispensable pour ses utilisateurs (notamment les générations Y et Z), au point que certains d'entre eux deviennent « nomophobes[1] ».

Quelques chiffres

À quoi les utilisateurs sont-ils prêts à renoncer pour conserver leur téléphone ?

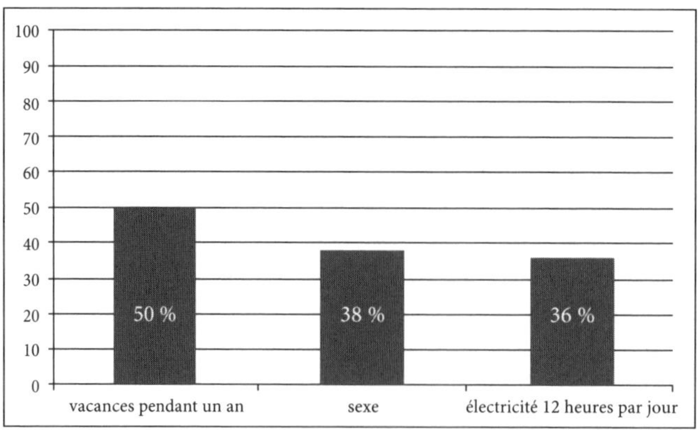

1. Un nomophobe est une personne effrayée à l'idée de passer du temps sans téléphone mobile.

Le mobile, centre névralgique d'une galaxie d'outils et de services

Les réseaux sociaux et applications conçus pour le mobile ne sont que la partie émergée de l'iceberg des usages. En effet, le Web physique, d'abord relié à l'ordinateur avec des objets comme le Nabaztag[1], se structure progressivement autour du mobile grâce à des applications dédiées, parce qu'il est devenu naturel pour l'utilisateur et que son marché est arrivé à maturité. Aujourd'hui, l'Internet des objets est composé d'une multiplicité de services et d'outils qui permettent à la fois aux utilisateurs de se monitorer eux-mêmes et de monitorer leur environnement.

Évidemment, les premiers objets auxquels on pense sont ceux qui nous permettent de mesurer nos performances et même de les comparer à celles des autres. Si de nombreux téléphones intègrent aujourd'hui des podomètres qui sont liés à l'accéléromètre, les rois de la mesure de performance sont le bracelet connecté et sa version plus complète, la montre connectée. Avec 17 millions d'exemplaires vendus en 2014 et des prédictions (gonflées, notamment, par l'arrivée de l'Apple Watch) s'élevant à 74 millions pour 2015, le bracelet et la montre connectés sont les premiers objets qui, en échangeant des données avec les smartphones, ont permis au smartphone de dépasser son rôle de compagnon intime pour entrer dans la maîtrise des performances et du mieux-être. Le marché des objets connectés est devenu incontournable au point d'intéresser les marques de montres traditionnelles, comme Montblanc, qui a créé son propre bracelet intelligent, l'e-Strap[2], à accrocher sur une montre classique pour la transformer en smartwatch.

Dans la continuité de l'individu connecté est apparue la maison connectée, avec des entreprises comme Nest, offrant la possibilité de maîtriser à distance la température chez soi, ou Lockitron, qui permet d'inclure la clé de chez soi dans une app mobile et de la donner ou la prêter à distance à toute personne possédant un smartphone. Bientôt, un système similaire – déjà mis au point par Valeo et appelé InBlue – pourra équiper les voitures.

Le mobile, un enjeu de société

Vous aurez sans doute remarqué que de nombreuses applications que vous utilisez au quotidien sont gratuites – comme les réseaux sociaux – ou disponibles dans des versions freemium. La raison en est très simple : plus on fait de choses avec son smartphone, plus le smartphone en sait sur nous. Les millions de check-ins, photos, recherches, déplacements quotidiens constituent une mine de données qui peut être exploitée par les entreprises pour mieux vous connaître et mieux anticiper vos attentes. Ces données peuvent être utilisées pour détecter des tendances naissantes, mais aussi identifier les services dont vous aurez besoin et ce que vous achèterez demain. Si vous téléchargez l'application Nike+, il y a plus de chances pour que vous voyiez des publicités pour matériel de running. Si vous utilisez un compteur de calories, vous pourrez voir des publicités pour la salle de sport la plus proche.

Pour éviter les dérives (e.g. l'envoi d'une lettre de Tesco, adepte des analyses de données et des promotions prédictives, félicitant des parents qui ne savaient pas que leur fille était

1. Objet communicant représentant un lapin, lancé en 2005. Il est considéré comme le premier objet connecté. Il a tiré sa révérence le 18 Février 2015.
2. http://montblanc.com/fr-fr/discover/specials/montblanc-introduces-e-strap.html

enceinte), les États ont dû légiférer quant à l'utilisation des données dont disposent aussi bien les administrations que les géants d'Internet. Aux États-Unis, par exemple, les *Fair Information Practice Principles* (qui ont inspiré la règlementation européenne et notamment la création cinq ans plus tard de la CNIL) interdisent aux entreprises d'utiliser les données aux détriments des individus et garantissent aux utilisateurs le droit de savoir que leurs données sont collectées et comment elles sont utilisées, ainsi que le droit de retirer des informations fausses.

Le mobile en entreprise

> *Notre équipe dédiée à la stratégie mobile identifie les différents points de blocage des utilisateurs. De là, nous passons au design puis au développement d'une solution mobile adaptée. Nous nous assurons ainsi d'apporter une réponse simple et efficace à chaque problème.* – Raja Rajamannae, Directeur Marketing, Mastercard

Alors que de plus en plus de tâches sont effectuées indifféremment sur smartphone, tablette ou sur ordinateur, l'entreprise intègre aujourd'hui lentement les usages mobiles et le travail des collaborateurs sur leurs propres appareils portables. Rien ne les empêche en effet de lire leurs mails sur leur mobile ou de consulter un rapport sur leur tablette dans les transports ou ailleurs. Il est aussi courant que les community managers et les recruteurs accèdent aux comptes de l'entreprise sur les réseaux sociaux ou échangent sur LinkedIn avec des candidats via leur propre mobile. Ces actions leur semblent naturelles au point qu'ils les font sans doute sans réfléchir, tout simplement pour optimiser leur trajet au bureau, travailler de chez eux ou ne pas être pris au dépourvu en cas d'urgence s'ils n'ont pas accès à leur ordinateur.

C'est à l'entreprise d'intégrer de façon officielle le BYOD[1] et même de le favoriser, mais aussi de créer des guidelines pour sensibiliser et éviter les risques inutiles. En effet, si ces habitudes permettent une amélioration de la productivité et facilitent la formation, elles peuvent aussi rendre vulnérable au vol ou au piratage d'informations confidentielles.

Outre les smartphones et tablettes, d'autres objets connectés (tels que des ampoules ou des lampes intelligentes[2], des détecteurs de mouvements Leap Motion, des claviers invisibles[3] ou encore des écouteurs intelligents[4], etc.) prennent de plus en plus d'importance au travail. C'est un moyen facile de montrer l'investissement de l'entreprise dans le bien-être de ses collaborateurs ou de les motiver dans le cadre de leur activité sportive. Pour le personnel au contact de la clientèle, par exemple, cela peut permettre de communiquer en temps réel des données améliorant la performance globale de l'entreprise, ou, au contraire, de faire remonter facilement des informations sur des incidents ayant eu lieu durant leur travail.

1. Le BYOD (*Bring Your Own Device*) est une pratique qui consiste à utiliser ses équipements personnels (téléphone, ordinateur portable, tablette électronique) dans un contexte professionnel.
2. E.g. la LumiSmart : http://youtube.com/watch?v=eHQ75-uI5KY
3. http://fr.ubergizmo.com/2014/06/24/clavier-airtype.html
4. http://store.bragi.com/

L'un des grands vainqueurs de cette explosion du mobile, c'est bien évidemment Apple. L'entreprise américaine, qui a su être moteur dans les usages, est leader du marché, avec 28,1 % des tablettes vendues dans le monde au quatrième trimestre 2014 et 12,6 % des smartphones (ex-aequo avec Samsung) au troisième trimestre 2014 – et ce, malgré une domination des marchés américains, européens, australiens et chinois[1]. En dépit de ces chiffres, Google reste leader avec son système d'exploitation Android face à iOS. Google domine le marché mondial et parvient à absorber 37,2 % de la publicité mobile en 2014 (contre 17,6 pour Facebook, qui représente 10 % du trafic mobile américain).

Ces entreprises qui ont su profiter de la montée en puissance du mobile sont aujourd'hui les plus influentes dans l'évolution de nos usages face à la technologie, et si on leur ajoute Amazon, dans l'évolution de notre façon de consommer. Elles ne cessent de se déployer et de développer leur écosystème, de se créer de nouvelles sources de revenus qui sont pour les individus comme pour les entreprises, autant d'opportunités. Mais quelles sont précisément ces opportunités ? Nous avons interrogé Julien Gautier, Directeur d'iSeeU, pour parler des transformations induites par l'avènement du mobile en entreprise.

Comment le mobile a-t-il impacté nos habitudes et nos usages ?

Vaste question. Tout d'abord, on parle de « mobile », mais c'est un abus de langage car derrière ce terme se cache bien évidemment le smartphone et non pas le GSM tel que nous l'avons connu dans les années 1990 et 2000.

Pour revenir à la question, le mobile, ou plutôt le smartphone, a totalement bouleversé notre société : il y a 20 ans, Internet arrivait tout juste dans certains foyers et entreprises ; aujourd'hui, 61 % des Français possèdent un smartphone[2] ! 61 % des Français sont donc connectés tout au long de la journée, qu'ils soient chez eux, dans les transports ou au travail.

Dès le réveil, on regarde son téléphone, le plus souvent encore dans son lit. Tout au long de la journée, il sert à jouer, travailler, communiquer, s'informer. Notre téléphone devient un coach sportif, remplace notre carte de crédit et nous permet, grâce à la domotique, de contrôler notre domicile. Cette digitalisation de l'être humain n'en est qu'à ses débuts puisque sont apparus récemment les objets connectés et, bien sûr, les smartwatches.

Ainsi, si je devais résumer en quoi le mobile a impacté nos habitudes et nos usages, je dirais qu'il est à l'origine d'une nouvelle ère, celle de l'*homo connecticus.*

Comment l'avènement du mobile a-t-il changé le rapport entre les consommateurs et l'entreprise ?

La relation que l'on a avec son mobile est tout à fait différente de celle que l'on a avec un ordinateur. Elle est beaucoup plus personnelle et intime. On dort avec, on le consulte en moyenne 150 fois par jour[3] et on ne le prêterait pour rien au monde. Les entreprises

1. http://9to5mac.com/2015/02/02/idc-tablet-market-apple-samsung/
2. Étude Deloitte, « Usages mobiles 2014 en France : (r)évolution ? », septembre 2014 : http://www2.deloitte.com/fr/fr/pages/presse/2014/usages-mobiles-2014.html
3. KPCB Internet trends 2013 : http://slideshare.net/kleinerperkins/kpcb-Internet-trends-2013

ont tiré bénéfice de la fascination envers cet objet en créant une relation directe avec le consommateur. En communiquant immédiatement dans le creux de la main de l'utilisateur, en lui offrant une interface qu'il va pouvoir caresser du bout des doigts, l'entreprise a basculé dans un nouvel univers, celui du marketing de l'intime.

Cette relation directe et intime impacte la relation client. L'entreprise se doit désormais de personnaliser sa communication, le *one-to-one* devenant désormais la règle d'or. Pour cela, l'entreprise devra réussir un exercice d'équilibriste en parvenant à exploiter les données personnelles de son client (son identité, sa localisation, ses goûts...), tout en respectant bien évidemment sa vie privée et son intimité.

Comment l'avènement du mobile a-t-il changé le format des contenus et notre façon de les consommer ?

La taille de l'écran, le fait d'utiliser un petit clavier, souvent en étant en déplacement, ont fait que les messages ont commencé à se réduire puis à être truffés d'abréviations diverses et variées. D'ailleurs, lorsqu'un message nous est incompréhensible, on parle généralement de « langage SMS ».

Le contenu a dû bien évidemment s'adapter lui aussi à ce nouveau support. Il a fallu dans un premier temps rendre les sites « mobiles », et adapter ensuite leur ergonomie, l'interface ne pouvant bien évidemment pas être la même que sur un ordinateur.

Dans un second temps, il a fallu modifier les publications. Les textes se sont évidemment réduits, car même si les écrans de nos chers smartphones sont relativement grands et performants, le confort de lecture n'est pas optimal. Parallèlement, on a assisté à une montée progressive de l'échange de photos et bien entendu de vidéos (et des GIF ou Vine, ses dérivés).

Enfin, les réseaux sociaux ont créé une révolution importante : le contenu doit maintenant être « partageable » via de simples boutons afin d'élargir son audience ; les titres et les photos prennent donc encore plus d'importance puisqu'ils deviennent en quelque sorte des *call to action*, devant inviter l'internaute à cliquer.

Est-il indispensable d'inclure le mobile aujourd'hui dans une stratégie digitale ?

Tout va dépendre du secteur d'activité et surtout de la stratégie ! Mais d'une manière générale, exclure le mobile de sa stratégie est assez périlleux, notamment quand on sait que plus de 65 % des mails sont d'abord ouverts sur mobile[1]. Or ces lecteurs vont sans doute, du moins je l'espère pour vous, cliquer sur vos mails et donc arriver sur un support qui se doit d'être mobile, sinon vous perdriez pas mal de visiteurs ! D'ailleurs, bon nombre de sociétés se posent aujourd'hui la question sous un autre angle : est-il indispensable d'inclure le Web dans une stratégie digitale ? De plus en plus d'acteurs optent pour une stratégie « *mobile first* » et excluent le Web « traditionnel ». L'exemple sans doute le plus connu est Instagram, qui pendant longtemps n'a été qu'une application mobile. Mais encore une fois, la stratégie ne peut se réduire à l'exploitation ou non du mobile. Elle doit se décider au regard de la stratégie marketing, de communication, de captation des données, et bien d'autres choses encore !

1. Movable ink, « US Consumer Device Preference Report Q4 2013 ».

Quels sont les avantages du mobile par rapport aux autres supports ?

Les avantages sont multiples et surtout présents dans les applications. Bien entendu, ces avantages ne seront pas les mêmes selon le secteur d'activité et… la stratégie.

Le premier avantage tient aux notifications push. Celles-ci sont une arme redoutable pour les éditeurs puisqu'elles vont leur permettre d'envoyer un message à un utilisateur alors même que son portable est en veille. C'est un atout précieux dont ne dispose pas un site Web par exemple, le mail ne pouvant bien évidemment pas être assimilé à une notification.

Les deux autres avantages que je retiendrais sont liés à l'écosystème des applications : la distribution et les transactions. Les applications sont en effet distribuées via un ou plusieurs stores, l'App Store et Google Play étant les plus populaires. S'ils sont parfois contraignants pour les développeurs, ils facilitent la promotion et la distribution des applications. Il suffit d'un clic pour installer une application, ce qui rend le service accessible par tout le monde, sans la moindre connaissance technique. Les transactions sont également facilitées par les services fournis par les stores. Si ces services ont un coût non négligeable (généralement les stores prennent une commission de 30 % par transaction), ils permettent aux éditeurs d'offrir des services payants sans que l'utilisateur ait besoin d'utiliser sa carte de crédit, ce qui permet de faciliter les transactions.

L'application est-elle le seul moyen d'être présent sur mobile ?

Non, l'application n'est évidemment pas le seul moyen. Il est aussi possible d'être présent sur mobile au travers d'un site mobile ou responsive. Mais se positionner sur un média ou un autre n'a pas de sens en soi. Avant de parler technique et média, il faut d'abord s'intéresser à la stratégie : pour quelle raison être présent sur mobile, que proposer aux utilisateurs... ?

Un débat récurrent existe entre les pro *Webapp* et les pro appli, les premiers mettant en avant que le HTML5, notamment, permet de mettre en place les mêmes fonctionnalités qu'une application dite native. Beaucoup d'acteurs ont d'ailleurs fait ce choix, qui offre l'avantage non négligeable d'être généralement meilleur marché.

Si les fonctionnalités sont les mêmes, l'expérience utilisateur, la manière dont on consomme une appli ou un site mobile sont différentes. Sans parler du réengagement : pour envoyer une notification push, il faut impérativement une application, tandis que généralement lorsqu'on ouvre un mail, on accède à un site mobile. Encore faut-il avoir une stratégie de réengagement !

Comment expliquer le succès des services et réseaux sociaux exclusivement mobiles ?

Le mobile est un objet dont on ne se sépare que pour dormir (et encore, 5 % des Français dorment avec leur téléphone sous leur oreiller !) et est connecté en permanence à Internet. Il devient dès lors un outil remarquable pour les réseaux sociaux : l'utilisateur est notifié dès qu'un ami partage un contenu, en un clic on va pouvoir partager une photo, liker une vidéo… Bon nombre de services exclusivement mobiles s'appuient d'ailleurs sur les médias utilisés par les plus jeunes : la photo, les vidéos, les textes courts. Snapchat illustre parfaitement ce type d'applications, encore inimaginables il y a quelques années.

Le succès de ces applications s'explique aussi par leur viralité, en ligne bien évidemment, mais aussi « *in real life* » ; le bouche-à-oreille reste le média qui favorise le mieux la découverte d'application. Aussi, quand un utilisateur aime une application, il va pouvoir la faire découvrir à ses collègues lors de la pause déjeuner, à ses amis à la récréation, et ceux qui seront convaincus pourront télécharger immédiatement l'application sur leur smartphone. Ce modèle de recommandation n'est bien évidemment pas aussi performant quand il s'agit d'un service Web puisque les personnes ne se trouvent généralement pas devant leur ordinateur.

L'économie collaborative

Uber, la plus grande compagnie de taxis au monde, ne possède aucun véhicule. Facebook, le média le plus populaire, ne produit aucun contenu. Alibaba, le commerçant dont la valeur est la plus élevée, ne possède pas de stock. Airbnb, le plus grand fournisseur de logements, ne possède pas d'immobilier. Quelque chose d'intéressant est en train d'arriver. - Tom Goodwin, senior VP of Strategy & Innovation, Havas Media[1]

Les pratiques collaboratives donnent lieu à une variété de nouvelles façons de travailler, de consommer et d'interagir avec les entreprises. Bien que ces pratiques existent depuis longtemps de façon décentralisée, elles ont été accélérées en quelques années par des acteurs disruptifs comme Airbnb, BlaBlaCar et surtout Uber.

La collaboration a d'abord été formalisée dans les pratiques de consommation ; s'associer pour partager des biens ou créer des groupes d'acheteurs pour avoir plus de poids devient de plus en plus courant. C'est pareil dans le monde du travail, notamment grâce aux espaces de coworking qui créent de nouveaux types de réseaux. Ces nouveaux réseaux, où la communication est plus naturelle qu'au sein des structures traditionnelles, inspirent les entreprises pour se réorganiser et devenir plus collaboratives en interne.

Et si la collaboration devenait aussi avantageuse dans la vie professionnelle qu'elle l'est dans notre vie privée ? Si c'était un moyen d'atteindre de nouveaux talents des générations Y et Z par le biais des réseaux sociaux et autres moyens de communication interne ? Aidée par les réseaux sociaux et le mobile, l'économie collaborative impacte aujourd'hui de nombreux aspects de la vie de vos collaborateurs, et ils s'attendent évidemment à en profiter également à l'intérieur de l'entreprise. Ainsi, la mise en place de réseaux sociaux d'entreprise (RSE) et autres dispositifs digitaux est une des façons d'appliquer les principes de l'économie collaborative à l'intérieur de l'entreprise, tout comme l'open innovation, qui permet d'intégrer des structures extérieures à l'entreprise au sein des équipes R&D.

Enfin, les pratiques collaboratives ont changé les attentes des candidats vis-à-vis du message que leur envoie l'entreprise et sur la façon dont l'entreprise présente ses résultats et objectifs auprès de ses employés.

Les dates clés :

Mars 1995 : Création de Craigslist.

Décembre 2007 : Création de MyMajorCompany en France.

Août 2008 : Création d'Airbnb.

Mars 2009 : Création d'Uber.

1. http://techcrunch.com/2015/03/03/in-the-age-of-disintermediation-the-battle-is-all-for-the-customer-interface/

L'économie collaborative et les consommateurs

Dans la vie privée, l'économie collaborative se traduit surtout par de la *consommation* collaborative. Derrière ce terme se cachent plusieurs types de pratiques, que l'on peut distinguer de la façon suivante :

- Le regroupement d'acheteurs pour obtenir un meilleur prix ou financer un projet sur le principe de la finance participative (Kickstarter, Ulule, KissKissBankBank, WiSEED...).
- Le prêt, le don, le troc, l'échange de biens, de temps, de compétences ou la location d'objets entre particuliers (Zilok, E-loue, Costockage, Jestocke.com, Bureaux à Partager...).

Si, pour certains, le collaboratif est essentiel parce que c'est un moyen d'échanger, de s'entraider ou d'obtenir des services, nombreux sont ceux qui voient avant tout dans l'économie collaborative une façon de simplifier leur façon de consommer, en économisant de l'argent, en gagnant de la place dans son logement, en améliorant son confort de vie.

Ainsi, bien qu'Uber se distingue de l'économie collaborative car l'entreprise crée avant tout de l'hyper-concurrence entre chauffeurs, ses services sont considérés comme collaboratifs parce qu'ils correspondent à l'usage émergent du *Product as a Service*, qui consiste à ne plus acheter les biens mais à les louer ou emprunter lorsqu'on en a besoin. Pour les consommateurs, l'économie collaborative est un ensemble d'idéaux qui renvoie au partage et non à une consommation égoïste plus simple et plus économique. Elle révolutionne profondément les modes de consommation en motivant les individus à ne plus acheter d'objets pour un usage seulement personnel mais afin de les partager et éventuellement les revendre plus tard.

L'ère du co et l'entreprise

À l'échelle de la société, le passage de l'achat d'un produit à usage personnel à la consommation d'un *Product as a Service* peut s'expliquer de plusieurs façons et a différentes conséquences. D'une part, cela s'inscrit dans un mode de consommation plus durable, plus écologique, plus respectueux de l'environnement. D'autre part, les générations Y et Z – qui sont d'ailleurs plus sensibilisées aux enjeux environnementaux que leurs aînés – ont perdu l'habitude de payer le prix fort pour profiter d'un service ou d'un bien particulier. Il s'avère souvent plus simple pour eux de payer un trajet en covoiturage, même régulièrement, que d'acheter une voiture et de s'acquitter chaque mois de frais liés à l'essence et à l'assurance, entre autres. Ces jeunes sont aussi ceux qui aspirent le plus à l'entrepreneuriat : 57 % d'entre eux souhaitent devenir entrepreneurs pour travailler dans une structure dont les membres ont d'autres motivations que l'argent. Ainsi, ils sont les premiers à travailler dans des espaces de coworking et à construire leur réseau au fil des rencontres, projets et missions, hors de l'écosystème de l'entreprise.

« L'ère du co » est une époque de bouleversements rapides où de nouveaux acteurs imposent leurs usages, obligeant ainsi les entreprises installées depuis plus longtemps à se réinventer de façon plus collaborative, à la fois pour améliorer leurs process internes, être plus productives et changer leur rapport au consommateur.

L'économie collaborative, l'entreprise et les consommateurs

La finance participative est un bon exemple de l'influence de l'économie collaborative sur le rapport entre l'entreprise et le consommateur. Que ce soit un achat anticipé, un don ou un prêt, le crowdfunding permet aux consommateurs d'aider des projets et des entreprises qui les intéressent.

D'abord dédié aux projets musicaux (sur MyMajorCompany) et technologiques (sur Kickstarter, Ulule…), le crowdfunding s'est peu à peu démocratisé pour permettre le financement de projets de plus petite envergure et de proximité. L'avantage n'est pas seulement financier pour les entreprises. Il leur permet aussi de recueillir les idées des futurs acheteurs, qui se sentent investis dans le développement du produit et sont ainsi susceptibles d'apporter leur avis sur la conception dudit produit. Cette part de cocréation entre l'entreprise et le consommateur – appelée *crowdsourcing* – est aussi exploitée par les grandes entreprises, qui ont déjà des bénéfices élevés et ne demandent donc pas de financement. Ces dernières années, Danette ou Lay's ont fait appel à la cocréation pour trouver de nouveaux parfums. Lego, quant à lui, a lancé un appel à projets annuel qui permet aux utilisateurs de voir leurs kits de Lego vendus avec les autres gammes de jouets.

Même en faisant collaborer les consommateurs et des départements R&D, les entreprises n'ont pas encore atteint la maturité nécessaire à la mise en collaboration de groupes de consommateurs. Ils les mettent pour l'instant en concurrence à travers les votes des pairs ou d'un jury de professionnels. En revanche, la collaboration est de plus en plus intégrée dans les processus internes de l'entreprise grâce à la mise en réseau croissante des équipes.

L'économie collaborative et l'entreprise

Face à la multiplication des modes de travail collaboratifs, l'entreprise se doit de les intégrer ou de s'en inspirer, à la fois pour donner à ses collaborateurs l'agilité dont ils pourraient profiter à l'extérieur et pour augmenter leur productivité avec des façons de travailler plus efficientes. C'est pour cette raison que l'entreprise utilise de plus en plus de réseaux sociaux internes, donne à ses collaborateurs la possibilité de travailler en groupes de projets et crée de plus en plus de lien social entre eux.

En plus de relier les collaborateurs entre eux, les entreprises les réunissent également autour de structures extérieures à l'entreprise qui les aident à faire avancer leurs projets, qu'ils s'agissent d'autres entreprises de même taille, de start-up ou de chaires de recherche universitaires. Cette pratique, appelée « l'open innovation », est mise en place grâce à des projets communs et favorisée par la création d'incubateurs d'entreprise, au sein desquels les grands groupes aident des start-up à se développer, tout en échangeant des compétences et des prototypes.

La collaboration entre employés n'est pas l'unique pratique collaborative utilisée par les entreprises. En effet, dans une société où 57 % des jeunes veulent devenir entrepreneurs pour ne pas être soumis à une entreprise dont le but premier est le profit, les motivations de l'organisation sont essentielles pour ceux qui travaillent pour elle. Votre but est-il de gagner de l'argent ou de fédérer vos collaborateurs autour d'une mission commune, qu'il s'agisse d'un engagement environnemental, sociétal ou tout simplement convivial ? La collaboration devient ainsi une part essentielle de l'image et de l'attractivité de l'entreprise, donc de sa marque employeur, que ce soit en termes de conditions de travail ou de mission transmise aux collaborateurs.

Anne-Sophie Novel, Docteur en économie, journaliste et blogueuse spécialisée dans l'écologie, les alternatives durables, l'innovation sociale et l'économie collaborative nous en dit un peu plus sur ces nouvelles pratiques.

Comment expliquez-vous le développement des pratiques collaboratives ces dernières années ? Quel rôle a joué Internet ?

Plusieurs facteurs expliquent l'émergence de ces pratiques : l'essor du numérique, élément central qui apporte partages et échanges d'informations sans précédent, et qui nous a fait développer une mentalité 2.0. Nous avons appris à prendre la parole, à échanger sur les réseaux sociaux, et maintenant nous partageons bien plus que de l'information : des biens et des services. Le collaboratif repose sur ces logiques P2P[1] nées avec le Web, entre particuliers, mais il s'appuie aussi sur une période de transition économique, et sur la prise de conscience des enjeux environnementaux et sociaux inédits.

Pourquoi est-il essentiel pour les entreprises d'intégrer les pratiques collaboratives dans leur organisation ?

Parce que les clients et les parties prenantes ne sont plus les mêmes qu'avant, parce que les prises de décisions sont plus partagées et les façons de penser plus transversales. Il est nécessaire de se tourner vers plus de co-design, de crowd sourcing/funding, de partage de connaissances aussi. Si les entreprises ne s'adaptent pas à cela, elles ne pourront tout simplement pas comprendre comment évolue la demande.

Comment intégrer les pratiques collaboratives au sein de nouveaux process ?

Il faut tester et tester encore. Réinterroger l'histoire de l'entreprise, les fondamentaux de la marque, puiser dans son écosystème pour entreprendre une démarche de réflexion ouverte sur l'entreprise, puis intégrer ces nouvelles pratiques en douceur, par un processus co-construit qui apprend de sa propre implémentation... Ne pas hésiter non plus à travailler avec ceux qui sont à l'origine de services collaboratifs, à prototyper, co-designer...

Bâtisseuse de communautés et stratège en économie collaborative chez OuiShare, Francesca Pick nous parle des enjeux de l'économie collaborative pour les entreprises et évoque la façon dont elle peut changer les sociétés.

En trois mots, qu'est-ce que l'économie collaborative pour vous ?

Au cœur de l'économie collaborative, il y a selon moi la communauté et le fait de distribuer le pouvoir entre ses différents acteurs, en se basant sur la collaboration et l'empathie. Au sein de OuiShare, l'idée principale est que travailler ensemble (au lieu d'être en compétition) et rendre son travail accessible à tous est plus productif et efficace, aussi bien pour les individus que pour la société.

---

1. Abréviation de *peer-to-peer* ; désigne les échanges de pair à pair.

Malgré les guerres, les conflits, les épidémies, pensez-vous que les individus se font plus confiance mutuellement ?

Je ne crois pas que les gens se font plus confiance, mais ils regagnent la confiance perdue au cours des décennies qui viennent de s'écouler, quand le monde occidental s'est urbanisé et que les gens des grandes villes se sont isolés les uns des autres. L'économie collaborative aide les gens à redécouvrir l'importance et le pouvoir de faire partie de communautés locales, ce qui est permis par des plateformes en ligne qui émergent autour de valeurs, d'intérêts et de cultures communes. Et quand on construit une communauté, on construit aussi de la confiance.

L'économie collaborative peut-elle convenir à tout le monde ?

Les participants actifs de l'économie collaborative sont encore un groupe assez petit d'early adopters qui viennent d'un milieu éduqué et sensible à la technologie, de la classe moyenne à supérieure. L'économie collaborative n'est pas encore faite pour tout le monde, mais elle est destinée à l'être sur le long terme. Si elle ne l'était pas, elle ne disposerait pas d'un tel potentiel pour impacter la société ! Pour que l'économie collaborative soit mainstream, il faut un changement profond de comportement dans la population. Je crois qu'il faut être patient, parce que ce type de changement prend du temps, parfois même plusieurs générations.

Comment l'économie collaborative interagit-elle avec l'économie traditionnelle ? Vient-elle compléter ou remplacer les modèles traditionnels ?

Nous sommes dans une phase de transition. Si les modèles de la consommation collaborative croissent aussi vite, c'est parce qu'ils s'insèrent bien dans notre modèle économique actuel, qui a permis à des marketplaces comme Airbnb de se développer très vite. Pour l'instant, l'économie collaborative complète l'économie traditionnelle en permettant au consommateur, au lieu d'acheter un objet, de le louer, de l'emprunter ou de l'obtenir de seconde main ; au lieu de dormir à l'hôtel, il peut louer l'appartement de quelqu'un d'autre ou dormir gratuitement sur un canapé. Sur le long terme, il est possible que ces solutions remplacent de plus en plus les modèles traditionnels, mais ce qui les rend aussi prometteurs aujourd'hui, c'est qu'ils peuvent coexister avec les modèles présents et ainsi créer le changement en partant de l'intérieur de ces modèles.

Pensez-vous que les femmes devraient plus s'intéresser à l'économie collaborative ?

C'est difficile d'y répondre, même si j'ai remarqué que, par rapport à des secteurs comme le secteur technologique, il y a beaucoup de femmes pionnières et leaders d'opinion dans l'économie collaborative, par exemple Rachel Botsman, Lisa Gansky, Robin Chase. Bien que l'économie collaborative soit très liée au monde des start-up et de la technologie, elle reprend également des notions de l'économie sociale et solidaire, puisqu'elle s'attache aussi aux causes environnementales et sociales. De plus, la notion d'empathie est essentielle pour moi dans l'économie collaborative. Cela peut expliquer la présence des femmes dans l'économie collaborative.

Comment l'économie collaborative peut-elle changer la société aujourd'hui ? Comment changera-t-elle l'économie de demain ?

Lorsqu'on observe l'évolution de l'économie collaborative au cours de ces trois dernières années, on constate que nous sommes maintenant à un moment charnière. L'effet que l'économie collaborative peut avoir sur la société dépend de la manière dont ses principes sont mis en pratique. Beaucoup d'exemples actuels de plateformes commerciales de partage ne font que reproduire des systèmes centralisés, hiérarchisés et capitalistiques et sont donc loin de transformer la société en profondeur. Ainsi, pour savoir si l'économie collaborative peut participer à un changement sociétal, il faut se demander pourquoi les plateformes sont créées, comment elles sont organisées, et qui en profite. Celles qui mettent en place une logique de collaboration, de partage et de distribution des pouvoirs à tous les niveaux sont les mieux placées pour créer le changement et nous forcer à prendre au sérieux le pouvoir de transformation de l'économie collaborative. Avec des projets innombrables qui illustrent l'essence du partage et de la collaboration dans le monde entier, je suis convaincue de l'énorme potentiel de ce mouvement fascinant.

Conclusion de la partie 1

Le monde est transformé par la convergence du social, du mobile, du cloud, de la data, des communautés et d'autres forces. La combinaison de ces technologies a créé une gigantesque opportunité de tout connecter d'une façon nouvelle qui change drastiquement la façon dont on vit et travaille. – Marc Benioff, CEO Salesforce

Le Web social et le mobile sont complémentaires et leur évolution est fortement influencée par les GAFA. Leur maturité a permis le développement des pratiques collaboratives. À leur tour, les pratiques collaboratives servent de support à la vulgarisation et à la popularisation d'outils technologiques.

L'évolution la plus fulgurante est celle des objets connectés. En entreprise, l'Internet des objets se traduit aussi bien par des bracelets connectés offerts que par du mobilier connecté qui permet à l'entreprise de mieux monitorer l'occupation et la modularité des espaces. Le cloud rend également le bureau connecté et, couplé avec les terminaux mobiles (de l'ordinateur au smartphone), permet aux collaborateurs d'être plus mobiles.

L'autre grande évolution portée par les grands paradigmes technologiques est celle, plus collaborative, du *tous créateurs*. Favorisée par des compétences de plus en plus accessibles grâce aux nouvelles possibilités de formation et à des outils de plus en plus simples, cette évolution, illustrée notamment par le mouvement des makers, place les moyens de production entre les mains de tous. Là où l'impression 3D était réservée au prototypage industriel, elle devient de plus en plus facile d'accès, grâce à des logiciels plus légers, à des imprimantes plus petites et moins chères et à des labs de plus en plus nombreux, où le public peut profiter d'équipement et de conseils. On assiste à une nouvelle façon de consommer, avec des objets sur-mesure et la possibilité de recréer seulement une pièce pour réparer un objet au lieu de le racheter en intégralité. L'impression 3D permet aussi aux marques de créer des cadeaux personnalisés pour leurs clients, et offre aux départements R&D des entreprises la possibilité d'imprimer des prototypes plus rapidement, à plus bas coûts, en s'affranchissant d'une part de process.

Peut-être accédons-nous à un monde où toutes les données que nous créons et qui sont traitées par les géants du Net permettront d'imprimer automatiquement sur nos imprimantes 3D personnelles des objets dont nous n'avions même pas identifié l'envie ou le besoin jusqu'alors. Il est possible que les objets connectés, dont nous serons à l'avenir tous équipés, se détecteront mutuellement et pourront interagir entre eux sans l'intermédiaire du smartphone : « Vous avez passé une heure avec M. X, souhaitez-vous l'ajouter à vos contacts LinkedIn ? » ; « Vous êtes à la même conférence que Mme Y, faites-vous présenter par M. Z et parlez-lui de votre passion commune pour la littérature japonaise ».

Au final, ces évolutions se développent sur deux axes : on optimise des ressources, aussi bien humaines que matérielles, tout en donnant de plus en plus de pouvoir au consommateur qui, une fois la porte de l'entreprise passée, devient collaborateur. Ces deux axes sont essentiels dans la transformation digitale et dans la façon dont elle doit être abordée par les comités de direction et les DRH.

Dans les parties suivantes de cet ouvrage, nous allons étudier les ingrédients nécessaires à une transformation réussie à tous les niveaux de l'entreprise et à travers toutes les facettes des ressources humaines.

CHAPITRE 2

Les changements vers la transformation digitale

De 1936, année où Alan Turing publie l'article « On Computable Numbers » et énonce le concept de machine universelle, jusqu'en 1960, il s'écoule presque un quart de siècle, durant lequel l'ordinateur est inventé et trouve un marché. De 1960, date de la sortie de la série de gros ordinateurs IBM 360, jusqu'en 1984, lancement du Macintosh par Apple, de nouveau un quart de siècle marqué par la diffusion de l'informatique de gestion. De 1984 à la crise économique et financière de 2008, encore près de 25 ans caractérisés par l'informatisation de la société, le déploiement d'Internet, la bulle de la nouvelle économie. Depuis 2008, nous sommes dans une nouvelle phase désignée par un nouveau mot : le digital. À chaque étape, on a parlé de révolution. Mais avec le digital, la transformation s'accélère. – Rapport Lemoine sur la transformation numérique de l'économie[1]

À l'instar du monstre du Loch Ness, nombreux sont ceux qui parlent de transformation digitale mais peu savent vraiment la définir. Derrière cette vision floue se cache également un grand nombre de questions sur la définition du périmètre, des objectifs, des tenants et aboutissants, et surtout sur la manière d'appréhender et de déployer de manière efficace cette transformation digitale.

Dans ce chapitre, nous verrons ce qu'est une transformation digitale ainsi que les motivations – croissance, coût ou concurrence – et les avantages – ROI (*Return On Investment*)[2] et RONI (*Risk Of Non-Investment*)[3] – pour une organisation de se lancer dans cette transformation. Puis, nous aborderons, toujours sous un angle de professionnels RH, les différents niveaux d'implication des acteurs de l'entreprise (comité de direction, managers et collaborateurs) ainsi que l'importance majeure du rôle du DRH lors de ce processus. Enfin, nous établirons une modélisation temporelle de cette transformation digitale en lien avec les niveaux hiérarchiques avant d'aborder de manière plus complète les notions phares de toute transformation : l'acculturation et le passage de la modélisation aux opérations.

Si le concept de transformation digitale concerne bien évidemment plusieurs services transverses (marketing, commercial, etc.), nous avons sciemment choisi de nous

1. http://economie.gouv.fr/files/PDF/rapport_TNEF.pdf
2. En français, retour sur investissement.
3. En français, risque de non-investissement.

concentrer sur les ressources humaines en mettant en avant les clients internes, c'est-à-dire les collaborateurs de l'entreprise.

Nous définirons tout d'abord la transformation digitale, puis nous exposerons les différentes raisons d'entreprendre cette transformation. Ensuite, puisque nous parlons de ressources humaines, nous aborderons les différentes populations concernées par la transformation et les leviers permettant de les engager. Enfin, nous vous donnerons des conseils pour déployer une transformation digitale et passer de la théorie à la pratique de façon efficace.

Qu'est-ce qu'une transformation digitale ?

Le concept de transformation digitale

> *La transformation digitale est la mise en cohérence de la stratégie à long terme avec les opérations mises en place à court terme au sein de l'entreprise pour intégrer les nouveaux modèles économiques, les outils et usages digitaux, afin de mieux interagir avec ses clients et ses employés sur l'ensemble des points de contact de leur cycle de vie.* – Jean-Noël Chaintreuil

En définissant la transformation digitale comme un déplacement vers la vision du consommateur, i.e. le fait de réaligner ou de commencer à investir dans la technologie ou des modèles économiques qui permettent de mieux engager les consommateurs digitaux à chaque point de contact du cycle de vie de l'expérience client, Brian Solis[1], expert digital au sein du groupe Altimeter, insiste sur le fait que les entreprises doivent s'efforcer de cerner la façon dont les consommateurs intègrent les nouvelles technologies dans leur quotidien pour mieux répondre à leurs attentes. Les ressources humaines doivent donc se focaliser davantage sur leurs clients (internes et externes), créer de nouvelles expériences pour générer plus d'engagement et sensibiliser l'ensemble des collaborateurs à de nouvelles cultures et organisations liées à la transformation.

Bertrand Duperrin, responsable du pôle Transformation digitale chez Emakina France, affirme que « la transformation digitale, c'est ce qu'il faut faire avant de commencer le reste. C'est le socle commun culturel et comportemental qui va permettre de transformer les métiers[2] ». Il ajoute que nous y sommes arrivés en passant par l'entreprise 2.0 et le social business, précisant que l'entreprise 2.0 était orientée vers la collaboration interne alors que le social business comprenait le continuum interne/externe.

La transformation digitale nécessite une réelle prise de conscience. Il est désormais essentiel de faire évoluer les comportements, la culture et les schémas de pensée pour répondre aux nouveaux besoins. En ce sens, la transformation digitale se distingue de la transformation numérique car elle pousse à repenser des modèles historiques installés au sein de l'entreprise depuis de nombreuses années.

Une transformation digitale réussie nécessite donc de s'affranchir des anciens modes de fonctionnement pour répondre de manière plus adaptée à une nouvelle génération de collaborateurs bercés par une économie tout-mobile.

Vers l'entreprise digitale

Cette nouvelle génération de collaborateurs est née avec Internet. Et comme nous avons pu le souligner dans la première partie, l'utilisation d'Internet a augmenté de plus de 566 %.

1. http://altimetergroup.com/2014/07/the-2014-state-of-digital-transformation/
2. http://duperrin.com/2014/07/31/transformation-digitale-et-mauvais-partis-pris-ma-presentation-au-social-business-forum-de-milan/

En 2014, chaque Français a ainsi passé en moyenne 5 heures par jour sur Internet, dont 1 heure depuis son téléphone mobile[1].

Si les différents paradigmes que nous avons évoqués dans la partie 1 ont marqué les populations au point d'en induire les comportements, il est essentiel pour l'entreprise d'intégrer à son tour ces nouvelles technologies. Le salarié passant les trois quarts de sa vie sur son lieu de travail, son épanouissement et son efficacité dépendent de la cohérence entre les usages de sa vie privée et de sa vie professionnelle, voire de l'interpénétration de ces deux univers.

Tout un chacun peut désormais accéder à sa vie privée depuis son espace professionnel (que ce soit en surfant sur Facebook ou en fermant les volets de son logement depuis son smartphone grâce à la domotique), ou à sa vie professionnelle depuis son espace privé (consultation des mails professionnels depuis une interface privée comme le mobile). Ne pouvant pas ignorer les évolutions se produisant dans la société et ayant un impact direct sur les comportements de ses salariés, l'entreprise doit agir pour faciliter les interactions entre les deux sphères et fluidifier les échanges. Bienvenue dans ce nouveau monde professionnel qui transforme l'organisation en entreprise digitale.

Qu'est-ce qu'une entreprise digitale ?

Une entreprise digitale est une organisation qui intègre les nouvelles technologies à son fonctionnement global, c'est-à-dire dans ses ressources humaines, mais aussi dans ses relations avec ses clients, fournisseurs ou partenaires. Selon le cabinet d'étude McKinsey & Company[2], ces technologies « changent la manière de vivre et de travailler » et devraient révolutionner le monde de l'entreprise. Sept d'entre elles devraient particulièrement modifier le paysage de l'entreprise :

- l'Internet mobile ;
- l'automatisation de la connaissance ;
- les objets connectés ;
- le cloud computing ;
- la robotique avancée ;
- les véhicules autonomes ;
- l'impression 3D.

En étant pleinement déployées, ces technologies pourraient engendrer une valeur économique de 1 000 milliards d'euros en France d'ici 2025 et un gain de pouvoir d'achat de 13 milliards d'euros par an. Pourtant, la mutation en France est plus lente que celle observée à l'international. Selon l'enquête menée par McKinsey auprès de 500 entreprises, quatre raisons principales expliquent cette situation : des difficultés organisationnelles, un déficit de talents numériques, des marges financières plus serrées que dans d'autres pays, ainsi qu'un manque d'implication visible des dirigeants.

1. http://blogdumoderateur.com/chiffres-internet/
2. http://mckinsey.com/global_locations/europe_and_middleeast/france/fr/latest_thinking/accelerer_la_mutation_des_entreprises_en_france

La digitalisation est néanmoins nécessaire. Cette dernière accélère les échanges et les transactions pour atteindre une rapidité qui répond aux problématiques liées à la compétitivité, l'innovation et la croissance. En somme, le digital permet d'assurer la survie des entreprises sur le marché. Ainsi, on estime que les technologies liées au digital apporteraient aujourd'hui une valeur ajoutée de 110 milliards d'euros pour les entreprises et le gouvernement. À l'inverse, une entreprise qui n'entamerait pas sa transformation digitale prend le risque de réduire son résultat opérationnel de 20 %. Pour rester compétitive, il est donc indispensable pour l'entreprise d'accélérer sa transformation digitale et de calculer non seulement le ROI, mais aussi le RONI de cette transformation.

Pourquoi amorcer une transformation digitale ?

> *Si le changement va plus vite en dehors de l'entreprise qu'au sein de l'entreprise, la fin est proche* – Jack Welch, ancien PDG de General Electric

Aucune entreprise ne peut réussir sa transformation digitale sans en comprendre l'intérêt. Si gagner en compétitivité devrait être l'objectif premier de la transformation, certaines entreprises commencent leur transformation principalement parce que leurs concurrents gagnent des parts de marché. Comprendre le RONI de la transformation peut ainsi être une première étape vers l'évaluation du ROI des actions.

Voyons d'abord ce que les entreprises risquent à ne pas se transformer à travers l'exemple de Kodak, pour ensuite découvrir quels sont les retours sur investissement de la transformation.

RONI : que risque-t-on à ne pas investir ?

Sylvie Joseph, directrice des programmes de transformation interne de La Poste, a déclaré en février 2015 que La Poste était un groupe multi-métiers « qui n'a pas d'autre choix que de se lancer dans la transformation digitale », aussi bien en interne qu'auprès de ses clients, en proposant de nouveaux produits et services.

Tous les métiers de La Poste ont été impactés par le numérique, ce qui a obligé le groupe à transformer simultanément plusieurs activités. Ainsi, La Poste considère aujourd'hui le digital à la fois comme une réelle opportunité et comme une profonde remise en question de ses business models. Au-delà d'une réflexion transverse qui nourrit la transformation digitale du groupe, un programme d'open innovation a été mis en place pour que les collaborateurs de La Poste travaillent main dans la main avec des start-up et lancent de nouveaux projets.

La Poste a réussi à évoluer au bon moment pour rester une entreprise à laquelle les consommateurs continuent de faire appel quotidiennement. Elle a su dépasser l'un des obstacles à la transformation digitale : l'idée qu'être leader dans son domaine dispense de se transformer, parce que la position dominante est acquise et résiste à toutes les épreuves. Pour réussir sa transformation, une entreprise leader doit se concentrer sur deux éléments : comprendre les enjeux d'un monde qui change et formuler une stratégie de transformation cohérente.

Avant même de commencer sa transformation, n'importe quelle entreprise doit se poser les questions suivantes : en quoi notre offre pourrait-elle devenir obsolète ? L'est-elle déjà ? Quels concurrents directs ou indirects peuvent mettre en danger le chiffre d'affaires de l'entreprise ? Elle doit ensuite calculer son RONI : qu'est-ce que l'on perd à ne pas investir ? Qui va nous dépasser ? Est-ce que l'entreprise, dans son état actuel, peut faire face à des forces adverses émergentes ?

Si les GAFA et leurs nouveaux services sont les concurrents directs de certaines entreprises, il peut aussi s'agir de start-up (comme Uber pour les taxis) ou de concurrents de longue date qui ont déjà pris le virage digital.

Parmi les géants qui n'ont pas su prendre le virage du numérique à temps, on peut citer Kodak. L'entreprise américaine était en quelque sorte le Google de son époque, avec des technologies innovantes accessibles à tous, une simplicité d'utilisation que reflétait parfaitement leur slogan : « *Vous appuyez sur le bouton, nous faisons le reste.* » Son concurrent principal dans la fabrication de films photographiques a longtemps été le japonais Fujifilm.

Les deux entreprises ont eu le quasi-monopole sur leur marché domestique, puis se sont développées en vendant notamment des pellicules à Hollywood. Pourtant, aussi bien Kodak que Fujifilm ont vu leur activité principale décliner lentement jusqu'à devenir obsolète. Dès le début des années 1980, elles ont anticipé l'arrivée de la photographie numérique et ont supposé à tort que cette nouvelle technologie ne supplanterait jamais l'argentique. Mais comment expliquer que Fujifilm ait généré un chiffre d'affaires de 182 000 milliards de dollars en 2011 alors que celui de Kodak dépassait à peine les 4 milliards ? La raison en est très simple : fort d'une entrée sur le marché américain à l'occasion des Jeux olympiques de Los Angeles en 1984, Fujifilm a vendu énormément de films, créant un capital à réinvestir dans la R&D nécessaire à sa transformation vers une offre centrée sur le digital. À l'inverse, Kodak s'est reposé sur sa position de leader et sur ses succès passés et a souffert du perfectionnisme de ses décideurs. En effet, alors que la technologie nécessitait de « faire-lancer-améliorer » (souvenez-vous de l'imperfection du premier iPhone), les ingénieurs de Kodak voulaient finaliser des produits parfaits et prendre le temps de réfléchir avant l'acquisition d'une start-up. Une stratégie qui ne peut pas fonctionner dans un monde qui évolue vite.

Après avoir essayé d'adapter les produits chimiques de Kodak à l'industrie pharmaceutique, George Fisher, dirigeant de l'entreprise de 1993 à 1999, a décidé de se recentrer sur la photographie numérique. Cependant, ce changement s'est effectué trop lentement et le business model de Kodak, qui consistait à vendre un appareil photo puis à faire des bénéfices sur la vente des pellicules, était difficile à adapter au nouveau mode de consommation de la photographie.

Finalement, Kodak a continué de miser sur les ventes de pellicules, en s'adressant notamment aux marchés émergents, sans prévoir que leur rapide industrialisation les amènerait directement à l'utilisation d'appareils numériques.

Si les brevets de Kodak pour l'imagerie digitale, les smartphones et les tablettes étaient évalués à plus de 4,5 milliards en 2012, ils ont dû être en partie vendus pour éviter le dépôt de bilan. L'entreprise a ensuite signé des accords avec des réalisateurs hollywoodiens qui se sont engagés à tourner avec des pellicules Kodak à l'heure où la caméra numérique était omniprésente. Le RONI de Kodak est facilement identifiable : perdre des parts de marché jusqu'à devenir une marque de niche dans l'obligation de signer des partenariats d'exclusivité pour s'assurer un chiffre d'affaires.

Fujifilm, au contraire, a su se diversifier. Elle a lancé des partenariats avec Xerox pour se faire une place sur le marché de l'imagerie numérique, a créé des appareils photos numériques comme des Reflex numériques, des appareils qui impriment les photos instantanément (un marché laissé libre par la faillite de Polaroid), ou même des caméras qui permettent de filmer en 3D. Fujifilm a aussi continué de s'intéresser aux professionnels du cinéma et de l'image en leur proposant des solutions d'impression et de traitement de l'image. Ils ont parfaitement appliqué leur devise « *Value from innovation* », allant jusqu'à investir dans des start-up pour favoriser l'open innovation.

Qui voulez-vous être ? Kodak, qui innove pendant des années sans stratégie claire, tout en comptant uniquement sur sa position de leader et la force de sa marque sans voir que le monde change ? Souhaitez-vous être mis au pied du mur et dans l'obligation de réduire votre effectif de 90 % pour ne garder que ceux dont le travail s'inscrit toujours dans une dynamique pertinente ? Ou préférez-vous transformer votre entreprise à tous les niveaux pour rendre chacun de ses éléments plus fort face au digital ?

Se transformer nécessite d'investir de l'argent. Fujifilm l'a compris en générant un maximum de chiffre d'affaires à réinjecter dans l'innovation et non dans le développement des gammes existantes. Vous avez l'impression qu'innover coûte cher ? C'est vrai. Mais pensez à ce que vous risquez de perdre si vous ne vous transformez pas. Identifiez votre RONI et orientez vos investissements de façon à pallier vos manques et développer vos forces.

S'il est un domaine qui a dû se transformer pour ne pas perdre en pertinence avec le développement d'Internet, c'est bien les médias. On ne consomme plus l'information de la même façon. La presse papier doit sans arrêt trouver de nouveaux modèles pour se réinventer, mais elle n'est pas la seule. En effet, face à la multiplication des écrans, des groupes comme France Télévision ont dû aborder une transformation digitale profonde. Sur ce sujet, nous avons interrogé Erwann Gaucher, directeur adjoint de France Bleu et ancien directeur adjoint en charge des sports au sein de France Télévisions Éditions Numériques.

Quel est le rôle du digital au sein de France Télévisions ?

Il est multiple et central. Son principal rôle est sans doute d'être l'une des têtes de pont de France Télévisions pour comprendre et s'adapter aux nouveaux usages de celles et ceux à qui FTV veut s'adresser à travers ses programmes, son information. Le numérique a longtemps été pensé dans les entreprises de médias comme un « accompagnateur » du média d'origine (télévision, journal papier, émission de radio, Internet). Aujourd'hui, au sein de France Télévisions, le numérique va beaucoup plus loin : comment repérer, comprendre et s'adapter aux nouveaux usages ?

Comment répondre à la délinéarisation de plus en plus importante de la consommation de télévision ? Comment proposer une offre d'information en temps réel, permanente, quand toute l'organisation a été conçue pour produire deux JT par jour ? Comment s'adresser à des téléspectateurs qui sont de plus en plus nombreux à regarder des programmes télé avec une tablette ou un mobile à la main et un réseau social ouvert ?

Le rôle du digital est donc bien un rôle de distribution des programmes, mais aussi d'adaptation générale des offres de France Télévisions, et donc des organisations, des modes de production, des modes de conception mêmes, aux nouveaux usages. Cela va du fait de proposer, lors de Roland Garros, les directs sur neuf courts en exclusivité numérique à la conception/production de nouveaux modes de narration hybrides, numérique et télévisuels, avec l'équipe des Nouvelles écritures par exemple.

Qu'est-ce que l'arrivée d'Internet a changé pour l'audiovisuel ?

Énormément de choses. Comme presque tous les secteurs, l'audiovisuel a été bousculé par l'arrivée massive du numérique dans nos vies. D'abord parce qu'il a profondément modifié notre consommation de l'audiovisuel. Terminé le temps où l'on regardait des programmes à heures fixes, en direct, sans autre activité. Les téléspectateurs ont pris le contrôle non seulement de ce qu'ils veulent regarder, mais aussi de quand ils veulent le regarder, où, et sur quel support. Ils ont également basculé dans le *multitasking*, la conversation permanente, l'interaction, qui n'étaient pas forcément des points forts de l'audiovisuel.

Ce qui a rendu parfois les choses encore plus compliquées pour l'audiovisuel, c'est que ces changements ne se faisaient pas au détriment de sa consommation. Pendant des années, on a vu le numérique envahir rapidement les usages, mais on consommait toujours autant la télévision. Le risque était alors de se croire « épargné » par ce changement d'usages, alors que les mouvements s'interpénétraient profondément. Oui, on continuait de regarder beaucoup la télévision, mais en faisant de plus en plus de choses à côté. Ce sont ces années d'évolutions « invisibles » des usages qui expliquent l'explosion de Netflix, de la Social TV, et pour la première fois depuis quelque 18 mois, du recul de la consommation de télévision d'abord chez les plus jeunes, puis dans toutes les catégories de la population.

Comment Internet a-t-il changé la consommation de contenus d'information ?

Pendant 50 ans, on a consommé l'information passivement, aux heures de livraison de celle-ci (le matin pour la presse, jusqu'à 9 heures pour la radio, à 13 heures et 20 heures pour la télévision…). L'information était organisée de façon pyramidale : quelques centaines de journalistes décidaient de ce qui était le plus important et livraient un travail « figé » à heure fixe.

Désormais, l'information est consommée en continu à toute heure et en tous lieux, sous de multiples formes, au cours d'une conversation, dans les transports en commun, entre deux réunions, sur son ordinateur, devant sa télé, sur les réseaux sociaux. On y consacre aussi bien dix secondes qu'une heure, en se basant sur la recommandation de son réseau social au moins autant que sur les choix des journalistes.

Mais le plus grand bouleversement dans la consommation d'information a moins été Internet que les smartphones et la possibilité d'être connecté presque tout le temps. Le public peut, et veut, pouvoir consulter de l'information actualisée n'importe quand.

Comment le digital a-t-il changé l'organisation des rédactions ?

Il a tout changé, et rien à la fois. Rien, dans le sens où la base reste la même : vérifier, recouper, contextualiser. Cette base est même de plus en plus nécessaire. Tout, car l'ensemble des façons de travailler a été renversé. Sans rentrer dans les détails techniques, les rédactions ont purement et simplement connu une inversion de leur organisation.

Pendant 50 ans, on a organisé le travail des rédactions en fonction des contraintes industrielles des médias. À la télévision, un journaliste devait avoir terminé son reportage à 17 heures car il avait besoin de deux heures pour le monter avant sa diffusion à 20 heures. Dans la presse écrite, l'article devait être rendu à 15 heures, car il fallait X heures de mise en page, X heures de traitement et d'envoi à l'imprimerie de tout le journal et que les rotatives devaient avoir fini de tourner avant minuit si l'on voulait que les camions de livraison puissent emmener les journaux à temps dans les points de vente pour l'ouverture à 7 heures le lendemain matin.

Le digital a tout inversé. Il apporte une grande liberté, puisque l'on peut s'affranchir de ces contraintes, innover avec de nouveaux formats, prendre plus de place, changer facilement de forme. Mais il faut également coller aux usages si l'on veut être lu : être capable d'éditer un article pour qu'il soit facile à lire sur mobile, l'enrichir numériquement, l'actualiser en permanence, faire une veille efficace sur les réseaux sociaux qui sont devenus de nouvelles sources précieuses d'informations, inventer, innover, surprendre dans un contexte où la concurrence est encore plus rude car multiple.

Les organisations ne dépendent plus de l'outil industriel, elles doivent être plus souples, plus transversales, réunir des compétences qui avaient l'habitude de travailler sur le même produit mais de façon cloisonnée.

Quelles sont ces nouvelles compétences et comment guider leur acquisition ?

La souplesse, la réactivité, la veille permanente et la capacité à remettre en cause très souvent son organisation. L'une des choses que j'entends régulièrement en travaillant avec les rédactions est : « Mais on nous a dit le contraire il y a moins d'un an ! » Oui, car il y a un an, Google n'avait pas la même règle de référencement, Facebook n'avait pas décidé de faire exploser le *reach* des vidéos natives, Meerkat ne venait pas secouer l'information en temps réel en permettant le stream via les réseaux sociaux…

Dans des organisations lourdes et bien huilées, intégrer cette grande souplesse sans rogner sur la rigueur se traduit souvent d'abord par un sentiment d'insécurité. Il faut guider ces nouvelles compétences avec une vision sereine et réactive, notamment en organisant précisément la veille permanente. Si vous ne découvrez les nouveaux usages, les nouveaux outils que lorsqu'ils se répandent, vous avez déjà un temps de retard. Nous ne savons pas si Meerkat ou Periscope vont révolutionner l'information en temps réel mais nous devons déjà réfléchir aux formats possibles à travers eux, et aux organisations nécessaires pour les réaliser afin de pouvoir être réactif si l'usage explose.

ROI : que gagne-t-on à investir ?

> *Innover est difficile. Ça l'est vraiment. Parce que la plupart des gens ne comprennent pas. Souvenez-vous que l'automobile, l'avion, le téléphone étaient tous considérés comme des jouets à leur création parce qu'ils n'avaient pas trouvé leur public. C'était des idées trop neuves.* – Nolan Bushnell, créateur de Pong[1] et fondateur d'Atari[2]

Vous ne devez pas investir dans la transformation digitale uniquement pour éviter de déposer le bilan. Il est d'ailleurs inconcevable que ce soit l'objectif final de la stratégie de transformation. Il faut que l'entreprise se fixe de réels objectifs de développement et une stratégie de transformation solide, à défaut d'une stratégie d'innovation. Cette stratégie, qui varie en fonction des entreprises (développement d'un nouveau produit, business model, réutilisation de brevets déjà existants), s'articule autour de trois axes :

1. La simplification et la dématérialisation des processus.

1. Premier jeu vidéo populaire.
2. Entreprise fondée en 1972 et pionnière dans les jeux vidéo.

2. La réduction des coûts.

3. La compétitivité de l'entreprise.

Les entreprises qui effectuent leur transformation digitale sont 26 % plus rentables et génèrent 9 % de chiffre d'affaires de plus que les autres. C'est loin d'être négligeable !

> **Solocal Group et la transformation digitale**
>
> Solocal Group (anciennement Pages Jaunes Groupe) a démarré sa transformation digitale il y a dix ans. Le groupe recherche de nouvelles sources de revenus pour conforter sa position de leader et aimerait que 75 % de ses revenus proviennent du digital en 2015. Pour y parvenir, il a remis le client et ses besoins au centre de ses process et a renforcé sa présence non seulement sur ordinateur, mais aussi sur les supports mobiles. Le digital a été une véritable opportunité pour se détacher du rythme annuel de publication des annuaires afin de proposer des offre toute l'année à ses prospects, différenciées en fonction de la période de l'année. En terme d'investissement, ce sont 200 millions d'euros qui ont été alloués sur une période de trois ans pour accélérer le développement de l'audience et reconstruire un système d'information en temps réel, plus adapté au monde actuel.

Simplification et dématérialisation des processus

Le digital permet de s'affranchir de deux choses : la distance – notamment géographique entre les collaborateurs, mais aussi entre les niveaux hiérarchiques – et les échanges de documents papier. Cette dématérialisation n'est que le reflet de nos usages dans la vie privée : aujourd'hui, nous favorisons les mails plutôt que les lettres aussi bien pour écrire à notre assurance que pour donner de nos nouvelles à des amis. De la même façon, l'accroissement de la proximité entre les individus existe déjà à titre privé sur les réseaux sociaux : vous pouvez interpeller directement le PDG ou le porte-parole d'une entreprise et suivre l'actualité de cette entreprise avant même qu'elle ne soit relayée par les médias.

Il est essentiel d'incorporer ces usages pour éviter une éventuelle frustration de la part des collaborateurs lorsqu'ils intègrent l'entreprise. En effet, ces derniers ne comprennent souvent pas pourquoi l'entreprise a du retard dans ce domaine et considèrent cela comme de l'immobilisme, un signe que l'entreprise peine à se réformer.

Comme nous avons pu le voir dans la première partie de ce livre, deux révolutions majeures secouent l'environnement technologique : le Web social et le mobile. Elles ont permis les mutations technologiques et sociales : e-commerce, wearables, objets connectés, impression 3D, cloud computing, API et big data. Tous ces éléments, qu'ils soient directement visibles ou non, facilitent la vie privée des collaborateurs et peuvent facilement être intégrés à leur vie professionnelle.

Accepter ces changements permet aussi aux collaborateurs de ne pas devoir changer d'état d'esprit et d'habitudes en entrant dans l'entreprise. Un univers dans lequel les collaborateurs se sentent bien permet qu'ils se concentrent sur leurs missions et leurs enjeux. Ainsi, les collaborateurs sont susceptibles d'être plus créatifs, mais aussi davantage productifs grâce à des processus plus légers et un contact plus facile avec les personnes avec qui ils doivent communiquer.

Réduction des coûts

Les avancées technologiques bouleversent les comportements et les usages en impliquant des changements dans de nombreux domaines. Tout est remis en question : la R&D, la veille, le rapport à l'innovation, et même la façon de collaborer entre les salariés d'une même entreprise.

Favoriser une communication plus facile entre les collaborateurs implique de revoir ses méthodes de travail, notamment grâce au *Design Thinking*[1], à la méthode Scrum[2], l'agilité, le Gamestorming[3] et l'open innovation.

Votre direction de la communication et votre DRH lancent des campagnes en même temps mais avec des identités légèrement différentes ? Les actions n'auraient-elles pas gagné en cohérence si une même campagne avait été déclinée sur les candidats potentiels et sur les clients et cibles institutionnels ?

La mutualisation des moyens et la fin des silos permettent également une meilleure circulation des connaissances dans l'entreprise. Si vous êtes par exemple une entreprise industrielle qui dispose de plusieurs gammes de produits, il est essentiel que chaque collaborateur soit au courant des projets des autres départements, pour éviter de redévelopper les produits depuis le début ou de les chercher en dehors de l'entreprise. Des projets transverses peuvent ainsi plus facilement se mettre en place, que ce soit au sein de structures dédiées, comme des laboratoires d'innovation ou d'open innovation reliés aux entreprises, ou dans les départements de R&D sans supervision particulière de l'entreprise. La transformation donne ainsi les clés aux collaborateurs pour prendre des initiatives, explorer de nouvelles pistes, réaliser de nouveaux projets. La productivité n'est plus uniquement guidée par la direction de l'entreprise, mais aussi par ses collaborateurs, qui échangent notamment au sein de RSE avant de passer à l'action.

Les collaborateurs prennent du pouvoir, ce qui permet non seulement de développer de nouveaux projets, mais aussi de retenir les meilleurs talents, qui ont souvent besoin de se fixer des défis, d'avoir un espace de créativité et de répondre à leur quête de sens. Les collaborateurs peuvent ainsi être considérés comme de véritables partenaires capables d'identifier leurs propres besoins ou ceux d'autrui et d'y répondre grâce à leur travail. Si vous n'êtes pas capable d'offrir cela à vos collaborateurs, une autre entreprise le fera.

1. Approche de l'innovation qui s'appuie sur un processus de co-créativité impliquant des retours de l'utilisateur final.
2. Méthode agile permettant de répondre à des problèmes complexes et variables tout en livrant de manière productive et créative des produits de la plus grande valeur possible.
3. D. Gray, S. Brown, J. Macanufo, *Gamestorming – Jouer pour innover*, Diateino, 2014.

SumAll et la transparence

SumAll, start-up de génération de rapports et tableaux de bord pour les réseaux sociaux, a misé sur une culture d'entreprise ouverte et transparente dans laquelle chaque victoire et conquête est mise à l'honneur. Les CV affluent, facilitant les processus de recrutement, et l'entreprise est tellement attractive que les 1,2 % de candidats qui intègrent réellement l'entreprise acceptent souvent de travailler pour un salaire moins élevé qu'à leur poste précédent.

Buffer et la mise en ligne des données

Dans un esprit de transparence tournée aussi bien vers l'interne que vers l'externe, Buffer, entreprise qui permet d'optimiser son usage des réseaux sociaux, a choisi de rendre publiques toutes ses données. Ainsi, la société a mis en ligne[1] l'intégralité de ses salaires, les résultats de ses levées de fonds, la façon dont est utilisé son chiffre d'affaires. Au-delà de ses données chiffrées, Buffer partage également le contenu de ses derniers projets et son code, disponible en open source, c'est-à-dire que tout un chacun peut y accéder et le réutiliser. Cette transparence permet à l'entreprise de montrer qu'elle est alignée avec ses valeurs et qu'elle joue carte sur table, dans un rapport d'équité avec ses clients, collaborateurs et candidats, puisque tous ont accès aux mêmes informations.

Une entreprise plus compétitive

La simplification et la dématérialisation des processus, associées à une gestion plus fluide de la connaissance dans l'entreprise, donnent plus de liberté aux collaborateurs, qui peuvent ainsi être plus rapides et efficaces dans leurs activités quotidiennes mais aussi développer des projets auxquels la direction n'aurait pas pensé.

Ces projets sont autant d'opportunités pour l'entreprise d'augmenter sa productivité. Ils sont aussi l'occasion pour l'entreprise d'améliorer sa marque employeur. Tout est une question d'expérience. Vous prenez soin de votre expérience client et de votre expérience candidat, alors n'abandonnez pas vos efforts auprès de vos collaborateurs sous prétexte que le contrat de travail est signé. L'expérience collaborateur est la plus importante : un collaborateur qui a la main – au moins en partie – sur ses projets est un collaborateur heureux, susceptible de devenir une personne engagée dans la promotion de l'entreprise et de ses conditions de travail. Il aura envie de rester dans l'entreprise, mais il donnera aussi envie à ses amis et anciens collègues d'y entrer par cooptation. Fidéliser et attirer les meilleurs talents est évidemment moteur dans le développement de nouveaux projets : une entreprise d'excellence est composée de profils tout aussi excellents, la rendant ainsi plus créative et productive. Et une entreprise plus créative et productive est plus réactive et davantage capable de faire face à ses concurrents, actuels ou futurs.

1. http://buffer.com/transparency

La concurrence des entreprises a beaucoup changé. Les entreprises traditionnelles étaient auparavant concurrencées par des structures similaires en termes de taille et d'organisation. Désormais, avec le digital, elles font face à une concurrence plus agile et pilotée par l'innovation, affranchie des frontières géographiques, centrée sur le client, en recherche constante de talents.

Comme l'a dit Benoît Legrand, PDG d'ING France, « [Les GAFA] ont le contact avec le client, comprennent ses attentes et savent traiter les données ». Il précise : « Les clients des banques recherchent de la simplicité et de la fiabilité : les GAFA nous ont prouvé qu'ils étaient les mieux à même de répondre à ces besoins-là. »

La majorité des groupes du CAC 40 a été créée bien avant Apple – le plus ancien des GAFA – ou résultent de la fusion d'entreprises plus anciennes. Cependant, Google, Apple, Facebook et Amazon valent chacun bien plus que n'importe quelle entreprise française. Pourtant, les GAFA ne constituent qu'une partie de la concurrence. En effet, les start-up de niche et les pure players, qu'ils soient des applications mobiles, des e-commerçants ou des plateformes de partage, sont autant d'acteurs qui placent le digital au premier plan afin d'attirer les consommateurs et candidats pour obtenir des parts de marché. Ces concurrents peuvent pourtant devenir des partenaires, permettant ainsi l'apparition de nouveaux « océans bleus[1] », où le digital et la coopération deviennent des facteurs de rentabilité, d'économie et d'optimisation des coûts pour toutes les entreprises.

Pour arriver à une entreprise digitale qui navigue sur les océans bleus, il faut saisir tous les enjeux de la transformation et définir les différentes étapes qui séparent l'entreprise traditionnelle de sa transformation digitale. Erwann Gaucher, chez France Bleu, nous explique ce cheminement et nous fait part de ses conseils pour réussir cette transformation digitale.

Quels sont les enjeux d'une transformation digitale ?

Ils sont à la fois immenses et très concrets. Immenses car il s'agit ni plus ni moins d'adapter une filière de production à la fois artisanale et industrielle aux usages de la nouvelle condition numérique. Très concrètement, cela signifie intégrer une grande dose de souplesse et de réactivité dans une organisation quasi industrielle, avec des outils parfois lourds et des contraintes de temps et de personnes qu'il faut résoudre. Cela veut dire modifier peu ou prou toutes les organisations, parfois légèrement, parfois profondément, et l'on sait que le changement de méthode de travail est l'un des défis les plus difficiles à relever.

C'est doublement le cas dans le cadre de grandes structures comme les chaînes de télévision, composées de multiples unités à la fois autonomes et dépendantes. Dans une grande chaîne de télévision, ce n'est pas une mais dix rédactions qui travaillent côte à côte : nationales, régionales, internes, en co-production, en production externe, de news, de magazines hebdomadaires, mensuels, etc. Il est impossible de trouver une organisation commune et utile. Il faut à la fois injecter de nouveaux principes généraux et une organisation au cas par cas. Repenser l'organisation industrielle du prêt-à-porter tout en faisant du sur-mesure, en quelque sorte !

1. L'océan bleu, qui a pour pierre angulaire l'innovation utile, est un espace économique qui ne répond pas aux règles de concurrence traditionnelles et où les différents acteurs peuvent être partenaires pour créer de la valeur, à la fois pour eux et pour les consommateurs (d'après W. Chan Kim et Renée Mauborgne, *Stratégie Océan Bleu : Comment créer de nouveaux espaces stratégiques*, Pearson, 2010).

Enfin, histoire de corser un peu le défi, vous devez le faire en sachant que vous engagez désormais un chantier quasi permanent, qu'il faudra toujours revoir la transformation digitale, si intelligemment menée soit-elle. Mais c'est à ce prix qu'on peut s'adapter à cette nouvelle condition digitale qui modifie nos usages si rapidement et si profondément.

Quels sont les trois chantiers prioritaires ?

1. **Observer les usages :** mis à part quelques grands et rares géants comme Apple, Facebook et Google, quasiment aucune organisation n'est aujourd'hui de taille à influer sur les usages numérique du public. Il faut donc les observer de près, tout le temps, pour les comprendre, pour cerner rapidement les fausses bonnes idées et celles qui peuvent devenir des usages de fond, afin de s'y adapter rapidement et intelligemment.

2. **Privilégier le numérique :** cela ne signifie pas qu'il doit devenir l'élément le plus important de l'organisation, mais il ne doit pas être la simple responsabilité des « professionnels du numérique ». Il ne suffit plus d'avoir de bons experts pour réussir la transformation numérique d'une entreprise, il faut que ces experts soient capables de produire et répandre une culture digitale dans l'ensemble de la structure, auprès du plus grand nombre de collaborateurs.

3. **Rendre possible l'expérimentation digitale :** derrière bien des réussites digitales se cachent des échecs préalables. Tinder n'a été lancé que parce que Cardify, le projet initial de ses créateurs, n'a pas pris. Google est aussi célèbre pour ses ratés (Google Wallet, Google Wave, en partie Google + et peut-être aussi les Google Glass).

Pour se lancer dans le numérique, il faut rendre possible l'expérimentation et donc l'échec. Organiser l'expérimentation et l'échec, ce n'est pas mettre sur le dos d'une innovation numérique l'obligation de réussite pour assurer l'avenir d'un programme ou d'une activité de l'entreprise. C'est prévoir la possibilité d'un échec et organiser son post-mortem : comment concrètement tirer un savoir d'un raté pour le faire fructifier.

Qui sont les acteurs d'une transformation digitale ?

Comme nous avons pu le voir précédemment, la transformation digitale est un projet qui touche l'entreprise dans son ensemble : le métier de chacun est impacté. Pourtant, toutes les populations de l'entreprise ne sont pas transformées en même temps ni de la même façon et chaque niveau hiérarchique a un rôle différent dans la transformation digitale de l'entreprise.

Instiller une culture digitale ne peut venir qu'après qu'une vision a été clairement affichée, vision qui doit être partagée et propagée par le comité de direction avant d'être acceptée et intégrée par l'ensemble des cadres de l'entreprise puis transmise en cascade aux collaborateurs opérationnels.

Le comité de direction

> *Le changement doit commencer au sommet, tout du moins le sommet doit-il le soutenir et y croire pleinement.* – Jim Roberts, directeur exécutif et de la création de Mashable

Définir le RONI et le ROI de la transformation est le rôle du comité de direction de l'entreprise. En effet, s'il dispose de la vision la plus globale de l'entreprise, de son fonctionnement et de son écosystème, il est aussi le plus à même d'identifier les dangers que peut représenter l'absence de transformation. Le comité de direction, qui n'est pas toujours au fait des initiatives digitales prises par les collaborateurs à tous les niveaux de l'entreprise, se doit pourtant d'être alerté lorsque les processus établis ne correspondent plus au quotidien des collaborateurs. Il est alors temps d'écrire une nouvelle page de l'histoire des processus de l'entreprise et de démarrer une acculturation digitale qui permet à tous les collaborateurs d'être à l'aise face aux outils digitaux. Cela permet aussi de s'assurer que les initiatives isolées sont unifiées dans l'entreprise et que les process et les outils peuvent être utilisés par tous.

Le rôle d'un comité de direction dans la transformation de l'entreprise est double. D'une part, il donne l'impulsion nécessaire à une transformation digitale cohérente englobant toute l'entreprise. D'autre part, il montre l'exemple quant à l'usage du digital dans l'entreprise. Le comité de direction doit donc être en position d'être un double leader pour une transformation réussie. Dans un premier temps, c'est à lui de définir les raisons pour lesquelles l'entreprise doit se transformer, mais aussi de donner sa vision, ses objectifs et de redéfinir sa mission si celle-ci change avec le digital.

C'est aussi au comité de direction de définir jusqu'où ira la transformation et à quel rythme. S'agit-il de transformer tous les métiers de l'entreprise simultanément ou de commencer par une verticale de l'entreprise afin de l'appliquer aux autres ensuite ? Quelles sont les contraintes de l'entreprise (posées par une maison-mère ou par des partenaires, par exemple) et comment les surmonter ? L'objectif de la transformation est-il de maintenir la position sur le marché ou d'aller plus loin en créant un nouveau business, en développant une nouvelle activité ou même en en supprimant une ? Pour trouver les réponses à ces questions et amorcer convenablement la transformation digitale, le comité de direction doit lui-même être sensibilisé aux différents usages digitaux, les intégrer à ses propres usages et entrer dans un état d'esprit digital et une dynamique de *test-and-learn*, où tenter et oser sont aussi importants que de réussir. Effectuer une veille permanente sur les sujets digitaux devient alors indispensable pour ne pas se laisser dépasser.

> *Tout groupe humain prend exemple sur l'individu qui le dirige. Qu'il le veuille ou non, un patron sert de modèle.* – Jack Welch, ancien PDG de General Electric

---

Laurent Vimont, PDG de Century 21, l'a bien compris et a fait du digital un sujet de veille permanente, avec des interventions régulières de spécialistes et des témoignages de dirigeants, qui ont pour objectifs de changer les mentalités des plus réfractaires. Pour Century 21, le principal enjeu face à la transformation digitale est de faire évoluer les mentalités au même rythme que les technologies. Si les premiers chantiers de sa transformation sont en partie liés au contact avec le client, comme l'équipement des commerciaux en outils simples et nomades et l'exploitation des réseaux sociaux, Century 21 utilise aussi ses données pour optimiser son activité et maintenir sa position sur le marché de l'immobilier.

AXA et la transformation digitale

Selon Godefroy de Colombe, PDG de Direct Assurance, Groupe Axa, la transformation peut découler d'un besoin des clients réels ou potentiels et pas seulement d'une stratégie de l'exécutif. Toutefois, elle est conduite par l'exécutif qui prend conscience de l'importance des enjeux digitaux et de ses impacts sur les différents métiers de l'entreprise.

Un premier constat s'impose : la transformation digitale est un véritable projet d'entreprise, un défi que l'entreprise se lance à elle-même et qui révèle la cohérence des diverses orientations stratégiques dans le cadre d'une vision commune. Elle revêt deux dimensions. D'une part, elle est liée au processus de transformation, dans son côté méthodique et scientifique ; d'autre part, elle concerne l'ensemble des ressources humaines mobilisables par l'entreprise pour piloter la transformation. Les mécanismes de gouvernance les plus performants sont imaginés par l'exécutif en amont puis communiqués à l'ensemble des fonctions de l'entreprise.

Chez Axa, le modèle de transformation n'est pas directif et unilatéral. On encourage un management plus transparent, plus souple et surtout plus collaboratif. Le rôle de l'exécutif dans la transformation digitale est décisif. Celui-ci doit élaborer et structurer une méthode pour la mise en place des développements digitaux. Enfin, il doit penser la transformation digitale non comme une transformation technologique mais comme une transformation commune des diverses fonctions de l'entreprise, en l'accompagnant d'un discours ambitieux et rassurant.

Le comité de direction doit aussi accepter l'idée que toutes les initiatives ne seront pas couronnées de succès, que même les échecs seront utiles. Il doit alors accepter l'idée que les décisions et initiatives ne viennent pas uniquement de la direction mais aussi des collaborateurs qui prennent de plus en plus de pouvoir dans l'entreprise. Cette prise de pouvoir par les collaborateurs entraîne un besoin de transparence. Le comité de direction doit être conscient que ses décisions seront sans doute plus faciles d'accès qu'avant pour les collaborateurs et que ces derniers pourront plus facilement les remettre en question si elles ne sont pas suffisamment justifiées. Il devient essentiel de communiquer de façon appropriée autour des initiatives et projets d'envergure – et parmi eux la transformation digitale – pour obtenir l'adhésion des collaborateurs.

L'exemplarité du comité de direction face aux usages digitaux est un corollaire de la transparence. De la même façon que les collaborateurs sont jusqu'à 50 % plus engagés sur les réseaux sociaux au nom de l'entreprise si leur PDG l'est lui-même, il peut leur être difficile d'accepter de nouvelles méthodes de travail si la direction conserve des méthodes et process de l'ère pré-digitale. Ainsi, la direction de l'entreprise doit penser la transformation digitale en définissant une structure, une orientation et des méthodes de mise en place. Cependant, cela implique que la direction ait moins de pouvoir et soit dans une dynamique de prise de décision moins unilatérale.

Les top managers et les middle managers

Si le comité de direction est moteur dans la transformation digitale, le rôle des top et middle managers n'en est pas moins crucial pour une transformation réussie. Bien que la transformation soit impossible sans eux, ils sont souvent oubliés dans le processus de digitalisation de l'entreprise au profit des équipes opérationnelles.

En tant que système de transmission entre la direction et les collaborateurs – donc entre la stratégie et les opérations –, les top et middle managers sont essentiels au déploiement efficace et efficient de tout projet d'entreprise, et il en va de même pour la transformation digitale. Or l'erreur fréquemment commise est de passer directement du comité de direction, qui donne l'impulsion de la sensibilisation et de la transformation globale de l'entreprise, aux chantiers opérationnels. Les équipes opérationnelles disposent ainsi de plateformes collaboratives, de clés et de formations pour appréhender la nouvelle culture d'entreprise, mais l'accompagnement des middle managers est oublié.

Entre la direction et l'opérationnel, les middle managers sont ceux qui doivent intégrer en priorité le digital dans leurs process quotidiens. Ils ont pour obligation de penser *mobile-first*[1], de saisir l'intérêt et l'application d'un social CRM, d'avoir des idées innovantes, d'intégrer les bons profils à leurs équipes et surtout de diffuser la culture digitale et la vision définie par la direction aux équipes opérationnelles.

Ils doivent donc être à la fois force de proposition et d'innovation et réussir à suivre la structure de transformation mise en place par leur direction en impliquant et guidant l'ensemble de leurs collaborateurs. Ce rôle paradoxal les soumet d'une part à la pression de la direction, puisqu'ils doivent traduire la vision de la direction aux collaborateurs,

1. Concevoir en priorité pour les terminaux mobiles.

d'autre part à la pression des collaborateurs, qui attendent de leurs managers qu'ils leur démontrent l'intérêt de la transformation pour s'impliquer et se sentir concernés.

Malheureusement, de nombreux programmes de transformation digitale ne prévoient aucune formation pour ce nouveau rôle de rouage au sein de l'entreprise. Pourtant, il suffit de montrer à ces managers que la direction a confiance en eux pour les impliquer dans la transformation. Comme nous le disions plus haut, la direction doit se mettre dans un état d'esprit *test-and-learn* pour donner à tous les collaborateurs de l'entreprise la possibilité d'expérimenter de nouveaux usages et de nouvelles méthodes. Cet espace de liberté est particulièrement important pour les top et middle managers, qui doivent répondre aux exigences qui viennent d'au-dessus et d'en dessous.

En les accompagnant de façon plus adaptée et en leur donnant les moyens d'intégrer les profils dont ils ont besoin, l'entreprise leur permet d'aborder plus sereinement leur nouveau rôle. En les laissant aller à la rencontre d'autres entreprises et start-up, participer à des conférences, et en créant un univers propice à la créativité et au droit à l'erreur, l'entreprise crée les conditions propices à l'inspiration digitale et à l'innovation pour les managers. Pour qu'il se sente impliqué dans la transformation, le middle manager ne doit donc pas être accompagné de la même manière que les collaborateurs opérationnels. Il pourra alors assumer de façon efficace et efficiente son double rôle : transmettre la vision de la direction et impulser les initiatives et l'innovation.

Pour nous éclairer sur l'importance de doter les managers d'outils appropriés, nous avons fait appel à Florie Crétin-Le Drogo, Responsable RH au sein d'Editis, groupe d'édition français.

En quoi le rôle des managers est-il crucial dans la transformation digitale ?

Pour toute direction souhaitant impulser une transformation digitale, l'implication des managers est indispensable pour favoriser l'accompagnement du changement et porter les valeurs culturelles liées au digital. Même si les salariés sont en attente d'une digitalisation de l'entreprise, son impact sur les modes de fonctionnement et les métiers peut générer des comportements réfractaires ou des craintes. Dans un premier temps, il s'agit pour le manager d'endosser le rôle d'acteur de la communication du changement, en expliquant les enjeux de la transformation digitale et les opportunités que celle-ci représente pour les salariés en termes de performance pour l'entreprise et, à titre individuel, pour leurs carrières. Dans un second temps, le manager doit accompagner l'évolution des métiers en identifiant les compétences digitales clés chez ses collaborateurs ou celles à développer. Enfin, il doit organiser ces nouvelles compétences par un management plus participatif et collaboratif afin de favoriser les innovations individuelles et animer différemment les collectifs de travail.

Tout au long de ce processus, les managers, comme les dirigeants, doivent montrer l'exemple et incarner cette digitalisation à travers leur manière de travailler et leur leadership.

De quels outils particuliers les managers peuvent-ils être dotés ?

Un certain nombre d'outils peuvent accompagner les managers dans leurs fonctions et la gestion de leur quotidien. Je pense notamment aux plateformes permettant la gestion des absences ou encore la possibilité d'accéder en temps réel au parcours de leurs salariés (évolution, rémunération, formation...). Des outils à plus forte valeur ajoutée, comme les logiciels de gestion des talents, facilitent l'évaluation des compétences, l'identification des talents et le développement des carrières. Les réseaux sociaux permettent également aux managers d'effectuer une veille sur leur métier ou encore de recruter de nouveaux collaborateurs. Enfin, le digital impacte également les conditions de travail, avec notamment le télétravail ou le développement d'outils collaboratifs, et nécessite de nouvelles formes de management de ces travailleurs nomades.

Il reste important de rappeler que ce ne sont que des outils à la disposition des managers et que le cœur de leur mission de management ne change pas : motiver, fédérer, faire évoluer... Les outils permettent de gagner du temps et, ainsi, d'en consacrer davantage à l'humain.

Que risque-t-on à ne pas engager les managers dans la transformation ?

La transformation digitale, au-delà de la mise en place de nouvelles technologies, constitue également un processus d'acculturation. Nous l'avons vu, s'appuyer sur les managers dans l'accompagnement de ce changement est indispensable pour éviter le risque de provoquer des résistances de certains salariés. Pour cela, les managers doivent eux-mêmes être formés et convaincus de l'intérêt d'investir cette démarche. Il ne faut pas oublier qu'en tant que salariés, les managers sont également cible de cette transformation digitale à titre individuel.

Le digital impacte fortement les canaux de communication de l'entreprise, avec une plus forte horizontalité. Ces nouvelles formes de partage de l'information et de collaboration doivent être acceptées par les managers. Par exemple, avec un réseau social d'entreprise, le manager n'est plus le seul maître de la diffusion de l'information. Il peut avoir l'impression de perdre ce pouvoir mais c'est à lui d'inventer une nouvelle forme de management par le leadership et de favoriser une communication de proximité, comme le souligne Charles-Henri Besseyre Des Horts : « Il faut sortir de ce modèle de management qui ressemble tant à celui de l'instituteur qui donne des consignes, fixe le cadre, fait respecter la discipline et distribue les notes. C'est à la récréation que l'on redevient créatif, collaboratif et autonome. Il faut oser repenser nos modèles de management[1]. »

Les collaborateurs

> *Le numérique révolutionne la société par le bas, non par le haut. Ce que nous avons fait est en train de changer le monde. Cela ne vient pas des patrons, de la hiérarchie, mais des découvertes que nous avons faites à la base.* – Michel Serres[2]

Les salariés d'aujourd'hui ne sont plus les mêmes que ceux d'hier. Alors que les baby-boomers ont découvert tard dans leur carrière comment travailler avec Internet, ceux que

1. http://obsdesrse.com/?p=2869
2. http://lefigaro.fr/secteur/high-tech/2015/03/13/32001-20150313ARTFIG00159-michel-serres-la-question-est-de-savoir-qui-sera-le-depositaire-de-nos-donnees.php

l'on appelle la génération Y ont appris à manier la toile depuis leur tendre enfance. Plus encore, pour cette génération, c'est la vision de l'entreprise qui a changé. L'enjeu pour les ressources humaines est donc de séduire et de fidéliser une force de travail compétente, mais qui met son épanouissement personnel au travail au centre de ses ambitions, bien avant le salaire ou le statut.

Le principe de loyauté à l'entreprise a également changé. Si la génération précédente entrait dans une entreprise pour y faire carrière, la génération Y n'y reste que si l'entreprise répond à ses attentes. La notion de confiance et de loyauté est alors autant attendue par le salarié que par l'entreprise. La hiérarchie n'est plus verticale et bien segmentée, la génération Y attendant de ses supérieurs une proximité et un travail collaboratif avec une hiérarchie plus horizontale. Ainsi, parmi la génération Y, 35 % disent chercher à partager et atteindre des objectifs communs grâce à leur travail[1]. Les entreprises doivent satisfaire ces nouvelles personnalités issues d'une génération qui considère que tout est possible. Elles sont favorables à l'innovation et la recherchent. La génération Y est donc un moteur non négligeable pour la structure qui l'accueille.

Pour aider ces nouveaux salariés à s'épanouir au travail, l'entreprise peut mettre en place des espaces de vie conviviaux, un suivi plus personnalisé des carrières, utiliser les NTIC[2] dans sa communication interne (réseaux sociaux, forums, messagerie instantanée, blogs), former les managers à développer une relation basée sur la confiance et la reconnaissance avec leurs collaborateurs, etc. Plus l'entreprise se montre dynamique et agit pour l'équilibre entre vie privée et vie professionnelle, plus elle saura séduire son personnel. Ces attentes ne sont pas nouvelles en soi, mais les technologies digitales leur apportent une réponse qui n'existait pas jusqu'alors.

Si la génération Y déstabilise parfois les entreprises, elle n'est qu'une première étape dans la mutation des ressources humaines. Bientôt, une autre génération fera son apparition en entreprise : la Z ; la génération de ceux nés dans les années 2000, hyper-connectés, pour qui Internet a toujours existé. Et il faudra de nouveau s'adapter.

Une enquête récente montre que 27 % des collaborateurs se disent pas assez formés aux usages du digital[3]. S'ils peuvent l'être à titre personnel, ils ne se considèrent pas bien armés au sein de leur entreprise face à cette transformation digitale qui s'impose à eux. Florie Crétin-Le Drogo, RRH chez Editis, nous explique comment accompagner de manière efficace les collaborateurs.

Comment accompagner les collaborateurs et leur expliquer le changement pour qu'ils l'acceptent et se sentent réellement impliqués ? Comment faire face aux résistances des collaborateurs ?

Il est indispensable que les dirigeants communiquent et expliquent la stratégie, c'est-à-dire là où ils souhaitent emmener l'entreprise et donc ses salariés. Cette étape est essentielle pour apporter du sens aux changements entrepris et donner de la visibilité aux salariés sur l'évolution de leur métier.

1. Sondage mené en 2013 par le groupe Aastra.
2. Nouvelles technologies de l'information et de la communication.
3. Enquête menée par TNS Sofres pour Abilways Digital.

Anticiper les éventuelles résistances des salariés passe également par l'implication et l'écoute des différentes parties prenantes de l'entreprise, notamment les managers et les représentants du personnel, acteurs du changement.

Je pense que la plupart des salariés ont conscience de l'évolution de leur environnement, de la digitalisation de leur entreprise ou de leur métier, mais ils ont besoin d'être rassurés et accompagnés. Pour cela, l'entretien professionnel, nouvelle obligation légale, me paraît prendre tout son sens dans une démarche GPEC. Ce rendez-vous permet d'échanger avec le salarié sur l'évolution de son métier, d'écouter ses souhaits et de définir un plan d'action. À cet effet, la formation est un élément clé pour l'accompagnement du changement.

La génération à laquelle appartiennent les collaborateurs a-t-elle une influence sur leur acceptation du changement ?

Je ne pense pas, car l'acceptation du changement est avant tout intimement liée à la personnalité du salarié et à sa curiosité, qui dépassent l'appartenance générationnelle. Toutefois, la capacité d'adaptation est une chose qui s'apprend : plus on change, plus on s'habitue au changement. Le changement sera accepté par les salariés s'ils perçoivent un intérêt à y adhérer. Cette acceptation va donc dépendre de la façon dont l'entreprise communique sur ces changements.

Le rôle essentiel des DRH dans la transformation

> *Le directeur des ressources humaines doit faire siens trois mots-clés : vitesse, agilité, simplicité. Il est un acteur clé du changement. Il a une empreinte sur la stratégie de l'entreprise. Il doit être proche du business et être partie prenante dans la prise de décision qu'il va ensuite accompagner.* – Thierry Baril, DRH, Airbus Group

Au cours des dernières années, le rôle des DRH dans l'entreprise a été quelque peu minimisé. Il a été cantonné dans un rôle de gestionnaire des ressources humaines plutôt qu'investi d'un rôle de leader de l'accompagnement humain. Ce n'est que lors des crises sociales et économiques que le DRH revenait sur le devant de la scène. En 2014, LesEchos.fr mentionnait que « ces missions délicates le placent dans la situation de "fusible" potentiel et bien commode[1] ».

Aujourd'hui, la montée du digital a changé la donne. En effet, si la transformation digitale revêt une forte dimension technologique, elle est surtout imprégnée d'une dimension humaine. Qui dans l'entreprise est le plus à même de soutenir cette nouvelle vision et d'accompagner opérationnellement les différentes populations de l'entreprise ? La réponse est simple : le DRH.

Si au sein de la fonction RH certains professionnels se sentent moins équipés ou moins matures que leurs confrères issus d'autres services (marketing, communication ou

1. « DRH, un métier plus risqué qu'il n'y paraît », 31 janvier 2014, http://business.lesechos.fr/directions-ressources-humaines/drh-un-metier-plus-risque-qu-il-n-y-parait-59886.php

informatique principalement) sur des sujets liés à la transformation digitale, ils sont néanmoins convaincus de leur rôle à jouer pour accompagner l'entreprise. Ainsi, selon une enquête du cabinet Kurt Salmon, 68 % des DRH interrogés pensent que le digital est une opportunité d'évolution pour la fonction RH[1].

Le DRH retrouve ainsi une place prédominante dans l'organisation. Le nombre croissant de DRH entrant dans les comités exécutifs des grands groupes en témoigne. C'est le cas par exemple au sein de Thales ou Louvre Hotels Group. Ainsi, en 2013, chez Thales, Jean-Bernard Lévy, le nouveau PDG du groupe, exerçait la fonction de directeur général délégué aux ressources humaines par intérim. Cette évolution de posture a été accueillie avec beaucoup d'enthousiasme et reconnue comme un geste « symboliquement important » pour l'ensemble des directions opérationnelles et les instances représentatives des salariés[2].

Le DRH devient le premier acteur de la transformation globale de l'entreprise. Il doit veiller à conjuguer la performance de l'entité tout en accompagnant l'entreprise dans les défis à la fois technologiques et humains. Le DRH s'attèle ainsi à de nombreux chantiers : comment mieux travailler ensemble, comment s'approprier les nouveaux outils et adopter les bons usages, comment valoriser les efforts de chacun et communiquer sur les réalisations du groupe... La question essentielle reste néanmoins en suspens : comment la fonction RH peut-elle accompagner la transformation digitale dans l'entreprise ?

Pour y répondre, nous avons interrogé Aymeric Vincent, directeur des talents et des RH chez Editis et Didier Baichere, DRH chez DCNS[3]. Forts de leur expérience, ces deux experts ont accepté de partager leurs précieux conseils sur les bonnes pratiques à adopter et offrent ainsi une vision conjointe du rôle du DRH dans la transformation digitale. Si les secteurs dont ils sont issus sont très différents (édition et industrie navale), ces spécialistes reconnus en RH font néanmoins face à une problématique commune : comment transformer digitalement des entreprises dont les modes de fonctionnement semblent figés ?

Selon vous, qu'est-ce que la transformation digitale d'une entreprise ?

AV : Dans la notion de transformation digitale, je vois en tout premier lieu le mot *transformation*. Et ce n'est pas parce que cette dernière est digitale qu'elle est plus facile. La transformation digitale m'évoque donc la capacité alliée à la nécessité de changer, ce paradoxe du nécessaire changement mêlant stabilité et mouvement. Et pour que cette transformation digitale (ou pas) prenne corps et soit acceptée, elle doit être accompagnée, notamment par les directions des ressources humaines. Le fait que la transformation soit digitale change cependant un point en particulier : l'impression de l'avoir déjà vécue individuellement. En effet, lorsqu'on observe le taux d'équipement en smartphones ou encore l'usage des sites e-commerce, on ne peut imaginer que la transformation digitale à titre individuel ne se soit pas déjà réalisée, même si elle n'est pas achevée. Alors, lorsque

1. « Digital et fonction RH : quels impacts ? », 5 février 2015, http://kurtsalmon.com/fr-fr/about-news-item/649/Teaser-Presse---Digital-et-fonction-RH-%3A-quels-impacts-
2. « Nouveau comité exécutif de Thales : le geste fort de Lévy envers les syndicats », *Usine Nouvelle*, 4 février 2013, http://usinenouvelle.com/article/nouveau-comite-executif-de-thales-le-geste-fort-de-levy-envers-les-syndicats.N190874
3. Groupe industriel français spécialisé dans l'industrie navale militaire, l'énergie militaire et les infrastructures marines.

celle-ci arrive dans l'entreprise, cette impression de « déjà-vécu » la rend complexe. On s'y embarque avec toutes ses envies individuelles mais dans un cadre nouveau, souvent plus contraint. Enfin, la transformation digitale m'évoque une nécessité d'agir… en dépassant la simple question des outils.

DB : La transformation digitale concerne deux sujets majeurs qui sont imbriqués l'un dans l'autre :

- les évolutions technologiques qui nous entourent, aussi bien en termes de systèmes d'information, comme les réseaux sociaux, que de quantité de données disponibles ;
- les évolutions des comportements à l'intérieur et en dehors de l'entreprise.

Poussée par les différentes technologies, la mobilité dans l'entreprise (sur le lieu de travail et en dehors) et l'internationalisation, l'entreprise est de plus en plus connectée et doit digérer une masse de données importante. Toutes ces évolutions rendent les besoins en communication plus numériques, avec une communication qui passe de plus en plus par le smartphone, et ceci dans un réel besoin de simplification de nos actions et de nos processus.

La nécessité de connexion avec les clients accélère également la transformation des entreprises : une entreprise qui a une activité B2C utilisera davantage le digital pour toucher directement ses clients qu'une entreprise qui travaille en B2B. Mais dans les deux cas, il faut garder à l'esprit que le client expérimente lui-même souvent à titre personnel la dématérialisation des relations.

Les différents facteurs de la transformation digitale pour une entreprise vont aussi dépendre de sa taille, de sa maturité, de son internationalisation et, dans une moindre mesure, de son secteur d'activité.

Comment un DRH doit-il appréhender le sujet ?

AV : Afin d'appréhender la transformation digitale de l'entreprise, le DRH se doit d'abord de la comprendre. Pour cela, il doit faire preuve de curiosité et quitter l'univers contraint de son quotidien : curiosité envers les autres environnements économiques que ceux de l'entreprise dans laquelle il travaille, curiosité envers les autres modes de consommation que ceux qui structurent sa semaine. Il est également bon de développer cette curiosité en pratiquant le digital si ce n'est pas déjà le cas, et bien au-delà d'un envoi de mail ou d'une pratique collaborative d'un SIRH[1]. Ensuite, relire les ouvrages théoriques sur la transformation, replonger dans l'histoire des transformations de son entreprise et puis se lancer. Se lancer même si tout n'est pas prêt, si tout n'est pas totalement dessiné. Cette part d'inconnu fait également partie de la transformation digitale qui va parfois plus vite que le changement des habitudes d'entreprise. Finalement, il ne faut pas attendre de tout appréhender pour agir.

DB : Le DRH est au cœur de cette transformation car cette dernière est en grande partie RH, comme le sont souvent toutes les transformations de l'entreprise, comme un rachat, une croissance ou une fusion qui entraîne un changement de culture…

1. Système d'information de gestion des ressources humaines.

Sur le digital, le DRH est souvent en position de leadership à travers les sujets qui le concernent, notamment le recrutement et la marque employeur. Il doit ainsi fédérer les acteurs de l'entreprise, en particulier la direction de la communication, la DSI[1] et la direction générale, qu'il doit amener à passer du contrôle au partage et à l'abandon d'une communication trop corporate.

En interne, le digital change la façon de manager les hommes : il faut ainsi fédérer et animer des communautés de talents et de compétences. Pour les managers, il ne s'agit plus seulement de concevoir des plans de formation, d'identifier des compétences et d'avoir des experts, mais de le faire savoir sur le RSE en mettant en avant leurs compétences et leur importance dans l'entreprise. En d'autres termes, il faut dépasser le simple cadre de la tâche à réaliser pour mobiliser les salariés et les pousser à participer aux projets stratégiques de l'entreprise.

Quel est l'impact de la transformation digitale sur la fonction du DRH ?

AV : La transformation digitale de l'entreprise a un impact majeur sur la fonction du DRH, et finalement mineur, car c'est une transformation parmi toutes celles que le DRH doit gérer au quotidien dans l'entreprise. Parfois, celles-ci sont propres à un service, une *business unit* ; d'autres fois, elles concernent l'évolution d'un métier ou l'impact local d'une décision prise ailleurs. Pourtant, la transformation digitale est majeure car elle envahit l'entreprise, même si celle-ci n'est pas directement concernée. En effet, comme nous l'avons vu, la transformation digitale se développe dans la vie privée des salariés, ce qui rend son appropriation interne presque plus complexe, y compris pour certains DRH. L'impact sur la fonction se traduit en premier lieu par la nécessité de faire, même si tout n'est pas délimité. L'esprit start-up, s'il est possible de n'en cerner qu'un, est de tenter l'aventure même si toutes les étapes n'ont pas été prévues. « Essayer » devrait être le maître mot de la transformation digitale du métier des ressources humaines. C'est presque à l'opposé de la prudence native des ressources humaines. Ensuite, il y a toutes les questions liées aux outils, qu'ils soient dédiés aux ressources humaines ou ouverts à tous. Les outils contribuent à adopter de nouveaux comportements mais n'oublions jamais que ce ne sont que des outils ! Il convient de les connaître, de les tester parfois, de les utiliser, mais surtout pas de les idolâtrer.

DB : Au-delà du DRH, la transformation digitale a un impact sur l'ensemble de la fonction RH. En effet, la première transformation doit être celle de ses propres équipes, qui ne sont pas forcément plus digitales que le reste de l'entreprise. Mettre en avant la marque RH suppose d'apprendre à être acteurs, alimenter et animer une communauté de talents, sur LinkedIn par exemple, au lieu d'attendre passivement que les CV arrivent dans nos boîtes mails. Pour transmettre cette vision participative en interne, la fonction RH doit l'avoir expérimentée en premier et être persuadée de sa puissance et de sa nécessité.

La transformation digitale donne aussi plus de visibilité à la fonction RH à l'extérieur de l'entreprise. Le DRH devient un porte-parole et prend position avec un discours plus transparent : il ne suffit plus de répéter le discours corporate, il faut avancer des actions concrètes, tout en segmentant les discours pour être adapté à chaque réseau et à chaque public. Il faut montrer la réalité de l'entreprise pour que le candidat sache s'il y adhère,

1. Direction des systèmes d'information.

au-delà de ses compétences. Nombreux sont ceux, et surtout dans la génération qui va entrer sur le marché du travail dans trois ou quatre ans, qui cherchent et trouvent les réels engagements de l'entreprise. Le DRH doit ainsi effectuer une veille sur les comportements qui émergent hors de l'entreprise et qui vont l'impacter en interne. À travers cette transformation, la DRH prend une dimension plus stratégique et fédératrice.

Comment gérez-vous le lien avec votre direction ?

AV : Le lien avec la direction pour une équipe RH est naturel, il fait partie de son ADN. Le DRH contribue à imaginer l'évolution de son entreprise, à mettre en œuvre les souhaits de sa Direction… Le lien se doit donc d'être fort et honnête. Il est également un lien de double mentoring : l'un apprend de l'autre et réciproquement. C'est la même chose pour le digital.

DB : Les jeunes, et pas seulement, se renseignent de plus en plus sur l'entreprise. La transformation digitale est un enjeu du projet d'entreprise : la DRH doit fédérer les bons acteurs pour que la direction générale change son mode de communication, aussi bien en interne qu'en externe.

L'heure est à une certaine forme de transparence avec les réseaux sociaux, et pourtant, des dirigeants répondent encore « no comment » aux questions des journalistes. Ça n'a plus de sens : la communication doit être ouverte. Fermer le dialogue est une façon d'avouer que le sujet abordé est dérangeant pour l'entreprise. La communication peut ainsi avoir un impact direct sur les résultats, l'envie des candidats, leur motivation… Pour dialoguer avec la direction, il faut parler business. Elle doit prendre conscience qu'un bad buzz est vite arrivé et qu'il faut déjà être installé sur les réseaux sociaux quand tout va bien pour pouvoir se défendre.

Pour arriver à cette transparence et à un bon niveau d'engagement, il faut que les réseaux sociaux soient présents dans la culture d'entreprise. Et ils sont indispensables : à notre époque, l'entreprise ne peut plus mentir, parce que ses salariés s'expriment aussi et que les contre-messages se diffusent très vite.

Mobilité, virtualisation et collaboration : quelles stratégies avez-vous lancées pour fédérer les différentes générations ?

AV : La coexistence de plusieurs générations n'est pas une nouveauté dans l'entreprise. Il fut un temps où entrer dans l'entreprise où travaillaient ses parents était un gage de réussite, à la fois pour l'employeur et pour le futur salarié, car l'entreprise et le collaborateur se connaissaient déjà en partie à travers les aînés. Le digital induit des changements beaucoup plus rapides grâce aux nouveaux outils. Le risque de fracture digitale entre plusieurs personnes est plus fort car il peut se produire à plusieurs reprises dans un temps relativement court. Pour éviter cela, les bonnes recettes traditionnelles du partage d'expérience, du reverse mentoring[1], mais également de la culture expliquant les changements de comportement, notamment par la sociologie, sont quelques-unes des nombreuses pistes qu'il paraît intéressant d'encourager. Ensuite, il convient surtout de ne pas limiter l'accès

1. Type de formation où les seniors et décideurs de l'entreprise sont mentorés par des juniors, souvent sur des sujets digitaux comme la technologie, les réseaux sociaux ou des tendances générales. En échange, les anciens apportent leur connaissance de l'entreprise.

aux nouvelles modalités de travail (mobilité, virtualisation…) à ceux qui en seraient plus proches par leurs activités professionnelles. Autrement dit, le digital n'est pas réservé aux métiers du digital…

DB : Fédérer les générations n'est pas vraiment notre leitmotiv, il s'agit plutôt de rassembler autour d'un projet d'entreprise, d'initier à la formidable puissance que le big data nous offre en matière d'analyse et de prédictibilité. Chez Alcatel-Lucent, qui a été une des premières entreprises à mettre en place un RSE à échelle mondiale, le dialogue était ouvert autour de la transformation. Le RSE permettait de fédérer et ainsi de mieux collaborer.

Je ne crois pas à l'effet générationnel des RSE. Dans trois ou quatre ans, la génération qui est née avec Internet va arriver dans l'entreprise avec des attentes managériales différentes, avec une idée d'animation de communauté. Pourtant, les plus âgés s'y mettent naturellement : ils sont déjà habitués à recevoir leurs mails sur leur smartphone, le reste de la transition se fait avec beaucoup de simplicité. Le digital est finalement très pragmatique.

Chez DCNS, lorsque nous avons mis en place la dématérialisation de la fiche de paie dans un coffre-fort numérique, nos ouvriers y ont adhéré rapidement, puisqu'ils pratiquaient déjà la dématérialisation dans leur vie privée. Les managers de proximité, en revanche, peuvent avoir peur de perdre le pouvoir et d'être contournés dans la mise en place d'outils qui facilitent la communication entre l'opérationnel et la direction. C'est là encore que la DRH joue pleinement son rôle d'accompagnement de la transformation.

Qui est, selon vous, le DRH le mieux armé de l'écosystème pour transformer digitalement son entreprise ?

AV : Tous, sous réserve qu'ils soient proches des problématiques évoquées précédemment. Il faut toujours faire attention à la notion de « mieux armé » car cela dépend de nombreux éléments, dont la maturité des acteurs de la transformation. Ce niveau de maturité peut permettre à un même DRH d'exceller dans une transformation donnée et de ne pas être à sa place dans une autre.

DB : La transformation n'est pas un sujet nouveau et elle englobe des problématiques universelles, comme la communication des dirigeants et la capacité du corps social à adhérer à un projet. Finalement, tous les DRH des entreprises où la marque RH est considérée comme essentielle sont armés pour la transformation digitale, puisqu'ils vont naturellement chercher de nouvelles façons de toucher leurs cibles.

Si vous deviez dresser le portrait robot du DRH de la transformation digitale, quel serait-il ?

AV : Par essence, le portrait robot du DRH de la transformation digitale n'existe pas car, à l'heure où ces lignes sont lues, il a déjà évolué par rapport à l'heure où elles ont été écrites. Cependant, quelques qualités paraissent devoir s'imposer. En tout premier lieu, il doit être curieux : l'ouverture sur les mondes qui l'entourent est impérative (les mondes économiques, culturels, émergents ou matures, stables ou en construction). Ensuite, le DRH doit être un testeur : essayer pour comprendre, pour choisir ou pour abandonner et ne pas rester dans la théorie pure. On peut appeler cela « l'agilité ». Enfin, il doit être tourné vers le partage : partager ses réussites, ses échecs, ses interrogations quitter enfin cette discrétion trop attachée à la fonction et ainsi encourager la transversalité. Naturellement, ces différentes qualités – loin d'être exhaustives – sont à allier avec les qualités humaines nécessaires à toute relation juste et épanouie.

DB : Y a-t-il vraiment un profil type ? Il faut que le DRH soit conscient de la nécessité d'ouverture de l'entreprise vers l'extérieur. Il doit porter les engagements de son entreprise pour construire sa marque RH. Il doit avoir une dimension de communicant en interne et externe, qui n'est finalement pas une évidence dans le profil classique du DRH. En effet, la marque RH est un sujet nouveau, on n'a encore que peu de retour d'expérience dans la durée et le sujet est peu enseigné dans les écoles et à l'université. Selon moi, cette dimension plutôt marketing de la fonction devra prendre une place plus importante dans les cursus de formation, au risque, sinon, de cantonner le futur DRH dans des rôles d'experts peu stratégiques.

Les enjeux d'interaction avec l'extérieur de l'entreprise deviennent des enjeux internes en priorité car l'engagement des collaborateurs et leur adhésion au projet est gage de l'information positive qu'ils communiqueront sur le travail et donc sur leur entreprise.

Le DRH devient un détecteur de tendances et des comportements qui viendront directement impacter le fonctionnement de l'entreprise. Il doit avoir une sensibilité aux usages plus qu'aux technologies. Ce sont ces usages qui ont créé le besoin en télétravail par exemple, de même pour la relation au smartphone ou l'avènement du crowdfunding. À lui d'identifier les différences générationnelles dans les comportements, qui vont générer de nouveaux modes de management et donc impacter fortement la productivité de l'entreprise. C'est préparer l'entreprise à ce qu'elle sera demain grâce à l'acquisition des bonnes compétences comportementales, l'anticipation des transformations qu'elle devra conduire et la fédération des acteurs, de plus en plus hors du cadre strict de l'entreprise.

Comment déployer une transformation digitale ?

> *La transformation digitale n'est pas une tempête contre laquelle faire le dos rond, mais bien un processus continu qui perdurera dans le temps.* – Franck La Pinta, responsable de la stratégie digitale et de la communication externe RH à la Société Générale

Si la transformation digitale est un processus qui engage l'ensemble de l'entreprise, il est important pour les DRH d'établir un plan de transformation structuré, avec des étapes précises et un ordre défini d'acculturation des différentes populations.

L'acculturation : comment positionner au mieux la base d'une culture digitale ?

> *À l'heure où la transformation digitale s'accélère, il est crucial que les RH offrent aux collaborateurs un accompagnement à l'acculturation numérique, qui leur permettra d'évoluer en même temps que leur entreprise. Ce sera la clé du succès de ce processus à l'échelle collective et individuelle.* – Marie Ducastel, présidente du groupe Abilways

En amont de toute transformation digitale – et de ses facettes organisationnelle et technologique – il y a une transformation de culture. Comme le dit le proverbe, ce n'est pas en améliorant la bougie qu'on a inventé l'ampoule électrique. Pourtant, il est fréquent que le comité de direction demande aux collaborateurs de l'entreprise en cours de transformation de penser et d'agir différemment, de maîtriser de nouveaux outils, de parler aux clients avec un nouveau langage, la plupart du temps via des canaux inédits, et tout cela, sans poser les bases d'un apprentissage commun et d'une culture nouvelle autour du digital. Cette méthode ne peut conduire qu'à un échec. Il est essentiel, voire primordial, de penser avant toute chose à une diffusion efficace, pérenne et efficiente d'une culture digitale, ce qui permettra de changer d'état d'esprit, de penser digital, d'innover et donc de gérer au mieux cette transformation. L'enjeu majeur, en amont d'une transformation digitale, est de réussir à faire évoluer la culture d'entreprise vers une culture digitale sans dénaturer les valeurs premières de l'entreprise.

Loin des considérations technologiques, le premier pas vers une culture digitale forte en adéquation avec la culture de l'entreprise et ses valeurs est l'acculturation digitale. L'acculturation est un ancien concept apparu à la fin du XIXe siècle aux États-Unis pour décrire la manière dont les immigrants se sont intégrés à la société américaine. Pour rendre l'exemple concret, considérons les arrivées des populations italiennes et irlandaises à New York au début des années 1900. Les Italiens se regroupent dans leur quartier de prédilection (aujourd'hui appelé Little Italy), conservent leurs habitudes alimentaires, leur langue pour la plupart, créent des écoles et associations pour leurs enfants, restent entre eux et s'attachent coûte que coûte à entretenir et diffuser leur propre culture importée d'Italie. Ce comportement entraîne une rupture avec les populations locales existantes et, partant, un rejet des Italiens. S'ensuivent difficultés à trouver un emploi, ostracisation des jeunes, frustration accumulée, débordements de violence et émergence des gangs et de la mafia. A contrario, les Irlandais se répartissent à travers tout Manhattan, gomment leurs tics verbaux, leur accent pour certains et leurs habitudes alimentaires – à l'exception de la Guinness. Ils rejoignent en majorité les ordres, les associations locales et la police. Ils travaillent et vivent en accord avec les populations locales, partagent leurs commerces, leurs problématiques et s'intègrent parfaitement – au point qu'ils influenceront même les festivités de la ville, avec la Saint-Patrick.

Cet exemple des populations italiennes et irlandaises s'installant à New York est très parlant en termes de réussite et d'échec d'acculturation. Et le parallèle avec le monde de l'entreprise est évident : il existe les mêmes attitudes et les mêmes comportements face à la transformation digitale. Combien de managers continuent d'adopter une posture italienne vis-à-vis des outils digitaux alors qu'ils devraient embrasser une posture irlandaise et s'ouvrir à cet enrichissement ? Combien de collaborateurs préfèrent garder leurs habitudes plutôt que de découvrir de nouveaux usages ? Combien de maîtres de stage restent circonspects devant les comportements quasi extraterrestres de ces jeunes nés après 1995[1] et qui semblent avoir un smartphone greffé dans la main ? En dépit des 115 ans et du contexte qui séparent ces situations, les peurs et les postures face à l'inconnu restent les mêmes. Il faut donc s'en accommoder et en tirer le meilleur.

La notion d'acculturation a été initialement développée en anthropologie culturelle, où elle désigne l'ensemble des phénomènes de contacts et d'interpénétrations entre des groupes d'individus de cultures différentes (le plus souvent au nombre de deux), entraînant une adaptation des individus vers une culture partagée et commune. Ainsi, selon Melville Herskovits[2], l'acculturation se définit comme le fruit de la rencontre entre des groupes d'individus de cultures différentes, placés dans une situation nouvelle de contact continu. Cette confrontation entraîne des modifications dans les comportements culturels des deux groupes présents. En effet, selon Herskovits, chaque culture est « le fruit des expériences particulières qui ont été faites dans le présent ou dans le passé ».

On ne parle donc pas de la perte d'une culture d'origine (déculturation) mais de l'appropriation d'une nouvelle culture, choisie par les individus et fruit de la fusion des anciennes cultures. L'acculturation est donc permanente, directe, continue et non pas occasionnelle. C'est un changement d'état d'esprit complet, qui doit résonner à travers tous les niveaux de l'entreprise : du comité exécutif à l'ensemble des collaborateurs, en passant par tous les managers. Ce changement doit être piloté par le directeur des ressources humaines.

L'essence même de l'acculturation est de permettre à des groupes de cultures différentes – en entreprise, ce sera par exemple des collaborateurs jeunes au profil digital et orientés stratégie et des collaborateurs plus âgés orientés opérations – de se côtoyer, de se mélanger. La volonté de se rassembler autour d'une culture digitale pour construire une transformation digitale pérenne se fera avant tout par l'acculturation – ce qui se traduit dans les opérations par l'immersion, l'exemple, la pratique et l'usage.

1. Individus dits de la génération Z.
2. Anthropologue américain considéré comme un des pères de l'anthropologie afro-américaine (1895-1963).

Certaines actions favorisent cette acculturation digitale : le *reverse mentoring*[1], les échanges de postes entre services, les sessions collaboratives avec des start-up, les hackathons[2], les parcours digitaux pour les collaborateurs, les jeux digitaux, les sessions de pratique des outils utilisés par les clients, les *learning expeditions*[3], les ateliers collaboratifs, les MOOC, les rencontres diverses d'acteurs du digital, les conférences digitales, les vidéos TED, la mise en place de pratiques de veille, les séminaires innovants, les revues d'avis de consommateurs, de candidats, voire d'employés (comme sur Glassdoor), l'auto-formation et l'apprentissage pair à pair (liste non exhaustive !). La transformation digitale prend tout son sens au travers de l'acculturation et des actions vers une culture digitale commune, reconnue et partagée.

Une culture digitale pertinente pour une transformation digitale réussie

> *Les hauts fonctionnaires ont une culture digitale vraiment insuffisante.* – Thierry Mandon, secrétaire d'État auprès du Premier ministre, chargé de la réforme de l'État et de la simplification[4]

Tel un pavé dans la mare, la phrase assassine de Thierry Mandon déplore le manque de culture digitale des hauts fonctionnaires. Malheureusement, le constat qui s'en suit est le même chez la plupart des dirigeants et des collaborateurs des entreprises françaises – prouvé par le classement du « Networked Readiness Index » du World Economic Forum en 2014, où la France est classée 25e alors que nos voisins britanniques sont 8e et les Allemands 12e.

> *On assiste aujourd'hui à un paradoxe de marché : d'un côté des consommateurs de plus en plus connectés, dotés d'une capacité d'agir accrue par les échanges en réseaux, faisant du numérique leur usage quotidien, de l'autre des entreprises peu ou pas assez numérisées, dans lesquelles la culture numérique reste inexistante ou faiblement diffusée.* – Christine Balagué, vice-présidente du Conseil national du numérique

Si une entreprise dispose d'une faible culture digitale, c'est avant tout à cause d'une acculturation faible, voire inexistante. L'une des raisons principales de cette faiblesse est que l'entreprise ne met pas en relation les groupes plutôt jeunes, imprégnés d'expériences digitales, et des groupes plus traditionnels, maîtrisant les règles tacites et les valeurs de

1. Type de formation où les seniors et décideurs de l'entreprise sont mentorés par des juniors, souvent sur des sujets digitaux. En échange, les anciens apportent leur connaissance de l'entreprise.
2. Mot-valise constitué de « hack » et « marathon » désignant un événement où des développeurs se réunissent pour faire de la programmation informatique collaborative, sur un ou plusieurs jours.
3. Expérience immersive dans laquelle des participants s'engagent sur un territoire nouveau (entreprise, start-up) et l'explorent dans ses multiples dimensions : culturelle, économique, technologique, sociale, historique, politique…
4. Entretien dans *L'Usine digitale*, janvier 2015.

l'entreprise. Choix assumé pour certains – souvent par méconnaissance des processus de cohésion. Il est également à noter, parmi les raisons de ce manque de contact entre les générations, un désaveu des jeunes de la génération Y pour les entreprises traditionnelles. En 2014, seuls 7 % des jeunes issus de la génération Y travaillaient pour une entreprise du Fortune 500. Il faudrait donc attendre encore de nombreuses années et l'arrivée de ces talents digitaux à des postes de direction pour acculturer l'ensemble de l'entreprise.

Considérons la culture sous l'angle défini dans la déclaration de Mexico sur les politiques culturelles[1] : elle s'articule autour de la dimension collective (ensemble des traits distinctifs, spirituels et matériels, intellectuels et affectifs, qui caractérisent un groupe social) et de la dimension singulière par laquelle l'individu se construit et se comporte, donc comme l'ensemble des manières de penser et d'agir qui donne ses caractéristiques à un groupe. À travers le prisme du digital, les fondamentaux de cette culture sont l'innovation technologique, la focalisation client, l'attention aux collaborateurs, l'agilité et la collaboration avec son écosystème. Pour Christine Balagué, la transformation digitale « repose sur l'appropriation et la diffusion au sein des organisations d'une véritable culture numérique, fondée sur l'intelligence collaborative, l'open innovation, l'ouverture à un écosystème, la participation nouvelle des salariés, l'évolution constante des métiers et des modes de travail ». La transformation digitale présente donc un véritable enjeu de diffusion de la culture au sein de l'entreprise et de refonte assez forte des structures de pensées et d'organisation.

Erwann Gaucher, directeur adjoint de France Bleu et ancien directeur adjoint en charge des sports de France Télévisions Éditions Numériques, décrit les actions qu'il a menées pour sensibiliser et diffuser une culture digitale efficace au sein de France Télévisions.

Comment diffusez-vous une culture digitale ?

En mettant en place une vraie stratégie de culture, de veille et d'échange. Plus concrètement, en investissant dans une cellule de veille numérique plus large que le simple secteur d'activité de l'entreprise et en partageant le résultat de cette veille. En adoptant des méthodes de travail compatibles avec le rythme d'évolution des usages numériques. La méthode agile est indispensable car elle aide les équipes à concevoir et construire un projet non pas en fonction des habitudes techniques ou des envies des producteurs, mais en se basant sur des demandes d'utilisateurs, des usages, et en travaillant sur le principe de l'itération plutôt que sur celui de la livraison.

Quel est le frein majeur à l'acculturation digitale ?

La crainte. La crainte d'avoir déjà trop de retard dans le domaine du numérique, qui pousse à penser que ce n'est plus la peine de se lancer. La crainte de ne pas savoir faire, d'être confronté à quelque chose de trop compliqué, dont les collaborateurs ne se sentent pas capables individuellement, la crainte de voir ses méthodes de travail changer souvent, de perdre le confort et la sécurité d'une organisation bien huilée depuis longtemps. La crainte enfin de voir la qualité de son travail se dissoudre dans l'immédiateté et l'approximation dont on accuse (à tort) trop souvent le digital.

1. Déclaration de Mexico sur les politiques culturelles, Mexico City, 26 juillet - 6 août 1982. http://portal.unesco.org/culture/fr/files/12762/11295422481mexico_fr.pdf/mexico_fr.pdf

Comment avez-vous œuvré pour dépasser ces craintes ?

Expliquer, montrer, expérimenter, rassurer, accompagner. La transformation digitale, bien plus que les transformations techniques que les entreprises ont pu vivre auparavant, demande d'investir de façon importante dans le management.

Pour les consommateurs, le digital a provoqué ce que j'appelle la révolution IBM. Dans les années 1980, 5 000 ingénieurs d'IBM concevaient des outils qui allaient être utilisés par 500 millions d'utilisateurs. Désormais, cinq personnes suffisent pour créer Facebook, Google ou Twitter et ce sont les 500 millions d'usagers qui vont décider de ce qu'ils en feront, bien loin de tout ce que les créateurs pouvaient avoir imaginé. Dans l'entreprise, c'est la même révolution. La transformation numérique a besoin d'une vision, mais elle ne peut plus s'appuyer sur une structure hiérarchique purement pyramidale. Il ne s'agit pas de dire « nous passons à la photo numérique, merci d'utiliser ce nouvel outil comme suit ». Il faut organiser, donner une vision et accompagner les collaborateurs qui vont trouver eux-mêmes, dans chaque secteur de l'entreprise, le bon outil numérique, la méthode de travail adaptée pour coller aux usages du public qu'ils cherchent à toucher. Ce n'est pas moins de travail, mais c'est un travail de management différent.

Les craintes évoquées par Erwann Gaucher sont manifestes dans un grand nombre d'entreprises. Il est certain qu'il faut un certain courage et une vision claire des gains potentiels pour lancer un plan de transformation digitale et, en amont, un programme d'acculturation. Et comme nous l'avons vu précédemment, quand vous souhaitez justifier un investissement dans la culture digitale, ne prenez pas uniquement en compte le ROI direct. Pensez avant tout aux coûts supplémentaires que vous aurez en cas de culture insuffisante (non appropriation d'outil, mauvaise lecture des indicateurs digitaux, mauvais choix d'agence, incapacité à recruter des profils digitaux…).

D'une culture d'entreprise à une culture d'entreprise digitale

> *Nous plaçons l'humain au cœur de notre business model et notre culture est basée sur cette vision humaniste, qui l'emporte largement sur les processus et la culture de l'écrit.* – Jérôme Tixier, directeur général des relations humaines du Groupe L'Oréal[1]

Face au changement, l'inquiétude des collaborateurs peut causer des résistances. C'est le cas pour tous les types de changement, pas seulement la transformation digitale. Ainsi, il devient essentiel pour les DRH de savoir prouver aux collaborateurs que l'acculturation digitale n'est pas synonyme d'une dilution complète de la culture d'entreprise, qu'une partie des repères de l'entreprise sera conservée dans l'acculturation et que les repères transformés permettront aux collaborateurs d'être plus efficaces.

La culture digitale peut, au premier abord, faire peur aux collaborateurs. Son introduction dans l'entreprise nécessite donc de les rassurer en leur montrant qu'elle ne va pas

1. Entretien d'Agnès Duroni avec Jérôme Tixier : http://agnes-duroni.com/entretien-avec-jerome-tixier-directeur-general-des-relations-humaines-du-groupe-loreal/

entièrement supplanter la culture de l'entreprise mais plutôt s'y incorporer, mais aussi en leur expliquant ce qu'ils vont gagner au quotidien et sur le long terme grâce au digital.

Comment rassurer les collaborateurs face à une nouvelle culture digitale ?

La culture digitale n'a pas vocation à détruire la culture existante mais à l'enrichir pour permettre aux collaborateurs de se recentrer sur la création de valeur. Rassurer les collaborateurs revient à leur faire passer le message essentiel que le digital seul n'existe pas. Il n'est que la prolongation d'usages existants. Il ne s'agit pas de nier les méthodes appliquées jusque-là mais de les rendre plus effectives. Chaque collaborateur aura toujours ses missions et ses tâches traditionnelles liées à son domaine (marketing, recrutement, comptabilité, gestion de la paye, etc.), mais grâce à de nouvelles méthodes de travail collaboratives, une nouvelle gouvernance et de nouveaux outils digitaux, il pourra les accomplir de manière plus pertinente et innovante. Sa productivité sera ainsi accrue et la valeur ajoutée de son travail reconnue. De la même façon qu'on apprend le déplacement des pièces sur un jeu d'échecs à force de jouer, c'est-à-dire avec l'expérience, la culture digitale comporte une part d'apprentissage mais la majorité s'acquiert par l'expérimentation et se vit dans l'immersion et dans l'action.

Comment créer des points de contact entre la culture digitale et la culture existante de l'entreprise ?

Tout plan de transformation digitale débute par une cartographie des initiatives existantes. Il faut donc repérer ce que les collaborateurs ont importé, le définir au mieux et le cartographier dans un écosystème complet pour réussir l'enrichissement de l'entreprise par des valeurs digitales. Quelle que soit l'entreprise, les bases d'une culture digitale sont présentes, même de façon embryonnaire ; il suffit de constater les usages mobiles, souvent personnels, en entreprise : BYOD, BYOA, BYOC[1], ou encore les prises de parole spontanées des salariés sur les médias sociaux, etc.

Est-ce que tous les éléments de la culture d'entreprise sont voués à se teinter de digital ?

La culture d'entreprise en elle-même devrait rester constante : les valeurs sur lesquelles l'entreprise est bâtie et qui rythment le quotidien des collaborateurs restent les mêmes au fil de la transformation. Bien que les processus ne soient qu'une manifestation de la culture d'entreprise, ils doivent être adaptés quand on change les repères de l'entreprise. Cela modifie la façon dont l'entreprise interagit avec son environnement, et par conséquent la façon dont elle est organisée en interne. Après une période de désorientation due à l'immersion dans la culture digitale qui a lieu au démarrage de la transformation, l'entreprise et les collaborateurs se réadaptent : ils gardent certains réflexes et processus qui restent pertinents et en rendent d'autres plus adaptés à l'environnement digital.

1. *Bring Your Own Device, Bring Your Own Application, Bring Your Own Cloud* : ensemble de pratiques qui permettent aux employés d'utiliser leurs propres terminaux, applications et espaces de stockage en ligne sur leur lieu de travail ou à des fins professionnelles.

Les employés s'expriment pour parler de l'entreprise, mais plus que tout pour défendre leurs métiers, à propos desquels beaucoup de clichés circulent. (...) L'entreprise doit, par exemple, rappeler à ses collaborateurs qu'ils ne peuvent s'épancher sur les réseaux au nom de la société, sauf dans un cadre spécifique. Aujourd'hui, on préfère écouter une personne plutôt que le discours formaté de l'entreprise. – Alexis Bernard, manager e-influence et social media, SNCF[1]

De l'importance des compétences digitales

L'organisation des compétences digitales se doit d'être beaucoup plus transverse. Chaque fonction recrute des experts avec une double casquette : digitale et métier. – Benoît Coquart, responsable de la stratégie et du développement, Legrand

Prenons une analogie simple. Apprendre le digital équivaut pour certains à apprendre une nouvelle langue et tout ce que cela comporte : sa structure, sa syntaxe, son vocabulaire, ses codes, son contexte. Tout apprentissage nécessite d'acquérir de nouvelles compétences. Or, bien qu'il soit admis par 84 % des entreprises que la transformation digitale est un enjeu stratégique, 76 % d'entre elles expriment leur intention de renforcer l'acquisition de compétences digitales pour leurs collaborateurs et, parmi elles, 36 % reconnaissent un retard important dans la formation digitale[2]. Le cabinet IDC souligne que le manque de compétences digitales causerait 21 % de perte de productivité aux États-Unis, ce qui équivaut à une perte de plus d'1,3 milliard de dollars dans leur économie. De son côté, Capgemini indique dans un rapport de septembre 2013[3] que seulement 4 % des formations répondent aux enjeux de digitalisation des entreprises. Pourtant, la formation permet d'impliquer les collaborateurs dans la transformation digitale, qu'ils soient middle managers ou à un autre niveau de l'entreprise, pour qu'ils intègrent les compétences digitales. Celles-ci comprennent l'alphabétisation digitale (puis le bilinguisme digital), le management de projets digitaux et le leadership digital. Les compétences digitales principales se construisent autour d'un modèle constitué des sept éléments suivants :

1. **Les concepts du digital :** création de contenu, canaux de communication, crowdsourcing, cloud, domotique, etc.
2. **Les outils digitaux :** e-mails, messageries instantanées, éditeurs de textes, de photos et de vidéos, plateformes d'e-learning, etc.
3. **Les plateformes Web** (agrégateurs, forums, wikis, Glassdoor, etc.), **les réseaux sociaux grand public** (LinkedIn, Twitter, Facebook, YouTube, etc.), et **les réseaux sociaux d'entreprise** (Yammer, Jive, Chatter, etc.)

1. Voir http://lexpress.fr/emploi/faire-sa-com-via-ses-salaries-une-arme-a-double-tranchant_1094080.html
2. Enquête menée par l'Institut MRCC pour ROOMn.
3. « The Digital Talent Gap Developing Skills for Today's Digital Organizations », http://capgemini.com/resources/the-digital-talent-gap-developing-skills-for-todays-digital-organizations

4. **Les usages et stratégies d'engagement digitaux :** choix du canal le plus approprié pour toucher un segment de population, engager ses collaborateurs à parler de l'environnement de travail sur les réseaux sociaux, créer du contenu pour sa marque employeur, enrichir un wiki pour améliorer ses retours aux candidats...
5. **La créativité et le management de projets digitaux :** capacité à développer et mettre en place des stratégies digitales plus transverses et à long terme, en tenant compte de la gouvernance, des risques, des ressources humaines et de la gestion des connaissances.
6. **Le leadership digital :** aptitude à superviser des équipes sur des projets digitaux à haute valeur ajoutée[1], conduire ses équipes vers une meilleure compréhension et expertise digitale.
7. **L'innovation digitale :** faculté à toujours avoir un coup d'avance sur le digital (mise en place de programmes collaboratifs, d'open innovation, développement de la culture du *dare to fail*[2], etc.).

Traditionnellement, dans un modèle de compétences classique, les collaborateurs développent des connaissances, des compétences et une expertise directement liées à leur métier ou à leurs responsabilités dans l'organisation. Aujourd'hui, la rupture du digital est là : quel que soit le domaine, il est impératif d'ajouter une dimension digitale à leurs connaissances, leurs compétences et leur expertise pour qu'ils puissent effectuer leurs missions au mieux. Cette dimension digitale porte sur les outils, les usages ou les processus mais elle est aussi fortement liée aux interactions et modes de collaboration entre les employés de l'entreprise.

Le digital a réintroduit une part de transversalité de compétences et de connaissances au sein de l'entreprise. Pour réussir, les collaborateurs doivent laisser de côté cette approche mono-connaissances et mono-compétences du métier. Ils sont poussés à rechercher, au contraire, une plus grande ouverture, à la fois auprès de leurs pairs en interne (collaborateurs de l'entreprise) et en externe (professionnels). Il est donc essentiel de bien prendre en compte ces éléments de compétences digitales, de faire des bilans adéquats et de les cartographier afin de comprendre où en sont les collaborateurs et comment il est possible de les aider à évoluer. Bien qu'ils soient réticents à l'admettre, la plupart des collaborateurs aujourd'hui ont un niveau faible en langue digitale – et certains sont même pratiquement analphabètes.

Nous avons interrogé Laure Pourageaud et Xavier Monty, respectivement DRH Europe et Social Media Europe Strategy Leader au sein de Sage, sur la nécessité d'accompagner les collaborateurs sur ces nouvelles compétences, de les maintenir à jour par la formation et d'anticiper les besoins futurs. Leurs compétences métier complémentaires offrent une approche pratique de l'accompagnement qu'une entreprise peut offrir à ses experts du digital tout au long de leur carrière.

1. Projet ayant un impact fort sur l'ensemble de l'entreprise en termes de ressources, de positionnement et de communication.
2. « Oser rater » en français.

Quelle GPEC[1] mettre en œuvre lorsqu'il est difficile de prédire les évolutions du métier ?

LP : Dans notre démarche GPEC chez Sage, tout passe par la connaissance pointue des besoins de nos clients. Une GPEC ne peut prédire les évolutions des métiers que si elle est ouverte sur l'extérieur et sur le marché. Nous savons que les technologies évoluent rapidement, que le cloud a révolutionné les façons de travailler et que nos clients veulent encore plus de simplicité, de rapidité, d'accessibilité. Les évolutions des métiers (plus que du métier) du digital sont étroitement liées à la valeur que le digital peut apporter aux clients dans les produits et services mais aussi dans la façon de les promouvoir. La GPEC doit donc être construite grâce à une étroite collaboration entre l'équipe RH et les équipes business et alignée avec le plan stratégique de l'entreprise. Notre démarche chez Sage consiste à ajouter une dimension relative à l'expertise digitale lors de l'analyse des évolutions de chaque métier pour ainsi anticiper les besoins en termes de ressources mais aussi de formation.

XM : La collaboration étroite des équipes RH et des équipes business nous permet de construire une GPEC au plus près des grandes tendances du marché tout en restant parfaitement alignés avec notre stratégie. En revanche, le manque de visibilité sur les métiers du digital rend difficile l'anticipation des talents et nous nous appuyons sur des grandes tendances comme le cloud et la mobilité pour construire nos plans. En résumé, chez Sage, chaque collaborateur est impliqué dans l'élaboration de la GPEC, qui nous permet de développer les talents d'aujourd'hui et d'être prêts pour le futur.

Avez-vous des plans de carrière spécifiques pour ces experts du digital ?

LP : Dans cette période stratégique de virage digital dans l'économie, nous sommes plus que jamais engagés à accompagner les PME dans leur développement. Les experts du digital sont avant tout des experts du marché des PME qui combinent leur expertise digitale avec celle de notre marché. Chaque collaborateur chez Sage est maître de sa carrière et peut la développer à travers deux dimensions : la pure expertise, par exemple celle du chargé de projet digital marketing junior dans un pays, mais aussi en évoluant dans des métiers plus généralistes du marketing ou de la communication. Sage tient à reconnaître autant la filière d'expertise que celle du management. Ceci est aussi vrai pour les filières ressources humaines ou commerciales, qui sont à la recherche de profils experts du digital. Enfin, notre mission étant de développer des solutions de gestion pour accélérer la performance des PME, nous offrons aussi des plans de carrière à nos ingénieurs et développeurs experts en digital.

XM : L'expertise digitale chez Sage est en effet abordée sous deux angles très complémentaires : un parcours d'expert et un parcours plus orienté vers le management et les responsabilités. En ce qui concerne les plans de carrière de nos experts du digital, il y a d'abord une phase d'analyse destinée à identifier où ces experts doivent être positionnés pour exécuter parfaitement notre stratégie tout en utilisant au mieux leur expertise digitale afin d'en faire un véritable différentiateur par rapport au marché. En réalité, il s'agit d'utiliser au mieux nos experts pour délivrer des produits et services Sage avec une composante digitale forte à tous les niveaux – fonctionnalités, interfaces, positionnement marketing et commercialisation. Chez Sage, le virage digital a été tellement important au cours des

1. Gestion prévisionnelle des emplois et des compétences

trois dernières années que le digital et les médias sociaux font désormais partie intégrante de notre culture d'entreprise. Cette expertise doit donc être acquise par tous ceux qui souhaitent évoluer vers des postes en management, qui intègrent tous désormais une composante digitale forte, ce qui nous permet d'assurer l'alignement de notre manière d'exécuter avec notre stratégie et d'accompagner au mieux la croissance des PME.

Existe-t-il des formations spécifiques pour les nouveaux métiers du digital ?

LP : Notre démarche pour renforcer notre expertise digitale chez Sage s'est bâtie sur un double axe : recruter de nouveaux experts de ce domaine mais aussi développer les compétences digitales de nos collaborateurs. C'est pourquoi nous avons créé la Sociable Academy pour les 14 000 collaborateurs de Sage.

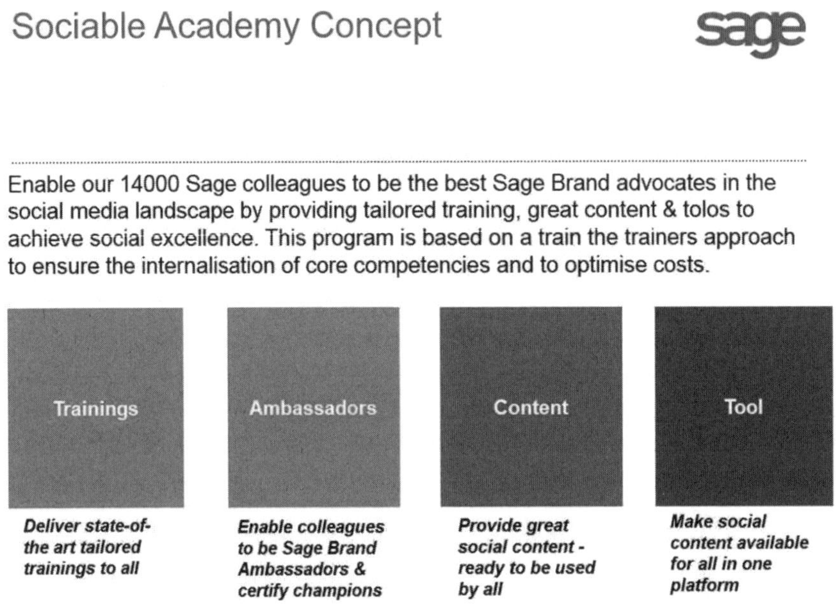

XM : La formation et le développement des talents chez Sage sont une réalité que j'ai remarquée dès le premier jour car cela fait partie de l'ADN de l'entreprise. En tant que Social Leader, j'ai travaillé avec les équipes RH à la mise en place d'une académie interne de formation au social media pour nos 14 000 collaborateurs à travers le monde. Cette académie comprend un programme de formation adapté aux besoins de chacun, la certification d'ambassadeurs de notre marque, la création de contenus adaptés aux médias sociaux et la mise en place d'un outil d'amplification à la disposition de tous. L'esprit de cette formation est d'embarquer chacun dans le monde du digital, et plus particulièrement sur les médias sociaux. Nous expliquons à chaque collègue l'intérêt des médias sociaux d'un point de vue personnel, nous abordons même le *personal branding* de manière concrète en fournissant à chacun de belles photos professionnelles pour son profil. Puis, dans un deuxième temps, nous voyons comment chacun peut soutenir le business de manière concrète en relayant certains messages de Sage à l'externe ; cela est simplifié par la mise en place de notre solution de « social media amplification », qui met à disposition de chacun du contenu qu'il peut utiliser depuis ses comptes social media. Ce programme assez nouveau en Europe montre déjà des effets très positifs en interne comme en externe. Le meilleur indicateur de réussite est le nombre de collaborateurs qui ont désormais un compte Twitter et qui l'utilisent à des fins professionnelles pour relayer des publications de Sage dans leur réseau.

Pour réussir dans l'ère digitale, les dirigeants des entreprises doivent reconnaître l'importance de la culture digitale et de l'acquisition des compétences digitales. Cela permet ensuite d'agir en créant un environnement de travail propice à l'apprentissage. Le temps d'apprentissage doit être suffisant pour permettre aux collaborateurs de faire leurs propres expériences, de s'imprégner de cette nouvelle culture et d'être capables d'en parler couramment la langue.

ADP et les compétences digitales

Stanislas de la Foye, directeur marketing et stratégie d'ADP, nous explique l'importance pour les entreprises de savoir « parler digital » et d'être agiles pour s'adapter et unifier les pratiques de leurs collaborateurs :

On constate un certain décalage entre les pratiques digitales individuelles des collaborateurs et celles qui leur sont offertes dans la plupart des entreprises. L'usage des réseaux sociaux, des banques de données, de l'information continue partout dans le monde a créé chez une très grande majorité de salariés, à titre privé, une véritable addiction à l'instantanéité. L'année 2012, à elle seule, a généré plus de données communiquées dans le monde… que toutes les années précédentes réunies !

Nombre de collaborateurs n'hésitent pas à travailler avec leurs propres outils (BYOD) : une étude menée en 2013 par VMware révélait que 62 % des salariés français interrogés estimaient que leur entreprise ne leur procurait pas les outils et applications mobiles nécessaires à leur productivité et à leur mission ; 37 % affirmaient qu'ils seraient prêts à quitter leur employeur s'ils n'avaient pas la permission d'utiliser leur propre appareil mobile pour travailler. Selon la même étude, 40 % des DSI admettaient que leur politique freinait la productivité des employés. Une autre étude du cabinet Roland Berger[1] révèle que les entreprises ne s'engagent pas suffisamment dans la transformation digitale : seules 36 % d'entre elles ont formalisé ou modélisé un plan de transformation digitale.

Du côté des entreprises, les pratiques encore traditionnelles, les processus pluriannuels, les exigences de sécurité et de confidentialité et les cultures générationnelles très variées ont conduit à un retard conséquent et à un certain manque d'adaptation des systèmes. Les salariés apprennent aujourd'hui par les réseaux sociaux – et souvent avant même leurs propres managers – ce qui se passe dans leur entreprise.

1. http://rolandberger.fr/media/pdf/Roland_Berger_Du_rattrapage_a_la_transformation_20140929.pdf

Comment modéliser au mieux une transformation digitale ?

Une étude du cabinet Roland Berger[1] révèle que les entreprises ne s'engagent pas suffisamment dans la transformation digitale : seules 36 % d'entre elles ont formalisé ou modélisé un plan de transformation digitale.

Avant d'entamer toute description de la modélisation de la transformation digitale, rappelons sa définition : « La transformation digitale est la mise en cohérence de la stratégie à long terme avec les opérations mises en place à court terme au sein de l'entreprise pour intégrer les nouveaux modèles économiques, les outils et usages digitaux, afin de mieux interagir avec ses clients et ses employés sur l'ensemble des points de contact de leurs cycles de vie. »

Il est primordial pour tous les professionnels engagés ou désireux de s'engager dans la transformation digitale de leur entreprise de mesurer l'importance des dimensions humaine (collaborateurs), technologique (outils) et temporelle (usages). Il ne peut y avoir de transformation digitale réussie sans l'intégration complète de ces trois dimensions.

Pour faciliter la représentation de la transformation digitale, nous avons fait le choix de modéliser graphiquement ce phénomène. Cette approche permettra à chacun de mieux comprendre les étapes des différents changements et d'identifier plus rapidement les populations directement impliquées. Nous avons défini quatre étapes fondamentales dans la transformation digitale : « Initiatives », « Impulsion », « Déploiement », « Réalisation ».

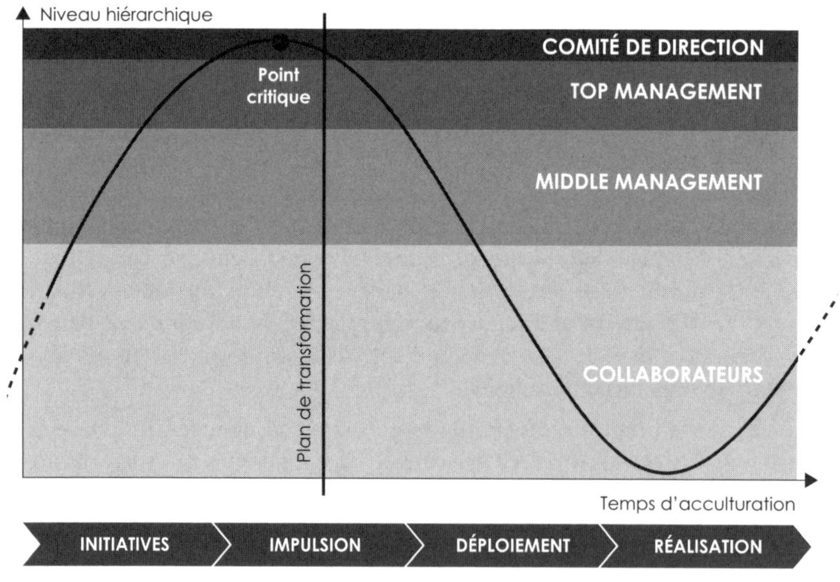

Les quatre phases de la transformation, la vague de la transformation digitale

1. http://rolandberger.fr/media/pdf/Roland_Berger_Du_rattrapage_a_la_transformation_20140929.pdf

Les populations engagées sont celles que nous avons présentées au cours de la section précédente : le comité de direction, le top management, le middle management, les collaborateurs. Nous avons ainsi représenté graphiquement cette transformation sous forme de deux axes perpendiculaires. L'axe des abscisses correspondant au temps d'acculturation. Les quatre étapes de la transformation digitale se succèdent ainsi sur cet axe. L'axe des ordonnées symbolise les différents niveaux hiérarchiques dans l'entreprise.

N. B. : quatre niveaux hiérarchiques ont été représentés pour correspondre à la forme la plus répandue dans les grands groupes ou institutions engagés ou souhaitant s'engager dans la transformation digitale. Pour les entreprises ou organisations comptant un effectif plus réduit, comité de direction et top management peuvent être regroupés. Ainsi il est possible de n'avoir que trois niveaux hiérarchiques. Quels que soient la configuration et le nombre des populations, la représentation graphique de la transformation digitale reste la même.

La modélisation de la transformation digitale au sein de l'entreprise est représentée schématiquement par une vague[1]. La courbe du schéma ci-dessous correspond à la représentation temporelle la plus juste des actions d'acculturation digitale en fonction des populations de l'entreprise. La vague de la transformation digitale débute avec la phase « Initiatives » et continue jusqu'à la phase « Réalisation » en passant par chacun des quatre niveaux hiérarchiques de l'entreprise.

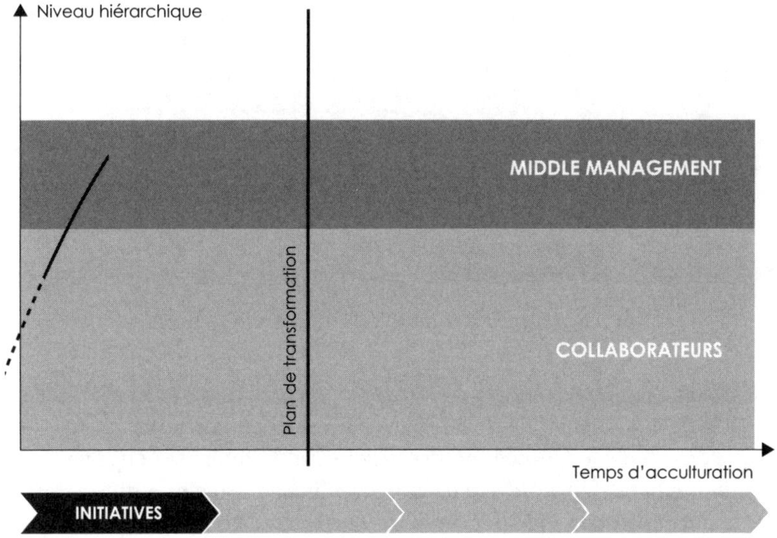

Phase 1 « Initiatives » de la transformation digitale

La phase « Initiatives » se caractérise par des initiatives ou phénomènes digitaux nouveaux impactant l'entreprise. Au cours de cette phase, les niveaux hiérarchiques supérieurs de l'entreprise n'ont pas forcément la main sur ces actions. Ce sont principalement les collaborateurs qui sont à l'initiative de ces changements, aussi bien au niveau du comportement (humain) que de la technologie (outils). Nous pouvons citer trois exemples

1. Forme proche d'une courbe sinusoïdale.

de changements affectant directement l'entreprise : l'introduction du BYOD[1], la prise de parole spontanée des collaborateurs sur les médias sociaux, la nouvelle forme de transmission du savoir grâce à la mise en place de clubs d'experts digitaux. Il ne s'agit évidemment pas d'une liste exhaustive, mais des trois principales actions d'acculturation digitale généralement identifiées au sein des entreprises.

Nous avons représenté graphiquement la vague de la transformation digitale en pointillé et non d'un trait plein pour symboliser le côté spontané et non unifié des initiatives présentes dans l'entreprise. La vague de la transformation « remonte » vers les niveaux hiérarchiques supérieurs jusqu'au comité de direction. Cette représentation permet de souligner à la fois l'effet de propagation de ces premières initiatives à travers l'entreprise et la prise en compte de l'importance des changements. Il y a littéralement une « remontée de l'information » sur ces nouveaux comportements et usages digitaux.

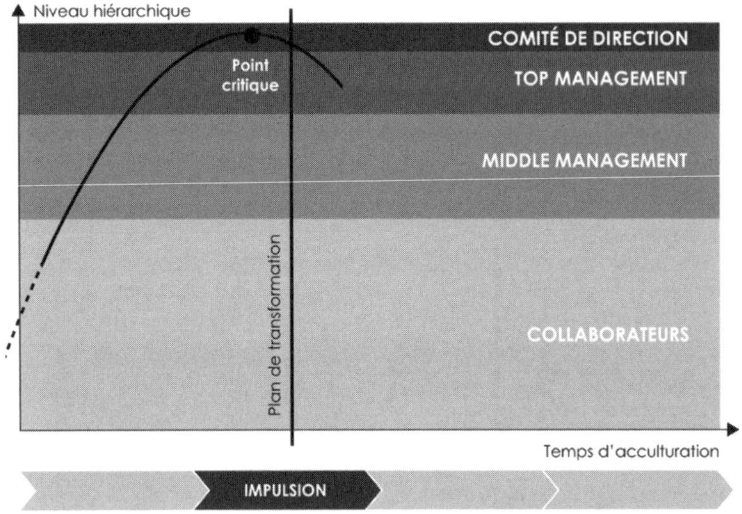

Phase 2 « Impulsion » de la transformation digitale

La phase « Impulsion » se manifeste par une prise de conscience des enjeux de la transformation digitale de la part du comité de direction. Au sommet de la courbe (point d'inflexion), le point critique représente le moment où l'entreprise fait le choix de s'engager ou non dans sa transformation digitale. Sur le schéma, on peut voir une transformation digitale réussie où le comité de direction assure pleinement son rôle de sponsor pour ce projet d'entreprise. C'est effectivement à ce point critique que le comité de direction impulse le changement d'organisation, tant sur la dimension économique que sur la dimension humaine. Ce virage nécessaire ne peut être amorcé sans la compréhension et le soutien du comité de direction. Le passage de la phase « Impulsion » à la phase « Déploiement » se caractérise par l'élaboration d'une feuille de route digitale, ou plan de transformation, le document final validé par le comité de direction intégrant l'ensemble des actions d'acculturation digitale nécessaires au déploiement des actions de transformation digitale de l'entreprise.

1. *Bring Your Own Device*, autrement dit, le fait d'apporter en entreprise ses propres outils technologiques.

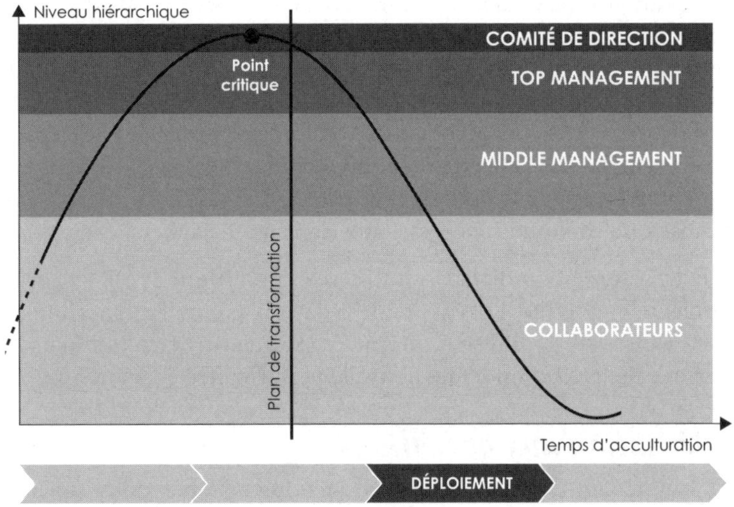

Phase 3 « Déploiement » de la transformation digitale

La phase « Déploiement » est l'étape de mise en œuvre de l'ensemble des actions de la transformation digitale de l'entreprise. C'est la phase opérationnelle impliquant successivement les quatre niveaux hiérarchiques de l'entreprise. Pour faciliter l'adhésion au programme de transformation digitale, à l'acquisition des nouvelles connaissances digitales et des nouveaux usages digitaux, il est essentiel de mobiliser en priorité les niveaux hiérarchiques supérieurs de l'entreprise. Soutenues par le comité de direction, les directions métiers ou branches garantissent le déploiement des actions en tout point de l'organisation. Le middle management ne doit en aucun cas être oublié. Au contraire, il doit être particulièrement impliqué et sollicité. Comme nous l'avons vu précédemment, celui-ci assure en effet un rôle de courroie indispensable entre la direction et les collaborateurs.

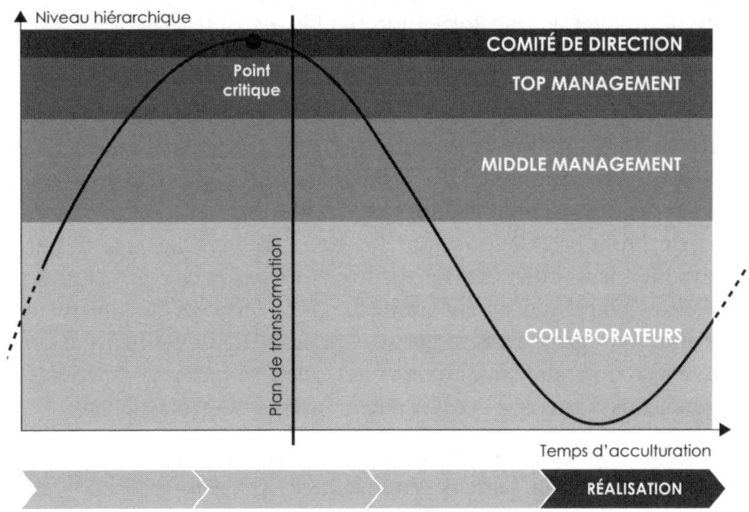

Phase 4 « Réalisation » de la transformation digitale

La phase « Réalisation » succédant à la phase « Déploiement » s'attache à consolider la démarche d'acculturation digitale. Elle se traduit par une pleine appropriation de la nouvelle vision de l'entreprise et la création de nouvelles expériences d'usage des outils digitaux. Les effets positifs de ces changements sont matérialisés sur ce schéma par la forme ascendante de la courbe. Il y a dans cette configuration une remontée positive de l'information qui peut se traduire, par exemple, par l'atteinte de nouveaux objectifs liés au digital, une meilleure implication des différentes populations dans la valorisation de l'image de marque de l'entreprise sur les canaux de communication digitaux (réseaux sociaux par exemple), etc.

On voit que la transformation digitale est un cycle qui rythme la vie de l'entreprise, son plus grand projet à long terme. Sa réussite tient dans la vision, l'implication et la motivation de tous et dépend de la diffusion interne et externe d'une culture digitale propre et partagée, ainsi que de la création d'une nouvelle performance économique.

De la modélisation aux opérations

L'objectif est maintenant de vous décrire des actions ou opérations concrètes à entreprendre au cours de ces étapes de la transformation digitale.

CARTOGRAPHIER L'EXISTANT ET DÉFINIR LE PÉRIMÈTRE DE LA TRANSFORMATION

Dans la phase 1 (« Initiatives »), la majeure partie des actions ne sont pas pleinement maîtrisées par l'entreprise. Il s'agit d'actions isolées et souvent peu coordonnées au niveau du groupe. En revanche, la phase 2 (« Impulsion ») se caractérise par une plus grande structuration des opérations. Comme nous l'avons vu précédemment, le rôle des DRH est d'identifier ces initiatives, de sensibiliser les autres membres du comité de direction aux changements naissants et d'impulser la dynamique de transformation digitale au niveau de l'entreprise. Parmi l'ensemble des actions, nous en avons identifié trois principales :

- la mise en place d'ateliers préalables aux chantiers digitaux ;
- la conduite d'un diagnostic de maturité digitale ;
- l'élaboration du plan de transformation (feuille de route digitale).

La mise en place des ateliers préalables aux chantiers digitaux

Cela se traduit par l'organisation de sessions de travail collectives avec les différentes fonctions de l'entreprise (marketing, RH, informatique, juridique, finances, communication, etc.). Au cours de ces ateliers dont la durée peut varier entre une demi-journée et une journée, les participants font part de leurs appréhensions, de leurs perceptions quant à l'impact du digital et exposent leurs attentes vis-à-vis de ces nouveaux changements. Il s'agit de capter et de révéler les points qui posent problème pour favoriser la construction d'un programme d'acculturation propre à l'entreprise. Ces problématiques peuvent concerner aussi bien la difficulté à comprendre la nouvelle vision, que l'évolution des métiers (compétences digitales) ou les façons d'interagir avec les autres (usages et savoir digitaux).

Le but de ces ateliers en amont des chantiers digitaux est de faire émerger les premières pistes de réflexions. Celles-ci portent généralement sur la formalisation d'une prise de conscience des enjeux du digital pour l'entreprise, les modalités de partage des connaissances liées au digital, l'identification des populations prioritaires.

Exemples de problématiques soulevées dans différents métiers :

- *Fonction RH* : comment le digital peut-il soutenir les pratiques RH ? (recrutement plus efficace, dispositifs de formations pour les collaborateurs, mieux préparer à la gestion de carrière).
- *Directions décentralisées* (pays ou région) : comment et pourquoi s'approprier une culture digitale ? Par où commencer ? Quels moyens mettre en œuvre pour gagner en autonomie sur la gestion de projets digitaux ?
- *Force de vente* : comment dédiaboliser le média digital et les clichés qui lui sont associés (perte de temps et de chiffre d'affaires, dispositif réservé aux jeunes ou aux spécialistes du digital, etc.) ? Comment comprendre les projets digitaux apportés par les marques grâce au digital ?

La conduite d'un diagnostic de la maturité digitale

Il s'agit d'une opération essentielle et préalable à l'acculturation digitale. Le diagnostic de la maturité digitale consiste en un audit de l'existant en matière de digital, qui doit évaluer à la fois les processus, l'infrastructure et les hommes.

On peut évaluer le degré de maturité digitale des processus de l'entreprise en fonction de sa performance de ventes liées à des canaux de distribution digitaux (e-commerce, m-commerce[1], recommandation sociale, etc.) et du nombre de fonctions ou branches métiers ayant recours à des solutions de dématérialisation (signature électronique des contrats de travail, assistant virtuel, gestion collaborative de documents, etc.). Au niveau de l'infrastructure digitale de l'entreprise, l'audit portera par exemple sur le taux d'équipement en terminaux digitaux (tablettes, smartphones, mobiliers et objets connectés), le déploiement de solutions de suivi de la performance en temps réel (SIRH, e-CRM, identification de tendances émergentes sur les réseaux sociaux etc.). Ajoutons également la capacité de l'entreprise à organiser son développement digital. Cela peut se traduire en interne par la création d'un comité de pilotage du digital ou de la transformation digitale. En externe, on peut par exemple imaginer la construction de structures (laboratoire d'innovation, incubateur ou accélérateurs de start-up) dédiées à l'émergence et à la valorisation des pratiques digitales. Enfin, la maturité digitale des hommes et des femmes de l'entreprise peut s'évaluer par leur capacité à appréhender et à mobiliser les nouvelles compétences et nouveaux savoir-être liés au digital.

En 2013, le MIT Sloan Management et Capgemini[2] ont publié une étude marquante proposant une cartographie des entreprises selon quatre niveaux de maturité digitale (du plus faible au plus élevé) : *beginners, conservatives, fashionistas, digirati.* Selon cette représentation, les entreprises les plus avancées (*digirati*) appartiennent aux secteurs de la haute

1. Pendant mobile de l'e-commerce.
2. Cf. Leading Digital : http://leadingdigitalbook.com/

technologie et des télécommunications. Viennent ensuite les entreprises du secteur bancaire, de la distribution, du voyage et de l'hôtellerie (*fashionistas*). Les secteurs pharmaceutiques et industriels sont identifiés comme ceux enregistrant les niveaux les plus faibles en termes de maturité digitale[1].

L'évaluation de la maturité digitale d'une entreprise peut être relativement complexe à mettre en œuvre. C'est pour cette raison que nous suggérons aux entreprises dans un premier temps de procéder à un diagnostic centré sur les collaborateurs (tous niveaux hiérarchiques confondus). Pour réaliser ce diagnostic, l'entreprise peut ainsi s'orienter vers un outil pertinent et flexible comme une plateforme Web dédiée permettant à chaque collaborateur d'auto-évaluer sa maturité digitale à travers un QCM. Le collaborateur (quel que soit son niveau hiérarchique) se connecte à cette plateforme via sa boîte mail entreprise et un mot de passe. Une fois identifié, il se voit proposer une série de questions adaptées à son profil professionnel (RH, marketing, informatique, etc.).

Pour garantir une utilisation agréable aux collaborateurs se livrant à cette auto-évaluation, l'interface devra être esthétique, ergonomique, et conçue en *responsive design*[2] pour être accessible sur tous les terminaux digitaux. Sur le fond, il est impératif que l'outil évalue à la fois les compétences techniques (hard skills) et les pratiques comportementales (soft skills), car elles sont indispensables à la maîtrise des outils digitaux.

L'objectif de cette évaluation n'est pas d'attribuer une note aux collaborateurs ou à un département spécifique, mais plutôt d'identifier les compétences pour lesquelles le niveau de maturité est à développer et de capitaliser sur les savoir-être existants. En effet, à la fin de chaque session d'auto-évaluation, les collaborateurs doivent effectuer des actions spécifiques pour progresser à la fois sur leurs compétences et leurs savoir-être digitaux.

L'élaboration du plan de transformation digitale

Un plan de transformation digitale est le livrable validé par le comité de direction intégrant l'ensemble des actions d'acculturation digitale nécessaires au déploiement des actions de transformation digitale de l'entreprise. Véritable feuille de route digitale, il doit répondre à la question du « pourquoi » en intégrant la formulation de la nouvelle vision digitale de l'entreprise et sa stratégie à court et parfois à moyen termes, ainsi que les différentes actions à engager pour réussir cette transformation. Pour garantir l'adhésion globale et le succès du déploiement des actions, il est essentiel que ce plan soit le fruit d'un travail collectif et représentatif des différents métiers, branches et fonctions. Les dispositifs présentés précédemment – synthèses des ateliers préalables aux chantiers digitaux organisés au cours de la phase d'impulsion et rapports de diagnostic de la maturité digitale – devront ainsi être intégrés ou au moins mentionnés.

1. « The Digital Advantage: How digital leaders outperform their peers in every industry », http://capgemini.com/resource-file-access/resource/pdf/The_Digital_Advantage__How_Digital_Leaders_Outperform_their_Peers_in_Every_Industry.pdf
2. Le Responsive Web Design (RWD), ou conception web adaptative, regroupe une série de techniques de conception graphique et de développement permettant de créer un site qui pourra s'auto-adapter en fonction de la taille d'un écran.

Les actions à déployer ne seront efficaces que si elles sont adressées à la bonne cible, au bon moment et via le bon canal. Le plan de transformation digitale doit donc répondre en sus aux questions suivantes : Qui ? Quand ? Comment ? Il est destiné à dresser le périmètre complet des populations et à créer des calendriers avec l'ordre de mise en œuvre des actions pour ces différentes populations.

Pour assurer la cohérence à tous les niveaux de l'entreprise et responsabiliser les collaborateurs, il incombe au comité de direction d'assurer le rôle de sponsor du programme de transformation digitale, en s'appuyant sur la compétence et le savoir-faire du directeur ou de la personne en charge de la transformation digitale.

IMPLIQUER TOUS LES COLLABORATEURS

Il ne peut y avoir de transformation digitale réussie sans un attachement à la dimension humaine du changement. Par définition, l'être humain n'aime pas le changement[1]. Comme dans toute transformation, il faut consacrer du temps à la transformation digitale, comprendre les enjeux de l'acculturation digitale, et garantir une reconnaissance des efforts de chacun. Il est essentiel de former les équipes pour que tous les collaborateurs envisagent le digital de la même manière. S'appuyer sur une base commune est le point de départ de tout programme d'acculturation digitale. Cependant, tous les acteurs d'une entreprise n'ont pas les mêmes attentes et n'appréhendent pas de la même manière ce changement de posture. Il est donc essentiel de concevoir un programme d'acculturation intégrant cette hétérogénéité à la fois de profils et de maturité digitale.

Parmi les dispositifs existants, en voici trois qui répondent à ces différentes attentes :

- les conférences digitales ;
- les sessions d'immersion digitale ;
- les matinées « Vis mon job ».

Les conférences digitales

Ce sont des journées de conférences thématiques dédiées à la sensibilisation au digital. Elles sont prévues pour chaque population cible incluse dans le plan de transformation digitale. Compte tenu de l'hétérogénéité des populations cibles, il est conseillé d'adapter les conférences digitales en fonction des différents publics, sur la forme (durée, format d'échanges, intervenants extérieurs) et sur le fond (types de contenus, supports…). Nous vous conseillons de prévoir une conférence d'une demi-journée le matin pour un comité de direction plutôt qu'une journée entière, car ce dernier a souvent un agenda chargé. En revanche, il est préférable de prévoir une journée complète pour des responsables et chargés de recrutement. La matinée peut être dédiée à la présentation des enjeux du digital pour l'entreprise et les changements opérés sur les métiers. L'après-midi peut s'attacher à la mise en pratique grâce à la conduite d'ateliers par petits groupes de participants.

1. Seulement 2 % de la population mondiale serait apte au changement.

Les conférences digitales sont conçues pour favoriser l'interaction entre les participants et les intervenants, qu'ils soient internes ou externes à l'entreprise. Il est conseillé de prévoir du temps pour les échanges, prises de parole et retours d'expérience. L'alternance des formats de communication rend le public plus engagé et plus ouvert au changement. Cela favorisera la compréhension des enjeux du digital et permettra de clarifier la façon dont le digital transforme l'entreprise : changement de vision, d'infrastructure, des processus et des métiers.

Les conférences digitales sont des dispositifs sur lesquels développer les actions d'acculturation. Dans leur forme 100 % plénière, elles permettent de sensibiliser et former un nombre important d'individus (jusqu'à 500 personnes). Il est ainsi possible, pour un même contenu (marketing, RH, finances, informatique), de s'adresser dans des délais tout à fait acceptables (moins de 8 mois) à un nombre conséquent de collaborateurs.

Les sessions d'immersion digitale

L'acculturation digitale prend sa source dans la fertilisation croisée, c'est pour cette raison que les sessions d'immersion digitale sont cruciales. Par ce biais, les collaborateurs, quel que soit leur niveau hiérarchique, s'absentent de l'entreprise le temps d'une demi-journée ou d'une journée pour aller rencontrer des acteurs innovants du digital. Cela peut se traduire par des visites d'entreprises innovantes (agences médias, annonceurs…), de lieux innovants (espace de co-working, incubateurs ou accélérateurs de start-up…) et par des rencontres avec ces professionnels – pure players[1] ou plus avancés dans le domaine du digital. Cette expérience innovante favorise le partage, l'interaction entre groupes de collaborateurs, métiers et branches mais permet également l'ouverture vers l'extérieur.

Les sessions d'immersion digitale sont généralement plus courtes et sont géographiquement plus proches des participants que les *learning expeditions*. Dispositifs particulièrement bien adaptés pour des projets pilotes ou pour des populations avec de très fortes contraintes de disponibilité, elles peuvent par ailleurs être complémentaires d'une action plus globale de sensibilisation. Ainsi, au cours d'un séminaire de quatre jours sur les nouvelles pratiques RH digital, il est tout à fait possible d'organiser une session d'immersion digitale d'une journée. La plus-value de ce type de dispositif est triple. Tout d'abord, cela permet de sortir de leur zone de confort les participants, qui abandonnent momentanément les repères et routines liés à leur poste habituel pour s'adapter à un nouvel environnement, à de nouveaux codes et usages. Deuxièmement, cela favorise la dynamique d'échanges avec des professionnels appartenant au même secteur ou à un secteur différent. C'est l'occasion de partager et confronter des points de vue sur la façon d'envisager le digital, et donc de nourrir la réflexion de chacun. Enfin, on peut compter sur l'effet « retour d'expérience » lorsque les collaborateurs reviennent en entreprise. On observe généralement une phase de restitution spontanée du vécu lors de la session d'immersion et un partage avec les autres collaborateurs du nouveau savoir digital.

1. Entreprise ayant démarré et exerçant son activité uniquement sur Internet.

Les matinées Vis mon job

Vis mon job est une transposition dans le milieu professionnel du concept de l'émission télévisée « Vis ma vie[1] », avec une dimension digitale. La création d'un tel programme permet aux collaborateurs rattachés à une fonction, une branche ou un métier, de rencontrer d'autres collaborateurs de l'entreprise dans une autre fonction, branche, ou exerçant un métier différent. On pourrait prendre l'exemple d'un chef de projet SIRH qui rencontrerait un responsable partenaires médias ; ils découvriraient leurs métiers respectifs (missions au quotidien, enjeux, processus, organisation, etc.) et échangeraient sur leurs problématiques propres. Le but est de créer un nouveau lien entre les différentes équipes, fonctions et branches pour faire émerger de nouvelles façons de travailler et d'appréhender ensemble la transformation digitale.

Pour nous parler de l'intégration de la culture d'entreprise et de la culture digitale, nous avons interrogé Laure Wagner, Culture Captain de BlaBlaCar, leader européen du covoiturage.

Comment le digital aide-t-il à diffuser et entretenir une culture d'entreprise ?

Le digital nous permet de formaliser notre culture d'entreprise. Par exemple, l'une de nos valeurs est « *Share more, Learn more* ». Le digital nous permet de donner corps à cette idée d'entraide avec de l'e-learning, une page Wikipédia, un blog interne mis en place dans une dynamique de partage de connaissances.

Concernant la communication interne, nous n'avons aucun support de communication papier, mais un blog, qui est plus adapté aux usages des jeunes qui sont nos collaborateurs. Tout le monde peut publier dessus avec pour mot d'ordre « *Share your good news* ». Le digital pose ainsi des réalités sur nos valeurs de confiance (« *In Trust We Trust* ») et de partage (« *Share more, Learn more* ») en permettant une communication plus rapide et transparente.

Nous travaillons avec la suite Google pour les entreprises, ce qui nous permet d'échanger facilement via chats et Hangouts et de partager nos agendas. Même si l'entreprise n'est pas complètement *flat*, personne n'est inaccessible, les processus sont légers et nos deux niveaux de hiérarchie ne se ressentent pas.

Nous sommes une boîte digitale et avons l'habitude de tous réfléchir à nos produits et à leur UX en interne. Notre valeur « *Think it, Build it, Use it* » correspond à un état d'esprit « agile » d'amélioration permanente.. On voit un point d'amélioration et on en fait part, quel que soit le sujet, parce que notre culture est basée sur le feedback, l'amélioration continue et les itérations rapides.

Quelle est la place du digital dans la culture d'entreprise d'un pure player ?

La place du digital dans notre culture d'entreprise est particulière, puisque nos collaborateurs, qui ont une moyenne d'âge de 29 ans, n'ont jamais rien connu d'autre. Au moins depuis nos études, on a tous un smartphone, un blog…

1. Voir http://fr.wikipedia.org/wiki/Vis_ma_vie

Notre culture est basée sur nos dix valeurs affichées et sur des tendances : l'être humain et la communauté, la transparence, l'international et l'ouverture, l'innovation. En plus de cela, nous sommes *data-oriented* et nous ne prenons aucune décision marketing ou produit à l'intuition. Le digital permet d'allier tout cela, il est central et omniprésent. Plus que ça, il est la condition *sine qua non* de l'existence de notre entreprise.

Comment les processus RH reflètent-ils une culture basée sur la confiance ?

Nous n'avons pas vraiment de structure dans notre politique RH, mais nous avons deux priorités : le bien-être et les embauches, plus de 130 depuis janvier 2015.

Les RH sont gérées de manière informelle et au cas par cas pour l'instant : les augmentations, la mobilité interne, l'attribution de lead sur les projets, les départs à l'étranger… Tout le monde peut évoluer. Par exemple, si nous avons besoin d'un senior, nous allons souvent faire monter un junior en compétences plutôt que de recruter en externe. Les entretiens annuels dépendent des managers : certains les font parce qu'ils en faisaient dans leur structure précédente, d'autres non car le dialogue est permanent et la confiance est là.

À part nos dix valeurs et notre processus d'*onboarding*, nous n'avons pas de dispositif RH structuré et aucune politique de développement RH. Cela n'empêche pas nos 350 collaborateurs de se réaliser au travail : nous sommes arrivés premiers – devant Google – au classement français Happy at Work et Glassdoor.

Les collaborateurs font librement part de leurs idées d'améliorations et nous menons en interne des enquêtes régulières pour les sonder. Nous avons la chance de pouvoir capitaliser sur cette bonne ambiance pour être attractifs.

À ce jour, nous avons deux personnes qui sont responsables de la partie administration RH (fiches de paie, contrats, relations sociales). La personne en charge de la communication interne (séminaire annuel, événements réguliers, accueil des nouveaux arrivants) travaille dans l'équipe communication internationale. Nous recrutons actuellement un(e) DRH et un(e) responsable formation car nous avons bien conscience qu'en doublant les effectifs chaque année nous devons formaliser nos politiques RH.

L'ACCOMPAGNEMENT PÉDAGOGIQUE DU COMITÉ EXÉCUTIF

Le but de l'accompagnement pédagogique du comité exécutif est de présenter la diversité du digital, de cartographier les différents écosystèmes, d'expliciter les concepts des nouvelles économies, d'analyser les modèles économiques disruptifs afin de donner au ComEx (i.e. comité exécutif) les clés d'une compréhension globale des enjeux digitaux.

Comme nous l'avons vu précédemment, une véritable transformation doit être pilotée par le comité de direction qui a l'obligation de tracer une feuille de route claire et compréhensible par l'ensemble des collaborateurs. Or les membres du comité de direction, loin d'embrasser une posture de leaders digitaux, restent bien souvent indécis et paniqués face à ces bouleversements et à l'ubérisation[1] possible de leurs entreprises, martelée par

1. Néologisme venant du nom de la start-up Uber et désignant l'adoption d'un modèle de commerce consistant à mettre des ressources à disposition des clients depuis leurs smartphones, à tout moment et sans délai.

Maurice Lévy, PDG de Publicis Groupe[1]. En fait, le numérique effraie surtout les dirigeants car il leur est inconnu. Un accompagnement est donc nécessaire pour les rassurer et leur permettre de former une vision pour l'entreprise.

Le facteur clé du succès dans ce changement de posture est l'accompagnement pédagogique et l'éducation digitale des membres du comité de direction. Il est important de plonger ces dirigeants dans un « bain de digital », leur faire comprendre par l'expérience que le monde du digital et des start-up présente de nombreuses opportunités, en organisant des sessions de sensibilisation et d'acculturation au digital, et ce, bien entendu, sur un temps limité et en utilisant différents leviers, digitaux ou non. Il est conseillé de prévoir une session courte, avec l'intervention d'un acteur du digital et de présenter un panorama digital ainsi qu'un positionnement de l'entreprise face à ses concurrents et face aux leaders, par segment. L'ingénierie pédagogique de la session est essentielle et doit mixer les connaissances délivrées par des experts pédagogues et la pratique au travers d'ateliers encadrés et didactiques.

Le deuxième axe d'accompagnement pédagogique pour les membres du comité de direction est l'immersion pédagogique. Ces sessions se concentrent sur le besoin de sortir les membres du comité de direction, de les amener hors de leur zone de confort à la rencontre des leaders de start-up ou d'entreprises en cours de transformation digitale, sur leurs environnements de travail.

Enfin, pour coordonner le tout et pour travailler en détail sur les plans de transformation (thématique ou géographique selon les attributions du comité de direction), on peut envisager des sessions individuelles de coaching digital, qui sont des moments privilégiés d'échange et d'analyse des situations en cours, plus intimistes et par conséquent plus propices au partage : apport de connaissances, identification d'éventuels résistances et réflexion sur les actions à mettre en œuvre pour les résoudre.

Cette démarche d'accompagnement individualisé vise à donner au dirigeant coaché de nouvelles aptitudes pour mieux appréhender les évolutions du digital dans son espace de travail et dans sa façon de travailler. Elles permettent aux membres du comité de direction de se confier et d'avoir un temps privilégié, adapté à leurs problématiques personnelles. Avant le début des sessions, il est conseillé de fixer les objectifs, la durée ainsi que le format du coaching digital. Ce conseil vaut en particulier pour la première session. De plus, pour favoriser la dynamique d'apprentissage et de partage, les coachés et les coachs pourront tenir ensemble un journal de bord. Ce document, qui peut prendre la forme d'un carnet ou d'un livret, sera complété à chacune des séances à la fois par le coach et par le coaché. On pourra y trouver le déroulé des séances, les éléments de travail (discussions, exercices, compétences acquises, savoir-être développés, etc.) ainsi qu'une feuille d'évaluation des progrès du tandem coaché-coach.

En conclusion, il est fondamental d'accompagner l'ensemble des acteurs (comité de direction, managers, collaborateurs) dans ce parcours, de la prise de conscience à la pleine maîtrise et à la valorisation des nouveaux usages digitaux. Pour faciliter ce changement

1. http://latribune.fr/technos-medias/20141217tribd1e82ceae/tout-le-monde-a-peur-de-se-faire-uberiser-maurice-levy.html

de posture, il est nécessaire de mettre en œuvre un programme d'acculturation digitale au niveau du groupe. Le déploiement des opérations de ce programme (périmètre temporel, humain, financier et matériel) est contenu dans le plan de transformation digitale, document élaboré de façon collaborative par les différentes fonctions de l'entreprise, signé et porté par le comité de direction. La réussite des ces actions prévues dans le plan de transformation digitale dépend de trois facteurs clés : la personnalisation (déploiement auprès de la « bonne cible »), la maîtrise du temps (déploiement au « bon moment »), l'infrastructure (déploiement via le « bon canal »).

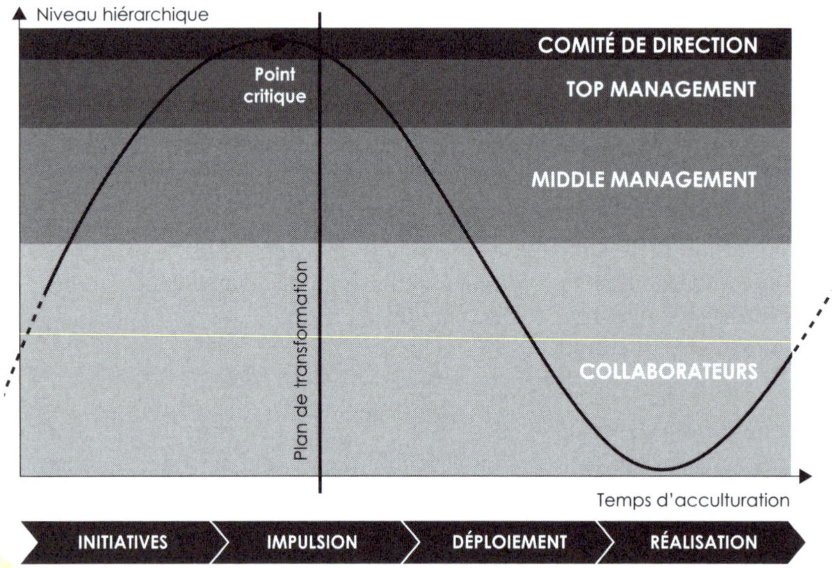

Conclusion de la partie 2

La mise en œuvre d'une transformation digitale est un processus long qui requiert engagement et implication. Plus complexe qu'une adaptation ou qu'une transition, elle s'attache à modifier en profondeur l'organisation de l'entreprise : elle impacte l'infrastructure, les processus et tous les individus de l'entreprise. Chaque population a ainsi son rôle, du comité de direction aux collaborateurs, en passant par les managers.

Il est aussi fondamental d'accompagner l'ensemble des acteurs dans ce parcours, de la prise de conscience à la pleine maîtrise et à la valorisation des nouveaux usages digitaux. Le rôle de la DRH sera ainsi d'évangéliser le comité exécutif et de lui faire comprendre les enjeux de la transformation, de former et rassurer les managers et middle managers, et enfin d'identifier les pratiques émergentes à retenir de l'ensemble des collaborateurs et de les former à un socle commun de connaissances digitales. Ce socle commun devra être complété par des compétences propres à chaque métier, mais aussi par des compétences qui permettront aux différents métiers de mieux se comprendre pour mieux collaborer.

La transformation digitale nécessite donc surtout un changement de posture de l'entreprise face à la gestion de la compétence et des connaissances. Pour y parvenir, il est nécessaire de mettre en œuvre un programme d'acculturation digitale au niveau du groupe ou de l'entreprise entière. Ce programme doit être composé d'actions de formations classiques, mais aussi de dispositifs exceptionnels qui permettent d'engager la globalité de l'entreprise autour de la mission commune du digital.

Le déploiement des opérations de ce programme, en termes de périmètre temporel, humain, financier et matériel, est contenu dans le plan de transformation digitale. Ce document doit être signé et porté par le comité de direction de l'entreprise mais doit aussi être élaboré de façon collaborative par les différentes fonctions de l'entreprise. Cette élaboration commune permet d'assurer un alignement des actions de la transformation dans un souci de cohérence entre la digitalisation externe (relation avec les clients et candidats notamment) et la digitalisation interne de l'entreprise (relation avec les collaborateurs).

Au-delà de cette mise en cohérence, la réussite des actions prévues par l'entreprise dans son plan de transformation digitale dépend de trois facteurs clés :

- la personnalisation des actions, qui doivent être déployées auprès de la bonne cible ;
- la maîtrise du temps, avec un déploiement des actions au bon moment ;
- l'infrastructure, qui permet d'assurer un déploiement sur le bon canal.

Pour définir ces trois facteurs, il est essentiel pour les DRH d'identifier les usages de chaque population et de trouver comment les actions de transformation digitale peuvent s'y adapter. Aucune transformation digitale ne peut donc être effectuée uniquement avec des décisions venant du sommet. Au contraire, les actions choisies dans le cadre de la transformation dépendent fortement des managers et des populations opérationnelles de l'entreprise et doivent correspondre à leurs usages pour être mieux acceptées. La DRH devient ainsi, dans la transformation digitale, la courroie de transmission entre le comité de direction et les managers et collaborateurs. Elle fait l'inventaire des pratiques des managers et collaborateurs pour identifier les plus importantes, comprendre leurs enjeux et les rendre facilement compréhensibles par les membres du comité de direction afin qu'ils prennent les décisions adéquates quant aux futurs investissements et à la stratégie de l'entreprise. À nouveau, la DRH intervient pour transmettre clairement ces décisions et définir la stratégie aux managers et collaborateurs.

La transformation digitale, comme les transformations précédentes de l'entreprise, donnent donc à la DRH un rôle essentiel de facilitateur et de catalyseur de la transformation, à travers la transmission de la stratégie et des initiatives, mais aussi à travers la mise en place de nouveaux processus et méthodes de travail.

CHAPITRE 3

Les changements à mettre en œuvre dans la politique RH

Aujourd'hui nous recevons trois éducations différentes ou contraires : celle de nos pères, celle de nos maîtres, celle du monde. Ce qu'on nous dit dans la dernière renverse toutes les idées des premières. – Montesquieu, *De l'esprit des lois*

Après avoir tracé les grandes lignes des paradigmes digitaux et cadré une vision de l'entreprise digitale et de son organisation, il est temps de se concentrer sur le travail opérationnel des professionnels des ressources humaines.

Comme nous avons pu le constater, le digital a ouvert la porte à une refonte des méthodologies et des modèles de pensées et d'organisation au sein de l'entreprise. En tant que copilote ou accompagnant dans cette transformation, les services RH ont été particulièrement touchés, dans certains rôles plus que dans d'autres. Et bien que les relations sociales, les salaires et avantages, ou encore la gestion de la paie et les plans de succession soient des processus clés dans un département RH cohérent, les usages digitaux y restent encore embryonnaires ou discrets.

Loin de couvrir tous les segments et processus propres à la fonction (recrutement, mobilité, administration, formation, analyses, etc.), notre volonté est de détailler trois segments RH qui nous semblent primordiaux et directement impactés par ce tsunami digital :

- Le recrutement – l'acquisition des talents – dans lequel nous inclurons les points relatifs à la marque employeur.
- L'expérience collaborateur, qui touchera l'*onboarding*, une partie de la diversité et l'engagement des collaborateurs.
- La gestion de l'apprentissage et de la formation, segment qui est essentiel à cette propagation et cette transformation digitales.

Notre but n'est pas d'être exhaustifs sur ces processus mais de donner un contexte et surtout de laisser la parole à des professionnels RH qui partagent leurs solutions et leurs retours d'expérience sur des problématiques qu'ils rencontrent au quotidien. Des exemples issus d'autres domaines ou entreprises étrangères viendront enrichir les différents concepts abordés.

La *talent acquisition*

Le digital a profondément impacté le rapport de l'entreprise avec les clients en modifiant leurs attentes, leurs capacités à s'exprimer et en faisant passer la communication d'une dynamique top-down à une dynamique plaçant l'entreprise et le client sur le même plan. De la même façon, avec le digital, les ressources humaines rentrent en contact direct avec les candidats – en tant que clients externes. Les deux parties sont sur un pied d'égalité et, de ce fait, le candidat a de plus en plus de pouvoir. Il y a quelques années encore, le candidat postulait à une annonce en ayant difficilement la possibilité de se renseigner sur l'entreprise, et dès qu'il entrait en poste, l'entreprise savait qu'il resterait de nombreuses années, profitant de la mobilité interne et des promotions.

Tout cela a bien changé.

Les entreprises ont commencé à poster des offres d'emploi sur leur propre site. Internet a donc rendu les offres d'emploi accessibles au plus grand nombre, mais a aussi obligé les entreprises à être plus transparentes. Comme cela a été évoqué précédemment, les directions des ressources humaines ont dû elles aussi s'adapter à cette transparence. On peut construire la marque employeur en partageant les points forts de l'entreprise par le biais de témoignages de collaborateurs, de vidéos dévoilant le quotidien de l'entreprise, des canaux qui deviennent un puissant vecteur d'attraction des talents.

En parallèle, les réseaux sociaux ont changé le rapport du recruteur avec son vivier de talents. D'une part, ils peuvent échanger plus facilement. D'autre part, la présence de millions de professionnels sur des réseaux comme LinkedIn permet aux recruteurs d'entrer en contact avec des candidats passifs aux profils rares avec des compétences techniques et technologiques de plus en plus indispensables, du fait de la montée du digital. Parce que ces nouveaux profils sont pénuriques et que les entreprises se les arrachent, les candidats restent moins longtemps au sein d'une même entreprise. En général, ils changent de poste au bout de deux ou trois ans. Le digital a ainsi déclenché une véritable guerre des talents, qui exige des recruteurs d'anticiper de plus en plus leurs besoins en compétences et de trouver des méthodes de plus en plus efficaces pour atteindre les candidats.

Pour expliquer ce nouveau phénomène, voici la vision de Frédérique Scavennec, VP Global Talent Acquisition chez L'Oréal et recruteuse aguerrie quant à l'impact du digital sur le rapport entre les candidats et les recruteurs.

Comment le digital a-t-il changé le rapport entre les recruteurs et les candidats ?

Ces changements de rapport s'articulent sur deux axes :

1. Une relation beaucoup plus directe et plus informelle. Les candidats peuvent communiquer avec les décideurs, notamment via LinkedIn. Pour ma part, je réponds sous une semaine aux candidats qui m'adressent directement leur CV parce que cela fait partie de l'expérience candidat.

2. Un accès direct à l'information sur l'entreprise par les candidats. Ces derniers attendent donc de l'entreprise moins de réserve et de formalisme, et plus d'authenticité.

Le digital rééquilibre aussi la balance des pouvoirs entre les recruteurs et les candidats, qui peuvent faire part de leur expérience en ligne sur des sites comme Glassdoor. Si on choisit nos candidats, nos candidats doivent aussi choisir L'Oréal. Cela nous pousse à être toujours plus exigeants dans le respect du candidat, dans notre approche de son parcours et à plus d'honnêteté. On ne peut plus survendre l'entreprise ; l'authenticité est devenue indispensable.

Les métiers de l'entreprise ont changé

Data scientist, social media manager, web designer… Avec l'arrivée du digital, de nombreux métiers ont vu le jour ; inévitablement, ces nouveaux talents ont changé un bon nombre de processus en matière de ressources humaines et de GPEC[1]. Mais ils ne sont pas le seul signe de la digitalisation de l'entreprise ; nous avons vu dans la partie 2 que tous les métiers de l'entreprise deviennent digitaux, ce qui pousse l'entreprise à recruter des profils différents sur des postes qui existaient déjà.

Frédérique Scavennec, de L'Oréal, a accepté de répondre à nos questions sur l'apparition de ces nouveaux métiers digitaux et les enjeux de la digitalisation des métiers traditionnels au sein de l'entreprise.

Quels sont les nouveaux métiers liés au digital dans l'entreprise ?

Je pense que le digital impacte tous les métiers de l'entreprise. Cela va du sourceur de talents au data scientist. Plus largement, les métiers liés à l'e-commerce ou au CRM, qui n'existaient pas il y a quelques années, sont aujourd'hui au cœur de la transformation. Néanmoins, il n'y a pas que ces nouveaux métiers et nous devons surtout intégrer la composante digitale dans chacun des métiers plus traditionnels de l'entreprise. Ainsi, lors des recrutements, il faut s'assurer que les candidats ont un profil digital ou qu'ils peuvent être formés une fois arrivés dans l'entreprise.

Comment gérez-vous ces nouveaux métiers liés au digital ?

L'intégration de ces nouveaux profils est compliquée et simple à la fois. Si ce qui est nouveau peut faire peur, tout cela n'est qu'une question de curiosité et d'envie d'apprendre de ces nouveaux venus. Les questions à se poser sont les mêmes que pour le recrutement de tout nouveau métier dans l'entreprise : comment comprenons-nous ces nouveaux métiers ? Qu'apportent-ils au business ? Où les candidats nous attendent-il ? De quelle façon atteignent-ils leurs objectifs ? Avant tout, il s'agit de s'assurer que ces nouveaux entrants ont les compétences recherchées, mais également qu'ils partagent les valeurs de L'Oréal. Il n'y a pas d'autre problématique majeure d'intégration, à part un éventuel choc des générations.

La nouvelle dynamique candidat-recruteur

> *La guerre des talents est terminée, les talents ont gagné.* – Frédérique Scavennec, VP Global Talent Acquisition, L'Oréal

1. Gestion prévisionnelle de l'emploi et des compétences.

> *Si vous connaissez vos ennemis et que vous vous connaissez vous-même, mille batailles ne pourront venir à bout de vous. Si vous ne connaissez pas vos ennemis mais que vous vous connaissez vous-même, vous en perdrez une sur deux. Si vous ne connaissez ni votre ennemi ni vous-même, chacune sera un grand danger.* – Sun Tzu, *L'Art de la guerre*

La structure des directions des ressources humaines doit être repensée pour s'adapter aux attentes des nouvelles générations. Au sein de la DRH, c'est bien évidemment le profil des recruteurs qui doit changer pour répondre aux enjeux du *talent acquisition*. Comment ces derniers peuvent-ils faire face à des profils qu'ils ne comprennent pas toujours ? Quels sont les leviers d'attractivité et d'acquisition qu'ils peuvent mettre en place pour dénicher leur perle rare ? Alors que le phénomène de guerre des talents connaît un regain d'intensité, principalement pour les talents digitaux, comment doit évoluer le rôle des recruteurs ?

Le rôle des recruteurs change : leur posture, leur compréhension du marché et des tendances, leurs usages des outils digitaux sont en pleine mutation. Pour comprendre ce phénomène, nous avons demandé à deux profils à la fois différents et complémentaires de partager leurs expériences et leurs réflexions : Audrey Quievreux, Head of Talent Acquisition chez Deezer, le site de musique en ligne, et Céline Lappas, responsable RH au sein du groupe LVMH, auparavant HR Business Partner chez Danone.

Comment qualifier le recruteur d'aujourd'hui ?

AQ : Business developer, community manager, communicant… Mais de quoi parle-t-on ? On parle d'une nouvelle typologie de recruteurs. Il est loin le temps où le recruteur se contentait de trier des CV et d'organiser des entretiens. Aujourd'hui, son quotidien est un parcours semé d'enjeux, il est devenu multitâche :

1. Le recruteur devient *business developer*. Pourquoi ? Parce qu'aujourd'hui, dans un environnement comme celui de Deezer – ultra concurrentiel, avec de nombreuses start-up et des challenges techniques tous plus intéressants les uns que les autres –, il faut convaincre les talents de venir chez vous… Il s'agit donc bien de vendre et promouvoir un job !

2. Le recruteur devient un communicant et un social media manager. Il doit être capable de générer des échanges avec son audience (fans, followers…), construire un lien avec elle, avoir de l'influence et créer de l'engagement ! Enfin, dans une logique de construction d'attractivité de la marque employeur, il faut être créatif et se différencier. Sur Twitter, le recruteur doit savoir quels influenceurs suivre et se soucier de sa propre influence.

Dans un contexte d'incertitude et de précarité, les salariés en poste peuvent être plus réticents à prendre le risque de quitter une entreprise et les jeunes diplômés cherchent pour beaucoup la sécurité qu'apporte un grand groupe, bien que bon nombre d'entre eux s'intéresse de plus en plus aux structures plus petites et plus agiles. Le recruteur devient alors un communicant qui apprend à *vendre* une marque employeur afin de rendre son entreprise la plus attractive possible.

Il doit également appréhender l'utilisation des nouvelles technologies et devient alors sourceur. Les nouvelles technologies lui permettant d'être plus proactif et rapide, en particulier pour la recherche de candidats ayant des compétences très ciblées.

Enfin, le recruteur fait face à un contexte législatif qui se durcit, notamment en termes de discrimination à l'embauche. Il doit non seulement de plus en plus prouver qu'il n'a pas de pratiques de recrutement discriminantes mais également être capable de favoriser la mixité dans l'entreprise et de diversifier les profils des salariés (genre, âge, nationalité, origine sociale et géographique...).

Pour résumer, le recruteur doit adopter une vision, sentir les tendances, l'évolution des métiers et des outils car son quotidien s'en trouve fondamentalement impacté, notamment à travers la nécessité d'appréhender l'arrivée des nouvelles expertises en constituant en amont des viviers de talents.

Comment les recruteurs peuvent-ils s'adapter à leur nouveau rôle ?

CL : Parce qu'il est le premier lien privilégié entre l'externe et l'interne, entre les candidats et les salariés d'une société, le recruteur est en quelque sorte une passerelle entre le futur et le présent de l'entreprise.

Il doit être visionnaire afin de détecter et comprendre les compétences qui émergent et dont l'entreprise aura besoin (quelles formations, secteurs d'activité, entreprises concurrentes, etc.). La curiosité et la pro-activité sont devenues des compétences clés pour un recruteur. Il doit ainsi savoir se constituer et animer un réseau au sein de l'entreprise tout comme en externe. Le réseau interne lui permet de rester proche des collaborateurs, de comprendre leur quotidien mais aussi les enjeux stratégiques et les évolutions à venir. Il lui permet également de s'appuyer sur des salariés qui ont eux-mêmes un réseau de personnes évoluant souvent dans le même domaine qu'eux (anciens camarades de promotions, anciens collaborateurs ou collègues, rencontres lors de formations, séminaires...) et sur lequel il pourra s'appuyer pour recruter. Enfin, son réseau externe (salariés en poste, RH d'autres entreprises, responsables des relations écoles) lui permet de rester informé des évolutions des métiers, des compétences, des formations, et même de solliciter des partenariats avec certaines écoles qui peuvent être des façons originales et efficaces pour détecter de futurs collaborateurs.

AQ : Le recruteur est aujourd'hui un chasseur, un *head hunter*, il fait de la *talent acquisition*, doit chercher les candidats là où ils se trouvent. Pour les profils technologiques, ça sera dans les *meet-up*[1] ou des hackathons. Un recruteur a donc besoin d'une bonne compréhension des métiers et des managers. Le fait d'avoir été à la place de ces managers avant de faire du recrutement est pour moi un atout précieux.

Le recruteur doit aussi s'adapter aux réseaux sociaux. LinkedIn est la première étape, mais il faut se demander où sont les candidats qui correspondent au profil recherché. Le recruteur d'aujourd'hui est donc aussi un early adopter qui sait où trouver les candidats, ce qu'ils veulent et comment leur parler. Plus qu'avant, le recruteur doit être proche de la réalité du marché, du terrain, être présent sur les salons pour mieux comprendre les candidats.

1. Réunion informelle de personnes aux centres d'intérêt communs.

Quel est le risque si on n'évolue pas ?

CL : Le risque de passer à côté de toutes ces évolutions est de rester un recruteur réactif et non proactif, un recruteur qui serait uniquement dans la recherche d'un profil à un instant T, qui répondrait au brief d'un manager sans être capable de le challenger et de l'avoir anticipé. Et qui pourrait aussi recevoir un grand nombre de candidatures non qualifiées s'il n'a pas pris le temps d'établir une réelle stratégie de sourcing, consistant à identifier les bons job boards[1], faire appel au réseau des salariés, s'appuyer sur un solide vivier de candidatures mis à jour en temps réel.

AQ : Le risque, c'est la marginalisation et la perte de talents, de temps, d'argent, de pertinence. Si le recruteur se dit que c'est lui qui décide et ignore le contexte et les besoins de ses candidats, il n'arrivera pas à recruter les bons éléments. Il est indispensable d'adopter un discours qui permette d'attirer le bon candidat au bon moment et à la bonne place.

Comment vivez-vous cette transformation du rôle du recruteur ?

CL : Cette transformation est réellement positive et va dans le bon sens pour le futur de la fonction RH. Pour toutes les raisons que nous venons d'évoquer, le recruteur occupe de plus en plus un rôle stratégique. Cela veut aussi dire que son métier devient plus complexe et que l'entreprise va être plus exigeante avec lui. En plus des compétences de recrutement (analyser un CV, mener un entretien d'embauche…), il faut qu'il ait une appétence pour les nouvelles technologies, qu'il sache utiliser et analyser un grand nombre de données (délais de recrutement, origine des candidatures…) pour sans cesse optimiser son sourcing et surtout pour rester proche des équipes, en véritable bras droit des directeurs de département.

AQ : Je n'ai pas vraiment vécu de transformation, j'ai toujours fait du recrutement avec les contraintes actuelles. Je n'ai pu que faire le constat d'agilité et d'adaptabilité.

Qu'est-ce qu'un bon recruteur aujourd'hui ?

CL : Un bon recruteur est un community manager interne et externe. Il doit animer son réseau interne de salariés, sur lesquels il pourra s'appuyer pour faire du sourcing ciblé et qualitatif, mais peut aussi être amené à prendre la parole sur des réseaux sociaux externes à l'entreprise dans le but de développer la marque employeur et l'attractivité de sa société. Il doit donc savoir utiliser le maximum de données à sa disposition pour analyser et sans cesse améliorer sa stratégie de sourcing. Il devient être ainsi une sorte de data scientist.

Enfin, nous pouvons également dire qu'un bon recruteur aujourd'hui est un recruteur-organisateur, c'est-à-dire un recruteur capable de réfléchir à l'organisation d'un département, d'une équipe, de l'influencer et donc de se positionner en réel *business partner* et non en simple prestataire de recrutement.

AQ : Un bon recruteur doit avoir une sensibilité de veille, identifier les métiers dont l'entreprise aura besoin demain, débusquer les talents qui combleront ces attentes. Parfois, il s'agit de créer un job sur-mesure pour un talent à haute valeur ajoutée. Le recruteur doit ainsi avoir une vision à long terme et comprendre les problématiques de l'entreprise et des managers. Une forme de souplesse face à l'urgence lui est ainsi indispensable.

1. Site Internet qui affiche des offres d'emploi.

Quelles sont désormais les attentes des candidats vis-à-vis des entreprises, donc des recruteurs, en termes d'expérience de recrutement ?

CL : L'émergence des réseaux sociaux a profondément changé l'accès à l'information des candidats sur les entreprises. La transparence semble être devenue le mot d'ordre et les discours corporate trop lisses sont à bannir pour les candidats. De plus en plus habitués aux modes de communication instantanée, les candidats sont en attente d'informations régulières et rapides sur les différentes étapes de leurs candidatures. L'absence de réponse à une candidature peut être très mal perçue, au risque pour l'entreprise de se voir « blacklistée » pour de futures candidatures ou, pire, pour de futurs achats si l'entreprise produit des biens de grande consommation ou offre des services aux particuliers.

AQ : Le candidat attend du recruteur une vision précise à la fois de l'entreprise, du poste pour lequel il recrute, et de ce qu'il peut précisément apporter à l'entreprise. Le recruteur doit pouvoir parler des compétences attendues et développées, du quotidien dans l'équipe, dans le poste, et du parcours possible au sein de l'entreprise. Ces informations factuelles font chez nous l'objet d'entretiens téléphoniques très structurés qui permettent de faire un premier tri des candidats. La rencontre physique est ainsi consacrée à un entretien informel avec le candidat, au cours duquel il s'agit de créer un lien, de voir si le candidat peut être heureux dans l'entreprise, ce qui est indispensable à la productivité. Pour s'assurer que le candidat est bien celui que nous cherchons, notamment pour les profils techniques, nous le faisons passer par plusieurs étapes, avec des épreuves qui font appel à sa créativité et à son audace. Et, qu'il soit retenu ou non, nous communiquons avec lui à la fin du processus, nous le suivons et lui faisons un retour constructif. Cela lui permet de rebondir, de remettre le processus en perspective, et de s'enrichir.

La digitalisation des recrutements a rendu considérablement plus efficientes les démarches en termes de ressources humaines et offre une plus grande liberté aux candidats potentiels. Julien Cotte, responsable du développement des talents et des organisations à l'Institut Pasteur, décrit la manière dont l'entreprise peut profiter de cette simplification dans le processus de recrutement.

Comment le digital peut-il aider à simplifier les processus de recrutement pour les candidats ?

Le candidat peut aujourd'hui découvrir de nombreuses informations sur l'entreprise qu'il cible dans sa recherche. Il y a le site institutionnel de l'entreprise, le fil Twitter, la page Facebook… Il peut trouver très facilement des salariés avec qui dialoguer, poser directement des questions aux recruteurs et trouver de nombreuses informations sur le processus de recrutement. Il est donc évident que le digital transforme la manière de postuler des candidats. Un des exemples les plus probants de l'impact de la digitalisation du processus de recrutement est certainement le fait de pouvoir postuler directement via un mobile. La technologie oblige à simplifier au maximum le processus. Est-ce une bonne chose ? En apparence oui, car le candidat peut postuler très vite et s'éviter dans certains cas la création d'un long profil en ligne sur l'outil de recrutement de l'entreprise. Malgré tout, je suis persuadé que cela peut avoir un effet pervers : le candidat a de plus en plus tendance à envoyer des candidatures trop vite, sans vraiment prendre le temps de se renseigner pour sélectionner l'entreprise et enrichir son acte de candidature.

Quoi qu'il en soit, le digital ouvre des pistes de réflexion qui poussent les entreprises à simplifier et à proposer des pratiques de recrutement et de candidatures innovantes.

Comment le digital peut-il aider à simplifier les processus de recrutement ?

Nous sommes passés d'un métier de publication passive d'annonces à un métier proactif de recherche et de conviction. Comment trouver le bon candidat avant nos concurrents et comment lui présenter notre entreprise et l'opportunité pour lui d'y travailler le plus rapidement et efficacement possible ? Le recruteur en entreprise d'aujourd'hui est clairement devenu un stratège de la recherche sur les réseaux sociaux. Certes, cela lui complexifie la tâche, mais l'oblige aussi à pousser encore plus vers une simplification en interne. Il faut du temps pour chercher le bon candidat. Les équipes de recrutement ont donc besoin d'outils de recrutement internes simples et efficaces pour ne pas être limitées dans leurs actions. C'est un des effets de la digitalisation du recrutement.

Comment fédérer en interne autour de nouvelles méthodes de recrutement ?

Comme dans tout accompagnement du changement, il est primordial de pouvoir expliquer l'objectif que l'on se fixe, de donner du sens à la démarche et enfin de montrer les avantages à déployer de nouvelles méthodes. Le principal frein au changement est très souvent l'envie. Si personne n'a envie d'évoluer, de changer ses habitudes, rien ne se passera. Pour susciter l'envie, il faut dialoguer, expliquer, écouter les remarques ou les craintes et donner du sens, donner du sens et encore du sens. Il faut bien comprendre que le digital a un côté magique – car nouveau –, mais il n'en est pas moins effrayant – car inconnu – pour certains. Il faut donc l'apprivoiser et le comprendre. Tout DRH qui veut mettre en œuvre de nouvelles méthodes de recrutement devra expliquer pourquoi ce changement intervient et quel en sera le bénéfice pour les équipes, pour l'entreprise et les candidats. Je pense qu'il est important de former les équipes car il est essentiel que chaque recruteur se sente épaulé dans cette aventure. Dès lors que ces étapes seront respectées, une bonne partie des équipes arrivera à avancer.

Quel est le ROI financier et humain du recrutement social par rapport aux job boards et aux cabinets de recrutement ?

Les bénéfices des retours sur investissement ne sont plus à prouver. Au-delà du ROI financier, il y a un ROI humain. Lorsqu'une équipe évolue à l'aide des outils digitaux, elle devient plus soudée autour d'un projet commun, il y a une certaine fierté de réussite qui en émerge et cela se ressent sur le recrutement. Les délais peuvent être raccourcis car les recruteurs sont plus mobilisés et motivés pour avancer. Le ROI financier est également très simple à défendre. En effet, les job boards ou les cabinets de recrutement peuvent parfois engendrer des frais très élevés. Le digital, même s'il n'est pas totalement gratuit, permet de réduire grandement ses dépenses. Lorsque les équipes sont formées et qu'elles utilisent un outil de recrutement simple et efficace, le rendement est supérieur, les coûts sont maîtrisés car il n'est plus nécessaire de publier une annonce pour chaque offre, par exemple.

Bien entendu, dans le cas d'une stratégie de recrutement, il est toujours bon de pouvoir utiliser tous les outils à disposition, mais il est également très important de savoir utiliser son budget là où il est le plus utile et efficace. Un très bon recruteur interne qui connaît les mécanismes du digital sera bien plus efficace qu'un job board ou un cabinet de recrutement car il défendra son entreprise, il parlera du poste avec plus d'entrain et sera d'autant plus fier d'être reconnu en interne comme étant la personne qui a permis de réaliser un très bon recrutement à moindre coût et dans des délais satisfaisants.

Quelles sont les expériences de recrutement innovantes que vous considérez comme les plus efficientes et efficaces ?

Je trouve tout le *social recruiting* particulièrement intéressant. En effet, de plus en plus d'entreprises demandent directement à leurs salariés de faire le tour de leur réseau pour trouver de nouvelles compétences. Le sujet de la cooptation n'est pas nouveau et peut paraître parfois mener au recrutement de profils peu diversifiés, mais il est la preuve que les entreprises misent de plus en plus sur leurs propres salariés pour recruter. Est-ce une marque de confiance ? Une manière de contourner les processus de recrutement dits classiques ? Cela dépend des entreprises, mais j'y vois un effet de socialisation du recrutement tout à fait passionnant. De même, certaines entreprises utilisent des ambassadeurs de leur marque employeur. C'est une nouvelle fois un bon moyen de miser sur les salariés de l'entreprise pour promouvoir la marque employeur et attirer des candidats que certains recruteurs n'auraient pas pu atteindre. Un candidat qui reçoit un mail ou un appel d'un ancien membre de son école aura plus de facilité à répondre que si c'était un recruteur. Ces pratiques fonctionnent au quotidien mais ne sont pas toujours bien exploitées ni coordonnées. Par ailleurs, cela peut mettre à défaut les équipes RH qui peuvent se sentir mises de côté alors que le recrutement fait partie de leurs prérogatives. Cela a le mérite de reposer la question de la responsabilité du sujet et exige des RH qu'ils changent de point de vue et innovent pour accompagner le *social recruiting*. Je suis persuadé que lorsque les RH auront réussi à s'emparer du digital et à être de véritables partenaires des équipes sur le recrutement digital, l'entreprise aura réussi à déployer une stratégie de recrutement efficace.

L'impact de la marque employeur

> *Si je désire quelque chose avec ardeur, c'est d'avoir des gens savants et habiles autour du moi. Je ne crois pas que ce soient des soins perdus que ceux qu'on emploie à les attirer : c'est un hommage qui est dû à leur mérite, et c'est un aveu du besoin que l'on a d'être éclairé par leurs lumières.* – Correspondance de Voltaire avec le roi Frédéric II de Prusse

La marque employeur correspond à l'ensemble des stratégies de communication mises en place pour renforcer l'attractivité d'une entreprise sur le marché du travail.

Avec l'avènement du digital, chaque collaborateur diffuse du contenu : il peut donner son avis, commenter, interagir sur son entreprise et ce, sans approbation préalable de cette dernière. Chacun participe ainsi à l'image que renvoie l'entreprise en termes de marque employeur. Les échanges avec les collaborateurs doivent donc être plus rapides, plus fréquents et surtout plus transparents ; ainsi, on s'assure d'une cohérence de marque employeur et on bénéficie de la puissance d'un réseau de propagation composé de chaque collaborateur-ambassadeur, qui crée une communication plus directe et moins institutionnelle.

Avec l'avènement du digital, les enjeux liés à la marque employeur évoluent. En effet, les réseaux sociaux incarnent aujourd'hui une opportunité formidable pour construire une image de marque employeur. Les ressources humaines jouent un rôle majeur dans ce changement car leur rôle est d'impliquer les collaborateurs dans une stratégie globale d'image de marque et de faire en sorte qu'ils deviennent de réels ambassadeurs de l'entreprise.

La marque employeur, au-delà de l'enjeu de recrutement à proprement parler, représente un enjeu de performance économique. En effet, comme l'a montré une étude réalisée en avril 2013 par LinkedIn et le cabinet Lippincott[1], la performance économique de l'entreprise n'est pas seulement liée à sa marque produit. D'une part, la marque employeur d'une entreprise fait aujourd'hui partie des critères qui peuvent être discriminants lors de l'acte d'achat (les consommateurs peuvent se détourner d'une marque si ses mauvaises pratiques RH sont publiquement dénoncées). D'autre part, une marque employeur efficace permet d'attirer les meilleurs talents, plus productifs et plus créatifs, ce qui augmente mécaniquement la productivité de l'entreprise, donc sa performance économique.

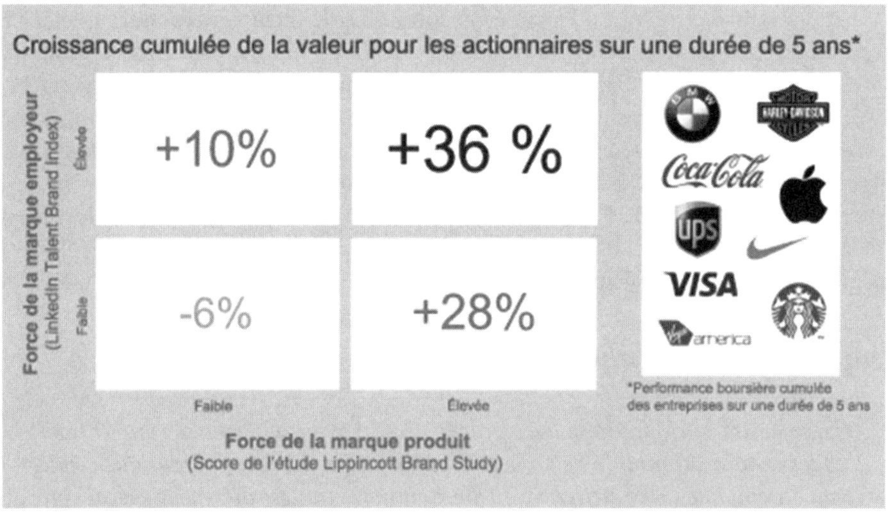

Pierre-Yves Le Lan, responsable de projets marketing stratégique à l'Apec, évoque le rôle que peuvent jouer le marketing RH et le digital dans la dynamisation de la marque employeur.

Pourquoi associer le marketing et les ressources humaines ?

Il n'est pas naturel pour tout le monde d'accoler les termes *marketing* et *RH*. Il faut retourner aux origines du marketing pour mieux comprendre cette nouvelle association.

1. http://lippincott.com/files/documents/news/perspective_Align_your_brand_LinkedIn_031914.pdf

Le marketing est apparu parce que les produits ayant la même utilité devenaient de plus en plus nombreux et que les marques devaient aider les clients à choisir leurs produits. La concurrence a favorisé l'émergence du marketing qui a eu et a toujours pour objectif de séduire les prospects et de fidéliser les clients.

Dans le contexte actuel, où la pénurie de certaines compétences clés devient un frein au développement de l'entreprise, le parallèle devient plus évident : le candidat est assimilé à un client et les mêmes techniques marketing doivent être utilisées pour séduire un candidat ou fidéliser des salariés.

Le marketing RH doit-il être rattaché au département marketing ou au département RH ?

Le marketing RH doit contribuer à la stratégie RH de l'entreprise et à cet effet, les ressources humaines doivent absolument s'emparer de ce sujet. Pour un département RH, c'est une incroyable opportunité de faire évoluer ses compétences en lien avec la dimension stratégique du recrutement. Le marketing RH, aussi appelé « marketing employeur » ou « communication RH », nécessite d'avoir une vision business dans laquelle toute action engagée nécessite un ROI. Cet aspect analytique permet aussi au département RH de montrer sa valeur et de reprendre une partie du pouvoir qui lui a trop longtemps été subtilisé.

Pour trouver le bon candidat, le marketing peut apporter des techniques de segmentation, de communication, d'acquisition ou de mesure de satisfaction, mais ces dernières doivent être intégrées dans les différentes étapes du process de recrutement.

Comment le digital a-t-il impacté le marketing RH ?

L'arrivée d'Internet a donné la possibilité aux entreprises de toucher de nouveaux clients et aux recruteurs de toucher de nouveaux candidats. Pour se différencier des sites Web de marque, les RH déploient de plus en plus des sites carrières où la marque employeur est mise à l'honneur.

Après avoir développé sa stratégie et son positionnement, comme tout responsable marketing, le responsable marketing RH dispose d'une palette de leviers Web marketing au service de son plan d'action. Pour mettre en avant les attributs de la marque employeur, il peut développer un site ou un onglet « Carrière » en y incorporant de la vidéo, un blog, de la géolocalisation ou les réseaux sociaux. Il doit aussi maîtriser les bases du référencement et du social media marketing afin de toucher la cible de candidats définie dans le plan marketing.

L'utilisation des leviers digitaux permet surtout aux ressources humaines de mesurer la performance de toutes les actions effectuées sur ces objets digitaux.

Quel profil l'entreprise doit-elle recruter pour ce type de poste ?

Si le marketing RH doit rester dans le giron du département RH, les compétences requises sont plutôt à chercher du côté du marketing. Selon la taille de votre entreprise et surtout vos volumes de recrutements, il n'est pas toujours nécessaire de chercher un poste à plein temps. Pour un poste à mi-temps, rapprochez-vous de votre département ou service marketing et repérez un chef de produit ayant déjà mis en place une stratégie marketing basée sur des leviers aussi bien offline que online. Le plus dur restera de négocier le mi-temps avec son manager !

Pour un temps plein, vous pouvez aussi vous tourner vers un recrutement externe. Recherchez plutôt un poste de chef de produit ou de responsable marketing travaillant dans le secteur des services. Il devra être *customer-focused* et capable de définir précisément les usages de consommation de sa cible, car il ne faut pas oublier qu'un candidat est un client comme un autre. Il est peut-être même déjà votre client… !

Nous avons interrogé Aurélien Boutaudou, chargé de marketing recrutement chez Accenture, afin d'en savoir un peu plus sur ce concept de marque employeur et sur les solutions qui existent pour inclure efficacement tous les collaborateurs dans une stratégie commune et cohérente.

Marque employeur et digital : comment allier authenticité et originalité ?

Tout d'abord, intéressons-nous aux mots : « authentique » (dont l'exactitude, la vérité, ne peut être contestée) et « original » (qui se distingue du commun, qui sort de l'ordinaire). Voilà deux adjectifs que l'on voit rarement associés aux RH. Comment les associer à votre marque employeur ? La réponse est simple : en vous inspirant de votre quotidien.

Le digital permet aujourd'hui de s'immerger dans la vie des célébrités ou les coulisses d'une émission de télévision. Pourquoi ne pas le faire pour la vie de votre entreprise ? Vous découvrirez que vos collaborateurs seront souvent partants pour partager leur quotidien. En effet, c'est une démarche qui leur permet de montrer leur talent et leur expertise ou tout simplement de présenter ce qu'ils font chaque jour. Baladez-vous dans vos bureaux, observez comment se déroulent les journées de vos salariés. Réfléchissez à la façon dont vous pouvez raconter l'histoire de votre entreprise, jour après jour. Pas besoin de dispositif de communication sophistiqué, commencez avec votre smartphone pour prendre des photos ou faire de courtes vidéos et voyez comment cela évolue.

Ce qui fait la marque employeur d'une entreprise, ce sont les gens qui y travaillent, leurs interactions, leurs projets. Et comme chaque individu est différent, chaque entreprise est différente. Alors maintenant, à vous de montrer votre différence, en toute simplicité.

Comment contribuer à l'adhésion interne ?

Les premiers messagers de votre marque employeur sont avant tout vos collaborateurs. Les discussions qu'ils peuvent avoir sur leur travail avec leur entourage sont un premier reflet de votre marque employeur, et cela a toujours été le cas. Mais aujourd'hui, la présence digitale de vos salariés peut amplifier l'impact de ces échanges et donner une nouvelle portée à vos messages. Mais comment les convaincre de parler de votre marque employeur ? En les encourageant à mettre en avant leurs talents, leur expertise. Un collaborateur qui partagera ses projets et ses réussites sur ses différents profils en ligne réussira non seulement à mieux se valoriser en tant que professionnel mais également à apporter de la visibilité aux métiers et aux problématiques qui peuvent exister au sein de votre structure. N'hésitez pas à les accompagner en leur fournissant des contenus visuels (photo de leur équipe, courte interview vidéo sur leur quotidien) qui seront faciles à partager.

Une fois le partage fait, suivez les interactions qui se font autour des posts de vos salariés (retweets, likes, partages). Vous pourrez peut-être alors identifier des personnes potentiellement intéressées par votre marque employeur. Vous pouvez également demander à vos salariés de rajouter, à la fin de leurs posts, un *call-to-action* afin de rediriger une partie du trafic généré par leurs messages vers vos pages ou comptes d'entreprise dédiés.

Ne sous-estimez jamais la puissance du réseau de vos collaborateurs. Ce n'est pas pour rien qu'année après année, les études de l'Apec en France ou de CareerXroads aux États-Unis classent la cooptation comme l'un des moyens de recrutement les plus efficaces pour les entreprises. À vous maintenant de l'utiliser avec intelligence.

Quelles sont les 7 prescriptions d'une marque employeur digitale réussie ?

1. **Respecter sa promesse :** votre promesse doit être le reflet parfait de l'expérience que vous proposez au quotidien à vos salariés. Si ce n'est pas le cas, vous vous exposez à des désillusions et tous vos efforts auront été vains.

2. **Définir sa cible :** ne succombez pas aux effets de mode. Étudiez en détail les habitudes digitales des populations que vous souhaitez attirer. Une fois que vous les avez déterminées, adoptez-les et allez à leur rencontre.

3. **Concevoir une stratégie :** une fois que vous avez déterminé ce que vous voulez dire et où vous voulez le dire, réfléchissez à comment vous allez mettre en place vos communications : format, périodicité, tonalité et ressources mobilisées.

4. **Passer à l'action rapidement :** n'attendez pas d'avoir le plan parfait pour vous lancer. Il sera toujours plus simple de réajuster votre stratégie en cours de route que de constamment attendre le moment idéal pour vous jeter à l'eau. « *Done is better than perfect.* »

5. **Analyser l'impact de ses actions :** c'est en mesurant les résultats de ce que vous faites que vos actions deviendront légitimes pour votre hiérarchie. Ce sera également un excellent moyen pour vous de faire le point sur ce qui fonctionne et ce qui ne fonctionne pas.

6. **Tester sans relâche :** si vous pensez avoir identifié un nouvel outil pour améliorer votre démarche digitale, n'attendez pas que vos concurrents vous montrent son efficacité. Mettez-le à l'essai. S'il ne fonctionne pas, abandonnez-le. S'il fonctionne, tant mieux pour vous !

7. **Se remettre en question continuellement :** votre marque employeur n'est pas statique. Comme votre entreprise, elle évolue au fil du temps. Prenez périodiquement le temps de faire un peu d'introspection afin d'éviter de créer un décalage entre votre promesse et la réalité du terrain.

Nous l'avons vu, le digital implique de se remettre régulièrement en question. Même si une entreprise bénéficie d'une grande notoriété, la rapidité avec laquelle les outils évoluent fait que les stratégies de recrutement et de marque employeur doivent être adaptées en permanence. Julien Cotte, responsable du développement des talents et des organisations à l'Institut Pasteur, explique la façon dont l'Institut Pasteur sort du lot pour faire face à la concurrence.

En tant que fondation à but non lucratif, pensez-vous avoir un avantage en termes de marque employeur ? Si oui, lequel ?

Nous avons la chance d'avoir un nom qui résonne tant au niveau national qu'au niveau international. Nous sommes un institut reconnu pour le nom de son fondateur mais également pour les 10 prix Nobel reçus par des chercheurs de renom. Nous avons donc en effet un avantage clairement identifié pour déployer notre marque employeur, mais ce n'est pas pour cela que nous devons nous reposer sur nos lauriers. Nous devons continuer à développer et promouvoir notre marque employeur pour rester au plus haut niveau.

Le fait d'être une fondation privée reconnue d'utilité publique nous apporte également un bel avantage car nous pouvons combler toutes les personnes qui veulent que leur travail ait un sens pour la collectivité. Peu d'entreprises peuvent à la fois être à la pointe de la recherche, de la technologie et en même temps proposer des missions d'intérêt public.

Nous possédons aussi l'avantage d'avoir au sein de notre entreprise de grands chercheurs qui publient très fréquemment dans de prestigieuses revues et sont cités régulièrement dans la presse quotidienne et spécialisée pour parler des avancées de la recherche. Nos ambassadeurs sont reconnus dans le monde entier et cela contribue énormément au déploiement de notre marque employeur. De même, de nombreux chercheurs donnent des cours dans des écoles renommées en France ou à l'étranger. Cela facilite la promotion de notre marque employeur auprès des jeunes qui s'intéressent à la recherche.

Notre objectif est de réussir à orchestrer toutes ces opportunités pour faire de notre stratégie de marque employeur la plus efficace possible pour répondre à nos enjeux stratégiques.

Comment recrutez-vous les profils non spécialisés dans la recherche, votre cœur de métier ?

Au sein de l'Institut Pasteur, chaque métier apporte son savoir et sa valeur ajoutée à la recherche. Des techniciens permettent aux laboratoires de fonctionner parfaitement, des assistantes d'équipes ont pour mission d'établir le lien social au sein des unités de recherche, et toutes les fonctions centrales telles que la finance, le juridique, les systèmes d'information, les ressources humaines, la sécurité et prévention des risques sont essentielles. Pour tous les profils que nous recrutons, nous avons établi une stratégie qui nous permet de savoir quel axe déployer en fonction du besoin. Par exemple, devons-nous recruter nous-mêmes ou passer par un partenaire ? Devons-nous travailler avec des écoles ou des universités ? Devons-nous mettre en place des tests en amont et pendant les recrutements pour renforcer notre exigence ? Il est évident que le digital nous aide au quotidien dans la chasse aux talents par le biais des réseaux professionnels tels que LinkedIn ou Viadeo, avec les recherches booléennes, mais également dans notre réflexion quant à nos projets futurs. Par exemple, devons-nous déployer de plus en plus de médias interactifs dans nos annonces ? Devons-nous utiliser de nouveaux outils tels que les Hangouts ?

Au-delà de ces considérations et réflexions, il est également important de rappeler qu'au final, le recrutement reste une rencontre entre un recruteur, un manager et un candidat. Les outils digitaux vont nous permettre de mieux sélectionner en amont, de dialoguer avec les candidats et ainsi de gagner du temps en ne rencontrant que ceux qui peuvent correspondre à nos attentes et à notre culture. Ils permettent également au candidat de mieux connaître l'entreprise, de dialoguer avec des salariés ou des recruteurs avant son entretien. La relation candidat-employeur est donc en pleine évolution.

Qui sont vos concurrents dans la guerre des talents : les structures ayant des missions similaires à la vôtre ou l'ensemble des structures ?

Il est évident que nos principaux concurrents en recrutement sont les structures proches de la nôtre ou en tout cas avec des objectifs communs. Il s'agit des grands laboratoires pharmaceutiques mais également de start-up dans le domaine biomédical. En d'autres termes, l'ensemble de l'écosystème de la santé. La recherche évolue très rapidement et se digitalise également très fortement. Il suffit de regarder l'évolution de la bio-informatique pour s'apercevoir que nous ne concevons plus du tout la recherche de la même manière qu'avant.

Le big data est plus qu'une utilité pour nous car le traitement des données a toujours été une des clés de la recherche. Le digital nous permet de concevoir des outils plus puissants, de réaliser des calculs plus larges et plus rapidement. Il transforme le quotidien des chercheurs depuis quelques années. Un des effets de cette évolution est l'émergence de nouvelles structures qui viennent, par le biais de la technologie, se frotter aux grands instituts ou laboratoires de recherche. Cela peut être une opportunité pour nous lorsque nous réalisons des partenariats avec ces structures mais également une menace du point de vue du recrutement.

Quels sont les vecteurs digitaux cruciaux pour la marque employeur et pourquoi s'en emparer ?

Pour les outils digitaux comme pour tous les outils, il faut en identifier l'utilité pour servir nos enjeux. De notre côté, le digital vient s'inscrire dans un ensemble complet de déploiement de la marque employeur qui va de la notoriété de nos ambassadeurs à nos relations privilégiées avec les grandes universités et écoles en passant par la digitalisation de nos relations avec les futurs Pasteuriens. C'est pourquoi nous réfléchissons à un moyen pour remettre les choses à plat et voir quels canaux nous allons renforcer à l'avenir. La vidéo est par exemple un point essentiel. Nous sommes convaincus que l'image est un axe de développement pour présenter notre marque employeur. Un autre axe important est l'utilisation d'un outil international de recherche de candidats et de diffusion d'informations sur notre marque employeur. C'est notamment pour cela que nous travaillons de plus en plus sur LinkedIn.

Tous ces outils peuvent nous aider au quotidien à renforcer notre image de marque, mais aussi à aller plus loin. En effet, l'Institut Pasteur est connu et reconnu. Mais nous sommes connus pour une petite partie de notre activité (entre autre notre centre médical qui est expert dans les vaccinations internationales et apporte de nombreux conseils aux voyageurs) alors que nous sommes l'un des Instituts de recherche les plus polyvalents dans le domaine des sciences du vivant. Nous nous devons donc de faire connaître nos activités de recherche non seulement pour notre stratégie de *fundraising* (collecte de fonds), mais également pour notre stratégie RH. Le digital nous permet de partager nos savoirs, nos actions, notre raison d'être, d'échanger avec des candidats, de promouvoir nos opportunités d'embauche, de faire connaître notre centre d'enseignement...

Quels sont les trois conseils que vous pouvez donner aux responsables marque employeur ?

Pour pouvoir concevoir la bonne stratégie de marque employeur, il faut revenir à des fondamentaux, à savoir :

- Ne pas se précipiter sur les outils, car ils viennent à la fin. Il faut d'abord bien connaître son entreprise, ses enjeux stratégiques, ses avantages compétitifs et ses axes de développement. Il faut comprendre les salariés de son entreprise, comprendre l'écosystème dans lequel nous évoluons.
- Une fois les bases de la réflexion posées, il faut se fixer deux ou trois objectifs à atteindre à court, moyen et long terme. À mon sens, il faut avoir une vision globale et bien penser les étapes intermédiaires, qui consisteront notamment à trouver ses alliés en interne et influencer les leaders d'opinions. Ces étapes sont aussi importantes que de bien identifier l'axe de communication à déployer.
- Dès lors que le socle est solide, que les objectifs sont clairs et partagés, il faut être extrêmement rigoureux dans le déploiement du plan stratégique. Le responsable marque employeur doit utiliser tout son talent de chef de projet pour avancer, concevoir les outils nécessaires, les déployer, respecter les délais, les coûts et la qualité attendus. J'ai très souvent entendu que la stratégie se suffisait à elle-même et que si elle est bien pensée, elle finira par se déployer, quoi qu'il arrive. N'en croyez rien, il faut respecter toutes les étapes, à savoir : l'audit, la fixation des objectifs, la promotion de la stratégie et la réalisation du plan stratégique.

La marque employeur est diffusée aujourd'hui à travers de nombreux canaux de communication. Parmi eux, on trouve bien évidemment la page carrières d'une entreprise, sa présence sur les réseaux sociaux, mais aussi, comme l'a souligné Aurélien Boutaudou, les contenus créés par les collaborateurs de l'entreprise. Glassdoor est un site où les collaborateurs et les candidats ont le pouvoir. Ils peuvent y noter leur expérience, donner leur avis sur la vie au sein de l'entreprise ou les entretiens passés, indiquer leur salaire de façon anonyme. Ce concept s'inspire de la tendance de la notation, à la manière de Trip Advisor, Airbnb ou Uber. Joe Wiggins, Senior RP Manager Europe chez Glassdoor nous explique plus en détail les modalités de ce site et les avantages qu'il propose.

Qu'est-ce qui pousse les collaborateurs à laisser un avis sur leur entreprise sur Glassdoor ? Qu'ont-ils à y gagnent ?

Les gens adorent parler de leur travail. En laissant des avis et des informations sur les salaires ou les entretiens, ils construisent la communauté Glassdoor. Notre modèle est basé sur l'idée de « donner pour recevoir », ce qui signifie qu'il faut contribuer pour avoir un accès complet et illimité aux données.

Pensez-vous que la transparence imposée par des sites comme le vôtre influence les pratiques RH ?

La transparence au travail change déjà les ressources humaines, le recrutement et la marque employeur. Presque deux tiers (61 %) des candidats se méfient davantage des arguments avancés par les employeurs qu'en 2011, ce qui signifie que les entreprises ont besoin d'utiliser ce que leurs ambassadeurs – leurs collaborateurs – disent d'eux. Les notes et avis d'employés sont un outil puissant qui change la façon dont les gens cherchent du travail et dont les entreprises recrutent. Par exemple, les candidats qui postulent via Glassdoor sont mieux préparés que la moyenne, ce qui réduit le coût par recruteur.

Est-ce que l'avis laissé sur une entreprise peut réorienter la recherche d'emploi d'un candidat ?

Aujourd'hui, les candidats veulent plus que ce que l'employeur dit de lui-même. Ils veulent un avis de leurs pairs et de futurs collègues potentiels. 69 % des candidats déclarent qu'ils refuseraient un poste dans une entreprise qui a mauvaise réputation, même s'ils étaient chômeurs. Les retours et avis d'employés – anciens et actuels – sont la deuxième source en laquelle les candidats ont le plus confiance, après leur famille et leurs amis. On sait que les entreprises qui ont une marque employeur forte et une bonne réputation attirent les meilleurs talents.

Quels conseils donner aux entreprises qui ont des avis défavorables ou dissonants avec l'image et la marque employeur qu'elles cherchent à véhiculer ?

Tout d'abord, n'ayez pas peur des avis négatifs parce qu'ils peuvent vous aider à progresser. Ensuite, en tant qu'entreprise, répondez aux bonnes comme aux mauvaises critiques pour montrer que vous n'avez rien à cacher. 94 % des personnes en recherche d'emploi déclarent qu'elles sont plus susceptibles de postuler à une offre si elles voient que l'employeur prend soin de sa marque employeur, en partageant des informations sur la culture d'entreprise et l'environnement de travail et en répondant publiquement aux avis (ce qui améliore la vision que les collaborateurs ont de l'entreprise, pour 69 % d'entre eux). Enfin, encouragez les collaborateurs satisfaits à laisser des avis et raconter leur expérience si vous avez l'impression que votre réputation ne reflète pas votre marque employeur.

Au-delà de la partie job board, comment Glassdoor peut-il devenir un outil pour les professionnels des RH ?

Les entreprises peuvent utiliser les profils premium pour influencer, évaluer et convertir les candidats en recrutements qualifiés. Nous savons que les entreprises peuvent réduire de moitié le coût de chaque recrutement grâce à une marque employeur forte car c'est un ROI que l'on peut mesurer. Aucune autre plateforme n'influence le candidat à chaque étape du processus de recrutement, de la découverte de l'entreprise à la candidature, puis à l'entretien, de la proposition jusqu'au recrutement final. Glassdoor est un outil important pour les entreprises qui veulent promouvoir leur marque employeur pour influencer les candidats qui s'intéressent à eux.

L'identification des talents

Avec les millions de profils que les recruteurs peuvent sourcer et évaluer, les réseaux sociaux et le digital de manière générale ont considérablement modifié le processus d'identification des talents. Les recruteurs ne sont plus obligés d'attendre passivement de recevoir des CV. Mais ce n'est pas le seul avantage du digital ; celui-ci a transformé non seulement la diffusion des offres mais aussi l'utilisation de pratiques préexistantes, comme la cooptation et la recommandation de profils.

Forte d'une connaissance approfondie des enjeux d'identification dans un univers digital très compétitif, Audrey Quievreux, chez Deezer, nous éclaire de ses conseils sur la façon d'identifier des nouveaux talents grâce au digital.

Quelles sont les nouvelles stratégies d'identification des talents ?

Aujourd'hui, le candidat est polymorphe, surconnecté, en veille permanente, présent sur de nombreux réseaux sociaux. Il travaille son *personal branding* pour raconter sa propre histoire. Le recruteur dispose donc d'une matière dense et riche ainsi que de nombreux endroits pour aller chasser les candidats. Il doit donc maîtriser les terreaux fertiles que sont les espaces online et offline, porteurs de stratégies d'identification essentielles et complémentaires pour recruter.

Côté online, les réseaux sociaux sont des terrains de chasse exceptionnels (LinkedIn pour les profils marketing et business développement, Facebook et Pinterest pour les profils créatifs, Twitter pour les développeurs ingénieurs…). Prenons Twitter, par exemple. Tout l'enjeu consiste à identifier et créer un lien avec les communautés influentes, à suivre les bons comptes : l'école 42 (@42born2code) ou le VP Engineering de BlaBlaCar (@HappyKing), par exemple. L'objectif après est d'engager une conversation, de susciter l'intérêt et de se rencontrer… Pour approcher les ingénieurs, nous allons aussi sponsoriser des challenges de code en ligne comme CodinGame[1]. Côté offline, nous organisons des meet-up, des hackathons, des workshops et des conférences pour identifier les talents de demain.

Tout comme Audrey Quievreux, Lucie Girault, responsable RH à la Fnac, et Guillaume Rouzaud, HR Specialist chez Valeo, tirent profit au quotidien de la mutation des pratiques d'identification des talents. Voici leurs bonnes pratiques.

Comment les réseaux sociaux ont-ils changé l'approche du recrutement ?

LG : Les réseaux sociaux ont changé l'approche du recrutement pour l'ensemble des acteurs : les employeurs, les candidats, mais aussi les cabinets de recrutement. Grâce aux réseaux sociaux, les cabinets de recrutement bénéficient d'une banque de profils quasi illimitée, mondiale et surtout mise à jour automatiquement par les candidats. Les barrières de contact sont abolies et l'approche est désormais directe grâce aux messages privés ou à l'ajout de contacts.

À l'instar des cabinets de recrutement, les employeurs bénéficient en permanence d'un vivier de candidats constitué des abonnés de la page LinkedIn et du compte Twitter de l'entreprise. Cela permet de mesurer en temps réel son attractivité et de diffuser ses annonces et messages corporate à une population intéressée. Certaines entreprises vont même jusqu'à désigner des ambassadeurs, interlocuteurs internes que les candidats peuvent contacter afin d'en savoir plus sur l'entreprise et ses arcanes. C'est un média qui permet plus de proximité et d'interaction que le site carrières de l'entreprise.

Les candidats peuvent quant à eux y faire des recherches approfondies sur l'entreprise et son organisation, solliciter les recruteurs en direct avant ou après une candidature, demander une mise en relation ou une recommandation à l'un de leurs contacts.

1. Plateforme de serious game pour les développeurs. Les entreprises peuvent y sponsoriser des jeux qui portent sur des compétences choisies pour identifier les développeurs talentueux et leur proposer des entretiens.

GR : Les réseaux sociaux ont modifié la manière de recruter et d'être recruté de nombreuses façons. Ils offrent aux entreprises un accès large, instantané et simple à des millions de candidats potentiels, y compris, et c'est très important, à des candidats passifs. Par ailleurs, les réseaux sociaux permettent aux candidats de s'informer et de s'exprimer sur des employeurs avec plus de transparence tout en profitant d'algorithmes de recommandation d'offres toujours plus performants. Enfin, les réseaux sociaux professionnels ont rendu le recrutement plus social, c'est-à-dire plus humain. Les piles de CV reçus par courrier ou mail ont maintenant une histoire et un visage numérique... tout comme le recruteur qui sort de son anonymat pour s'afficher sur LinkedIn ou Viadeo. De la gestion de CV, nous évoluons vers de la gestion de relations candidats.

Quel est l'impact premier sur le sourcing des réseaux sociaux professionnels ?

LG : Les réseaux sociaux démultiplient les possibilités de sourcing, mais encore faut-il maîtriser les codes de ces nouveaux environnements. Un profil avenant et détaillé, des mises en relation ciblées, des participations pertinentes aux groupes et des publications fréquentes sont des prérequis pour un sourcing efficace.

La recherche de profils est l'une des fonctionnalités les plus développées sur les réseaux professionnels. Afin d'en obtenir des résultats probants, il convient de définir en amont les axes de recherche (poste, ancienneté, type d'entreprise, langues maîtrisées...) et de penser à inclure les critères ou mots-clés connexes afin de ne pas passer à côté de profils moins bien alimentés ou référencés.

Les réseaux sociaux professionnels permettent également de référencer ses contacts grâce à des étiquettes personnalisées (telles que « Achat », « DAF »...), ce qui permet de classer ses contacts en un clin d'œil et de faciliter le sourcing sur telle ou telle catégorie de contacts.

GR : Les réseaux sociaux professionnels ont rendu le sourcing plus accessible en mettant à disposition des utilisateurs une base de données de profils conséquente et des outils de tri particulièrement efficaces. Par ailleurs, les candidats sont plus réceptifs aux sollicitations d'autres professionnels, celles-ci étant fréquentes et acceptées sur les réseaux sociaux professionnels.

Le sourcing n'est donc plus une mission d'élite réservée aux chasseurs de tête et recruteurs expérimentés : de nouveaux professionnels s'y essayent désormais, aussi bien RH généralistes que responsables opérationnels, ces derniers s'appuyant sur la connaissance fine de leurs secteurs, métiers et besoins. Le sourcing pour tous donc ? Oui, mais à ce jeu-là, les recruteurs professionnels entendent garder un temps d'avance grâce à leur maîtrise très pointue de ce nouvel outil.

Avons-nous toujours besoin d'un CV papier ?

LG : Le CV papier en tant que tel et pour l'envoi postal d'une candidature n'est plus une nécessité. De nos jours, un CV peut être mis en ligne sur un site personnel, sur une plateforme de CV (comme la plateforme française DoYouBuzz), via un agrégateur de profils (comme le Français Aliaz ou l'Américain About.me) ou sur les réseaux sociaux (Viadeo, LinkedIn ou encore Xing). L'avantage de ces plateformes en ligne par rapport au CV papier est que l'on peut mettre à jour instantanément son CV.

La candidature n'a plus besoin d'être envoyée par courrier, elle peut parvenir au recruteur via un message électronique, une demande de contact ou l'envoi du lien vers le CV en ligne. De plus, de nombreux job boards ou même des sites carrières d'entreprise proposent désormais de connecter son profil en ligne à une candidature plutôt que de remplir les champs des formulaires et de fournir un CV et une lettre de motivation.

GR : Contrairement au CV papier, un profil sur un réseau social permet de partager avec le plus grand nombre des informations dynamiques, toujours à jour, quasi exhaustives et parfois plus fiables (difficile en effet de mentir quand collègues et anciens collègues ont accès à votre profil).

Pourtant, face au profil en ligne qui s'adresse à tous, le CV a l'avantage – quand il est bien utilisé – d'être unique et personnalisable à souhait : il met en valeur, pour chaque candidature, l'adéquation entre un parcours professionnel et un poste précis.

Un profil sur un réseau social permet donc une meilleure visibilité tandis qu'un CV traditionnel reste plus pertinent comme acte de candidature. Malgré tout, les candidats dictent la tendance et font tomber peu à peu la proportion de CV parmi les candidatures reçues sans que RH et responsables opérationnels n'y voient de problème.

Est-ce qu'une recommandation numérique vaut une recommandation physique ?

LG : La seule recommandation numérique des compétences n'équivaut pas à une recommandation physique. En effet, ce n'est qu'une recommandation partielle, de compétences auto-désignées par le recommandé, et c'est un usage encore mal établi parmi les utilisateurs des réseaux sociaux.

La recommandation physique consiste à recommander de manière unilatérale une personne (via notamment une lettre de recommandation, une mise en relation ou lors d'une prise de référence). Cette recommandation personnelle émane le plus souvent d'une sollicitation de la part du recommandé et, de fait, elle est unilatérale et souvent adressée à un seul destinataire.

La recommandation numérique, quant à elle, consiste soit à valider les compétences d'une personne sur les réseaux sociaux d'un simple clic, soit à écrire une recommandation sur le profil de la personne. Ces deux types de recommandation sont alors visibles par tout internaute visitant le profil en ligne de la personne. Ces recommandations peuvent être spontanées ou sollicitées. Il n'est pas rare non plus de voir des recommandations numériques réciproques (le recommandé recommandant à son tour celui qui le recommande), ce qui peut amener à questionner le bien-fondé et l'impartialité de la recommandation. En revanche, on peut estimer que la recommandation numérique équivaut à une recommandation physique lorsqu'elle n'est pas réciproque, qu'elle émane d'un supérieur et que celui-ci pourrait également recommander la personne par une recommandation physique.

GR : Les réseaux sociaux professionnels incitant leurs membres à se recommander les uns les autres, les recommandations – souvent courtes – y sont très nombreuses. Ont-elles pour autant moins de valeur ? Quelle que soit sa forme (une lettre, un court paragraphe, une compétence « likée »), une recommandation provenant d'une personne sans lien professionnel avec le candidat n'aura pas d'intérêt. À l'inverse, une recommandation émanant d'un ancien supérieur hiérarchique ou collègue, d'un client ou même d'un professeur pourra avoir de l'importance. La recommandation ne compte donc que si l'on peut vérifier de qui elle vient. Et c'est là un avantage des réseaux sociaux professionnels, puisqu'il devient possible de vérifier le parcours académique et professionnel de la personne qui recommande votre candidat. Un double contrôle de référence en quelque sorte !

Un autre dispositif d'identification et de recrutement largement utilisé est celui de la cooptation. Le digital n'a pas inventé la cooptation. Celle-ci a toujours existé, dans toutes les branches de métiers, de la filière bancaire à l'industrie en passant par les sociétés de services. En revanche, le digital a transformé le système de cooptation.

Du chargé de recherche au digital sourceur

Le chargé de recherche en recrutement existe depuis de nombreuses années, aussi bien dans les entreprises qu'en cabinet de recrutement. On faisait auparavant appel aux chargés de recherche pour leur impressionnant réseau qui leur permettait de garder un œil sur l'actualité d'un domaine d'activité, d'entrer facilement (et discrètement) en contact avec les bonnes personnes pour un poste donné, et d'identifier les leviers pour le convaincre de rejoindre une entreprise. Aujourd'hui, le métier a évolué et ceux qui chassent les talents ne les chassent plus seulement dans leur réseau, mais également parmi les millions de profils présents sur les réseaux sociaux. Les sourceurs doivent maîtriser la recherche avec les opérateurs booléens, les mots-clés et leurs synonymes. Ils doivent savoir manier l'art de l'approche par téléphone pour mieux exposer leur proposition au candidat et le convaincre d'accepter un entretien.

Sur les profils pénuriques et techniques, le travail du digital sourceur ne s'arrête pas aux réseaux sociaux grand public (LinkedIn, Viadeo, XING...). Il est aussi obligatoire d'être présent sur les plateformes spécialisées par communautés de métiers et compétences (GitHub pour les développeurs, Behance pour les graphistes...).

Le digital sourceur doit ainsi avoir aussi bien des compétences techniques qu'une très bonne connaissance du paysage des sites professionnels et d'excellentes compétences relationnelles. Ses qualités principales sont :

- La curiosité et l'appétit pour fouiller et rechercher, mais aussi une envie d'apprendre sans cesse (en lisant par exemple les nouveautés sur le sourcing et sur les métiers techniques).
- La capacité à approcher les candidats, quel que soit le moyen utilisé et notamment la faculté d'influence.
- La créativité pour utiliser tous les moyens pour identifier des candidats peu connectés et pour approcher les candidats les plus prisés avec des messages qui sortent de l'ordinaire.
- Les capacités relationnelles pour travailler en étroite collaboration avec les opérationnels.

En lien direct avec les opérationnels et les managers de l'entreprise, le digital sourceur a un rôle stratégique dans l'anticipation de leurs besoins mais aussi dans la traduction de ces besoins en recherches concrètes. Alors qu'il est de plus en plus difficile de trouver certains profils, notamment les profils techniques, le digital sourceur est celui qui sait où les chercher et comment les séduire. Il permet donc de les recruter plus rapidement et fait ainsi économiser des milliers d'euros à son entreprise grâce à son profil multi-facettes, à la fois expert en RH, en marketing et en développement commercial.

La cooptation : dispositif efficace d'identification des talents ?

Certaines entreprises encouragent depuis de nombreuses années la cooptation à travers des primes données aux collaborateurs qui recommandent des connaissances pour des postes vacants. Le coopteur ne recommande alors que des candidats qu'il connaît bien et avec qui il a probablement déjà travaillé. Longtemps privilégiée pour sa dimension économique, la cooptation est aussi un excellent levier pour valoriser la marque employeur, en interne comme en externe, et engager les collaborateurs dans le développement de l'entreprise à travers la mobilisation de leur réseau.

Aujourd'hui, le recrutement par cooptation est toujours parfaitement adapté aux problématiques des recruteurs qui font face à la guerre des talents. Pourtant, sa forme a évolué et les coopteurs ne sont plus toujours internes à l'entreprise. Sur des plateformes comme Coop-Time, Keycoopt ou MyJobCompany, les recruteurs rendent accessibles leurs offres d'emploi à une communauté de coopteurs sélectionnés par les sites en France et à l'étranger (de 3 000 à 5 000 selon les plateformes). Ils sont autant de relais qui permettent d'identifier les meilleurs candidats rapidement et à moindre coût pour l'entreprise. De la même façon que dans un système de cooptation interne à l'entreprise, les candidats recommandent des candidats dont le recruteur reçoit les profils. Les coopteurs qui voient leur candidat retenu reçoivent une prime.

Ce mode de recrutement collaboratif correspond aux enjeux actuels des recruteurs puisque le nombre de coopteurs activés permet d'accélérer les recrutements, d'obtenir des profils très qualifiés (les coopteurs ayant intérêt à recommander les candidats les plus adaptés au poste) et qui proviennent d'horizons diversifiés.

Les nouvelles pratiques d'identification des talents aident notamment les recruteurs à trouver des profils rares et aux compétences très convoitées. À travers l'exemple du data scientist, Audrey Quievreux nous montre comment le processus de recrutement de Deezer a changé.

Comment recrute-t-on un data scientist chez Deezer ?

Les données sont un enjeu crucial pour nous, elles nous permettent d'aiguiller nos investissements. Il est ainsi indispensable de savoir où sont les données et de savoir les traiter. Pour cela, il faut donc recruter des data scientists aux profils très demandés, qui savent où communiquer, sur quels job boards, et agissent vite. Pour les attirer, il est indispensable de leur proposer un réel projet et d'être pertinent. Deezer n'existe que depuis sept ans et est extrêmement sensible aux enjeux de la data. Il y a tout à faire, que ce soit en termes d'optimisation de produit ou pour éveiller l'intérêt des clients et partenaires.

Quelle importance donnez-vous au diplôme ?

Le diplôme n'a aucune importance pour nous. Notre fondateur est lui-même un autodidacte. Nous misons plutôt sur l'intelligence relationnelle, la créativité, les compétences, l'audace. C'est un peu différent pour les profils traditionnels : on est tout de même en France, où le diplôme a encore de l'importance. Cependant, on privilégie avant tout des personnalités qui font preuve d'esprit entrepreneurial, qui deviennent de véritables CEO de leurs produits, autonomes, interagissant avec leurs équipes et proactifs plutôt que réactifs. Pour nous, tout ça, c'est la base.

Quels leviers de recrutement utilisez-vous (sourcing, cooptation, challenge, etc.) ?

Il y a une part de sourcing classique et de recrutement sur les job boards de niche. LinkedIn reste un atout indétrônable. Nous utilisons aussi des dispositifs comme CodinGame, des hackathons, ou des rencontres lors de meet-ups pour approcher les candidats. Enfin, nous nous appuyons beaucoup sur la cooptation : chaque candidat nous suggère trois profils et reçoit une prime de 1 500 euros si l'un d'eux est recruté.

Google et la *talent acquisition*

En avril 2015, Laszlo Bock, en charge du recrutement chez Google (le département RH baptisé People Operations), a publié *Work Rules!*, un ouvrage à destination des recruteurs ayant pour objectif de les conseiller dans leurs processus de recrutement afin qu'ils s'affranchissent des préjugés qui gouvernent bien souvent lors des entretiens. Laszlo Bock est convaincu qu'il ne faut jamais se fier à sa première impression. Pourtant, un recruteur passera 99,4 % du temps de l'entretien à tenter de confirmer ses impressions et hypothèses de départ. Les psychologues parlent de « biais de confirmation ».

Dans son ouvrage, Laszlo Bock dévoile la méthode qui permet aux recruteurs de Google de garder les meilleurs sur les deux millions de candidats qui postulent chaque année auprès du géant. Ainsi, l'outil interne de Google, appelé QDroid, associe une série d'exercices pratiques, des tests cognitifs et un entretien structuré selon une trame objective et établie à l'avance.

C'est un très beau cadeau que Laszlo Bock fait aux entrepreneurs en mettant cette méthode à leur disposition. En effet, construire un dispositif de recrutement qui ne prend en compte que des critères objectifs grâce à des questions adaptées au poste et aux compétences requises coûte cher. Google dépense ainsi deux fois plus que la moyenne des sociétés pour recruter ses talents.

Réinventer l'expérience de recrutement

> *À chaque étape du processus de recrutement, nous communiquons avec le candidat par mail, visio ou via les réseaux sociaux afin de le tenir informé en toute transparence, évitant la frustration et l'incompréhension suite à un refus. Cela permet également de garder contact avec le candidat pour le proposer à un autre poste s'il n'a pas été retenu en première instance.* – Isabelle Calvez, DRH France, Carrefour

Le digital a contribué à placer l'expérience client au cœur des stratégies marketing. Ainsi, faire vivre au candidat une expérience de recrutement qui lui donne envie de rejoindre l'entreprise devient fondamental. L'enjeu pour l'entreprise est de créer un lien avec le candidat et de lui faire connaître, dès les premiers contacts, le métier et la culture… tout en ne perdant pas de vue l'optique de mettre en place un processus efficace et le moins onéreux possible.

L'ère du digital a permis de dématérialiser le premier contact entre l'entreprise et le candidat et a engendré certaines expériences de recrutement telles que le coaching digital pré-recrutement, les serious games, les MOOC ou le recrutement mobile. Véritable vecteur de créativité, le digital est un excellent moyen de repousser les limites imposées par des supports traditionnels plus formels. Dans le prolongement de son témoignage sur le métier de recruteur, Frédérique Scavennec a échangé avec nous sur les avantages que L'Oréal a retirés du fait d'avoir fait appel à des experts digitaux pour enrichir son expérience de recrutement.

Qu'est-ce qu'apporte un profil très digital dans une équipe de talent acquisition ?

J'ai eu la bonne idée d'embaucher dans mon équipe deux collaborateurs de la génération Y, qui m'apportent leur savoir en matière de digital et auxquels je transmets ma vision en termes de stratégie de recrutement. En effet, avant l'arrivée de Zvi Goldfarb dans l'équipe, je ne comprenais rien au digital. Le monde avait changé, mais en voyant les nouveaux outils, je pensais qu'ils étaient réservés aux jeunes. Lors de son entretien d'embauche, je n'ai rien compris à ce qu'il disait et ai considéré ça comme un bon signe. Dans le même temps, j'ai pris le risque de le recruter sans savoir exactement ce qu'il allait faire : il venait surtout pour apporter ses lumières. Ses actions m'ont ensuite convaincue d'intégrer un deuxième profil très digital à mon équipe : Guillaume Pitoiset. Ces deux personnes m'ont fait comprendre comment intégrer le digital dans la stratégie de *talent acquisition* et management et m'ont montré l'intérêt d'outils comme SoundCloud ou Flipboard en matière de recrutement.

Pour que cela fonctionne, il faut savoir faire confiance et faire preuve de curiosité sur des sujets que l'on ne maîtrise pas. Il est aussi nécessaire de lâcher prise : s'il faut pouvoir définir et comprendre les KPI digitaux pour les challenger, il faut aussi faire confiance aux équipes pour les gérer au quotidien.

La complémentarité entre ma vision et les compétences de Zvi et Guillaume nous permet de repousser les limites, d'être créatifs avec une ambition commune : trouver les meilleurs talents et communiquer avec eux de manière très personnelle.

Comment le digital a-t-il changé le contenu utilisé dans le recrutement ?

Le digital, avec les éléments que sont la rapidité de l'information, son internationalisation et la recherche d'authenticité, change l'importance du contenu en général. Ma conviction profonde est que les RH que nous sommes se transforment en directeurs marketing. Quelle est notre offre ? Quelles sont nos valeurs ? Quelle est notre cible ? Comment lui apportons-nous le contenu attendu ? Comment mesurons-nous l'efficacité de nos actions ?

Grâce au digital, la granularité de la communication augmente. Avec la bonne compétence et les outils adéquats, on peut cibler différents publics, segmenter son audience et mesurer son influence en fonction des pays, des métiers...

Quels sont les trois conseils que vous pourriez donner aux recruteurs qui veulent créer de nouvelles expériences de recrutement ?

1. **Essayer :** sans essayer nous n'arrivons à rien, et essayer dans le monde digital coûte souvent peu cher. Nous avons par exemple annoncé sur LinkedIn le 1er avril dernier que nous arrêtions de recevoir des CV au profit de candidatures en 140 emojis. Le post a eu 260 000 vues et plus de 3 % d'engagement, pour un coût réduit. Cette action nous a permis de montrer le côté fun de L'Oréal, mais pour la mettre en place, j'ai dû faire preuve de conviction.

2. **Prendre des risques :** ce monde est immédiat et si par hasard nous commettons une erreur, l'instantanéité est à la fois dans la réaction de notre cible et dans la capacité à mesurer la réception des actions et à nous adapter. Si une action fonctionne, on peut la reproduire ; sinon, on l'arrête. Prendre des risques, c'est aussi repousser les limites de la créativité et saisir chaque opportunité de montrer en quoi on est meilleurs ou différents, sans oublier de se demander ce que l'on apporte aux candidats et comment on l'apporte.

3. **Être en veille permanente :** de nouveaux outils sortent tous les jours, il faut toujours se poser des questions comme « Comment communiquer via Snapchat ou WhatsApp ? »... Une veille sur des sites comme TechCrunch ou via des newsletters étrangères permet de ne pas se reposer sur ses lauriers et de toujours remettre à jour ses compétences, qui peuvent être dépassées au bout d'une semaine.

COACHER ET ACCOMPAGNER LE CANDIDAT DURANT LE PROCESSUS DE RECRUTEMENT

Pour renforcer l'expérience candidat, certaines entreprises mettent en place, grâce au digital, des outils d'accompagnement et de coaching. L'idée est de partager avec le candidat les attentes de l'entreprise et de lui donner des conseils afin qu'il puisse se préparer au mieux aux différentes étapes du processus de recrutement, et ainsi d'augmenter ses chances de réussir.

Aux États-Unis, SuccessFactors, fournisseur de logiciels de gestion du capital humain basés sur le cloud, a intégré à ses annonces de recrutement des liens vers des vidéos donnant la parole à des recruteurs et des opérationnels qui partagent des informations sur le poste concerné. Les annonces sont ensuite diffusées sur Facebook et YouTube. Le nombre de vues des vidéos (80 000 entre 2010 et 2012) a démontré la pertinence de la démarche auprès des candidats potentiels.

Plus près de nous, la Société Générale a développé une plateforme appelée My Coaching Room, dédiée à l'« accompagnement des candidats vers l'emploi en banque et en finance ». Dans ce cadre, l'application « Entraînement vidéo » permet par exemple au candidat de simuler un entretien de recrutement en se filmant afin d'identifier les points sur lesquels il doit progresser. Franck La Pinta, responsable de la stratégie digitale et de la communication externe RH à la DRH du Groupe Société Générale, nous a présenté ce nouveau dispositif.

My Coaching Room, c'est quoi et ça s'adresse à qui ? Pourquoi avoir créé un dispositif d'accompagnement à chaque étape du processus de recrutement ?

MyCoachingRoom.com est un site qui accompagne les candidats dans toutes les étapes de leur recherche d'emploi dans le secteur de la banque et de la finance, qu'ils postulent ou non au sein de la Société Générale. La plateforme propose des conseils d'experts, des témoignages vidéo de collaborateurs de la Société Générale, des fiches infos-conseils mais aussi des applications pratiques. Afin de guider le plus facilement possible les candidats vers les contenus qui les intéressent, le site est ainsi organisé en quatre grandes thématiques : « M'informer », « Optimiser ma recherche d'emploi », « Avant l'entretien », « Après l'entretien ». Chacune de ces rubriques a un lien, de près ou de loin, avec l'acte de candidature et répond donc tout simplement à des attentes et des besoins différents pour chaque candidat.

My Coaching Room prépare les candidats à des entretiens dans le milieu de la banque/finance, pas seulement à la Société Générale. N'avez-vous pas peur qu'ils postulent chez vos concurrents ? Comment garder la marque Société Générale au cœur du dispositif ?

Par le biais de My Coaching Room, nous ne pensons pas en termes de recrutement ou de sourcing mais de responsabilité employeur en tant qu'acteur de la société civile. Pour une banque dont l'ambition est d'être LA banque relationnelle de référence, et ce pour l'ensemble de nos publics, le but avec My Coaching Room est avant tout de fournir des contenus utiles et d'apporter une véritable valeur ajoutée aux candidats. Ce positionnement fait également écho à notre valeur d'esprit d'équipe. Nous voulons accompagner les candidats et améliorer la rencontre entre candidats et entreprises afin que celle-ci soit aussi positive que possible. C'est donc un engagement plus collectif mais complémentaire des autres postures RH de la Société Générale.

Pour donner un exemple qui montre qu'il ne faut pas étroitement penser à conserver son public acquis, je citerais le service client en ligne de KLM. Avec son opération HappyToHelp, la compagnie aérienne a décidé d'aider tous les voyageurs, même ceux des concurrents ! Ce qui prime ici c'est la relation humaine, le partage et l'entraide. Pour My Coaching Room, c'est pareil.

Est-ce que vous avez senti une évolution dans la qualité des candidatures que vous recevez grâce à My Coaching Room ?

De nombreux candidats se rendent en effet sur My Coaching Room en amont de leur recherche d'emploi pour préparer au mieux leur candidature. Nous recevons ainsi de nombreuses questions en rapport avec les articles présents sur le site ou tout simplement des questions concernant des situations personnelles. Dans tous les cas, nous répondons individuellement à chacun des internautes. Une recherche d'emploi réussie est un acte réfléchi et préparé. Dès lors, les conseils et astuces que nous fournissons sur My Coaching Room permettent aux candidats d'être indéniablement plus performants et mieux armés dans leur recherche d'emploi.

Comment s'articule l'écosystème digital de la Société Générale, et notamment les réseaux sociaux, autour de la plateforme My Coaching Room ?

My Coaching Room est une plateforme centrale dans notre écosystème digital. Ses contenus de service et de conseil viennent nourrir nos différentes plateformes RH, que ce soit Twitter, Facebook mais aussi nos groupes LinkedIn et Viadeo. Elle est également présente sur notre site carrières bien évidemment, et sur notre site corporate. Inversement, nous mettons en avant nos différents réseaux sociaux sur My Coaching Room car ceux-ci continuent le dialogue amorcé par My Coaching Room.

Comment le rôle des recruteurs a-t-il changé ?

Avec le développement du digital, de nouveaux métiers qui n'existaient pas il y a une dizaine d'années ont vu le jour. Les entreprises et notamment les banques ont aujourd'hui besoin de nouveaux profils, souvent rares. La transition digitale, qui est un enjeu de taille pour le secteur bancaire, a modifié l'offre d'emploi. Les informaticiens sont fortement demandés à l'ère du numérique et la banque est devenue un fabuleux terrain de jeux pour nos équipes IT. De plus, du fait de l'avènement des réseaux sociaux, la manière de recruter évolue. Au sein de notre département recrutement, nous avons par exemple une équipe dédiée pour sourcer des candidats sur LinkedIn ou sur Twitter, nouveaux viviers de candidats. De nouveaux outils rendent aussi le recrutement plus facile et permettent de gagner du temps face au nombre grandissant de candidatures. Le recrutement vidéo aide les recruteurs dans leur choix et permet de faire une première sélection parmi les candidats.

Pour finir, on attend également plus de transparence de la part des entreprises, ce qui impacte le recrutement. Les candidats se renseignent, posent des questions, veulent discuter avec des collaborateurs, connaître leur quotidien. Le rôle des équipes est de répondre à cette tendance sociétale en proposant des initiatives allant dans ce sens. C'est ce que nous avons voulu faire par exemple avec le compte Twitter @SG_InsideIT qui diffuse chaque semaine les missions et le quotidien des informaticiens à la Société Générale.

Créer et entretenir une plateforme de ce type nécessite-t-il de faire monter ses équipes en compétences ou d'acquérir de nouvelles compétences par le recrutement ?

Les personnes en lien avec My Coaching Room ont une expertise et des compétences avérées dans la communication, le digital et/ou les RH. Or, on sait qu'avec le digital notamment, les transformations sont rapides, de même que les usages. Il est donc nécessaire d'être au fait des dernières technologies, des nouvelles tendances, des nouvelles attentes des candidats. Se renseigner sur ces évolutions structurelles et fonctionnelles fait partie intégrante du rôle de nos équipes, qui montent en compétence par la même occasion.

Combien de personnes sont impliquées dans le développement de la plateforme ? Dépendent-elles toutes des RH ou y a-t-il un apport des dirigeants de la communication ?

Deux personnes sont responsables du développement de la plateforme au sein de l'équipe de la communication de la DRH, mais le contenu du site dépend de nombreux intervenants en interne comme en externe. Le site propose en effet du contenu exclusif et pratique venant de collaborateurs de la Société Générale ayant une expertise dans le domaine RH, comme des conseillers en recrutement, mais aussi de personnes externes, spécialistes et influenceurs de l'emploi, des blogueurs RH par exemple. Cette ouverture et cette complémentarité sont une des forces de My Coaching Room.

Dans une démarche similaire précédant celle du groupe Société Générale, la BNP Paribas a aussi lancé Dr. Job, une application gratuite pour aider les candidats à préparer leur entretien. Plus tôt dans l'année, l'entreprise avait également créé Backstage, une plateforme de discussion interactive en ligne pour les futurs candidats. Laure Rocalve, responsable communication et marque employeur chez BNP Paribas, nous présente ces deux dispositifs et évoque les avantages qu'ils représentent pour une entreprise.

Pourquoi avoir développé ces outils d'accompagnement et de coaching des candidats ? Quels étaient les enjeux ?

Backstage a été créé à partir d'un constat tout simple : on parlait un peu partout sur la toile du recrutement ou des métiers chez BNP Paribas (forums divers et variés, Doctissimo, etc.), sans que cela puisse être contrôlé, vérifié, confirmé. Nous avons donc eu l'idée de proposer aux candidats une seule et unique plateforme, officielle, simple d'utilisation, où ils pourraient poser leurs questions et avoir des réponses constructives. Avec l'envie d'aller plus loin, en rendant l'expérience plus humaine et authentique, grâce à l'échange avec nos experts métiers et recrutement. Il ne s'agit pas d'un robot mais de véritables interlocuteurs !

Dr. Job a été conçu dans ce même esprit. Nous avions constaté à l'époque qu'il n'existait aucune application dédiée au coaching des candidats. Avec plusieurs centaines d'entretiens passés chaque année, notre légitimité sur le sujet n'était plus à défendre. L'originalité de Dr. Job repose sur plusieurs aspects : le format (une des toutes premières applications recrutement), le ton (décalé, drôle) et le fait que nous sommes sur une opération quasiment marque blanche puisque la présence de BNP Paribas est vraiment discrète. L'application peut être utilisée par toutes les personnes recherchant un job, quel que soit le secteur, le métier, elle est universelle !

Quels sont les avantages pour l'entreprise ?

Nous communiquons sur cette motivation : « Fiers d'être utiles aux candidats. » Pour le prouver, il fallait avoir des éléments concrets ! Backstage nous permet de recueillir les avis et commentaires favorables ou non des candidats. Cette plateforme est une sonde qui nous fait part des ressentis des candidats, c'est vraiment précieux ! Son référencement nous garantit aussi une bonne accessibilité : les candidats n'ont plus à chercher pour trouver les bonnes informations nous concernant. Dr. Job est un des dispositifs illustrant la vocation de BNP Paribas d'être « utile aux candidats », il rajeunit et dynamise l'image du groupe et surtout, il est utile.

Quels sont les retours des candidats ?

Les retours sont positifs ! Les candidats sont satisfaits de trouver facilement un endroit où pouvoir échanger en toute simplicité avec des experts du groupe. Dr. Job leur permet d'aborder le sujet de l'entretien de recrutement, souvent anxiogène, de façon inattendue et légère.

Comment mesurez-vous le retour sur investissement ?

Nous avons près de 7 000 comptes créés sur Backstage, avec une moyenne de 300 échanges mensuels, c'est donc une affaire qui marche ! Quant à Dr. Job, nous enregistrons une moyenne de 1 200 à 1 500 téléchargements mensuels, sans plan de communication associé. Les nouveaux utilisateurs arrivent naturellement, puisque nous nous retrouvons tous, de façon temporaire, en recherche plus ou moins active d'emploi.

Cela permet-il d'améliorer la diversité des profils recrutés ?

Nous n'avons pas conçu ces applications pour cela et nous n'avions pas forcément mesuré la diversité des candidats que nous recevions avant... Néanmoins, nous le constatons chaque jour via Backstage, des personnes qui ne pensaient pas avoir le profil pour postuler chez BNP Paribas réalisent au fil des échanges qu'elles peuvent postuler chez nous.

Quels conseils pour une entreprise qui souhaite développer cette approche ?

Anticiper les ressources. Une solution comme Backstage prend du temps car elle propose un service de qualité : l'administration du site, la gestion des questions par les collaborateurs, ... Enfin, pour ce qui est de l'application mobile, il faut anticiper également la maintenance, les mises à jour et montées de version de façon régulière car dans le « monde mobile », tout va très vite !

LES MOOC

Formation ouverte et à distance, le MOOC (*Massive open online course*) est un exemple de dispositif de formation qui peut aussi être utilisé pour le recrutement. Cours ouvert à tous, souvent gratuits, avec ou sans examen et certification finale, construits par des entreprises ou de grandes universités, ils ne nécessitent pas de connaissances préalables, même si dans certains cas, elles sont recommandées. Les participants à ces cours, enseignants et élèves, sont dispersés géographiquement et communiquent uniquement par Internet, qu'il s'agisse de sessions en direct ou en différé. Coursera, France Univers Numérique, Udacity sont quelques exemples de plateformes de MOOC.

Pour les entreprises, c'est la possibilité de faire valoir leur expertise sur des sujets choisis. Mais le MOOC est aussi un outil qui s'intègre dans les nouveaux parcours de recrutement. En effet, en créant des formations qui correspondent aux compétences qu'elles recherchent et en évaluant les candidats en fin de parcours, les entreprises s'assurent de trouver des candidats qui correspondent à leurs besoins.

Perrine Grua développe depuis quinze ans des services innovants en utilisant les leviers du recrutement, de la formation et du développement personnel au service de la croissance du business. En tant que directrice générale de Aquent en France et aux Pays-Bas, elle nous parle de Gymnasium, MOOC lancé par Aquent pour mieux sourcer les candidats sur les compétences digitales.

Comment un MOOC peut-il devenir un outil de recrutement ?

En Europe, 700 000 emplois liés au digital ne seront pas pourvus en 2015, d'après l'institut Emperica. Pourtant, nous cherchons tous ces mêmes talents. Nous exigeons des profils déjà très expérimentés sur des compétences qui viennent tout juste d'émerger.

On ne peut pas utiliser les techniques de recrutement d'il y a dix ans pour recruter ces talents agiles du digital. C'est pourquoi Aquent a fait un pari sur l'avenir en misant sur le MOOC pour recruter et tester les talents de demain. Ainsi, nous avons lancé il y a deux ans Aquent Gymnasium, notre université en ligne gratuite et ouverte à tous, dédiée aux métiers du digital.

L'agilité que l'on cherche échappe aux moyens de recrutement traditionnels. Nous sommes confrontés à un paradoxe : ces talents sont potentiellement en recherche active d'emploi mais ne répondent pas aux offres disponibles. Pour attirer ces experts apprenants, quoi de plus efficace qu'une formation ? C'est tout l'enjeu du MOOC dans le cadre du recrutement.

Quelles sont les conditions pour que cela fonctionne ?

On ne veut pas recruter des débutants mais des experts. Nous cherchons donc à attirer des personnes qui veulent développer des compétences déjà solides. C'est pour cette raison que notre MOOC propose des cours de perfectionnement et non des initiations.

Nous développons constamment de nouveaux cours pour être certains d'être à la page sur les dernières évolutions. Les demandes d'experts formulées par nos clients nous indiquent quelles compétences précises sont les plus recherchées aujourd'hui.

Les cours doivent permettre de perfectionner des compétences rares et en demande sur le marché, immédiatement utilisables par les élèves. Chaque cours donne la possibilité d'approfondir des compétences qui répondent à un besoin immédiat et pressant : UX, JavaScript, responsive design, SEO, HTML, etc. L'accessibilité de la plateforme doit répondre au besoin d'agilité des talents : elle est entièrement gratuite et en technologie responsive[1] (20 % des utilisateurs se connectent via leur mobile).

Quels sont les avantages pour l'entreprise et pour le candidat ?

Notre MOOC permet de réaliser une opération gagnant-gagnant : gagnant pour les talents, qui se forment, et gagnant pour l'entreprise, puisque la formation attire ceux qu'elle cherche. L'élève sort du cours avec de nouvelles capacités et la preuve de ces capacités. En effet, l'examen final est un livrable que l'apprenant peut insérer à son book pour le présenter à un employeur.

Le MOOC nous permet non seulement d'attirer les talents difficiles à trouver mais il permet en plus de les tester. Le parcours de formation est aussi un parcours de sélection pointu et exigeant de plus de 50 heures pour chaque cours.

1. Accessible sur tous les écrans.

Un élève qui passe le test d'entrée, suit le cours intégralement et réalise le livrable final est un talent pour nous. Pourquoi ? Parce qu'il a une double compétence hyper recherchée sur le marché : il est expert et apprenant. Dans le contexte de la transformation digitale, sa motivation à apprendre associée à son expertise opérationnelle digitale font de cet élève une perle rare sur le marché.

Y a-t-il des limites ?

Pour transformer les élèves du MOOC en candidats, il est indispensable en parallèle de digitaliser les pratiques des recruteurs. Le MOOC est un moyen de générer des leads de talents, d'utiliser les leviers du marketing digital au service des enjeux du recrutement. La plateforme de formation doit être reliée techniquement à la plateforme de recrutement et correspondre à ses critères qualitatifs.

Les recruteurs doivent apprendre à transformer des leads. C'est un grand changement comparé à la démarche classique qui consiste à chasser chez le concurrent ou à utiliser les réseaux sociaux comme une base de données. Les profils des élèves performants aux cours sont automatiquement transmis aux recruteurs. Si tous les talents qui se forment sur le MOOC ne sont pas ouverts au marché aujourd'hui, ils le seront peut-être demain.

Dans ce contexte d'évolution rapide des compétences, le métier de recruteur expert doit adopter une vision dynamique et gérer non plus un vivier de candidats mais un flux de talents.

Pouvez-vous nous donner un exemple concret de recrutement par MOOC ?

Depuis son lancement, en un an et demi, plus de 50 000 experts du digital se sont inscrits à Aquent Gymnasium pour *apprendre*. Nous avons réalisé près de 2 millions de dollars de chiffre d'affaires en plaçant chez nos clients des talents identifiés grâce à leurs bons résultats aux tests d'entrée et de sortie de nos cours. Notre MOOC permet donc de recruter ces experts apprenants tant recherchés. L'entreprise se donne donc les moyens de devenir une organisation apprenante.

Le MOOC est aussi une formidable opportunité pour l'entreprise de former ses équipes internes et de devenir une organisation apprenante. Voici en guise d'exemple le témoignage du directeur de création de Computer Sciences Corporation qui utilise Gymnasium pour convertir au numérique ses équipes partout dans le monde : « Les cours gratuits d'Aquent Gymnasium aident nos équipes créatives partout dans le monde à se convertir au design numérique, à la programmation ainsi qu'au design d'expérience et d'interface. » Former et recruter sont indissociables et indispensables pour réussir sa transformation digitale.

LES SERIOUS GAMES

Le digital offre aux entreprises l'opportunité de s'adresser aux candidats de la génération Y en s'adaptant à leurs habitudes. Les serious games, ou « jeux sérieux », reflètent le mouvement de *gamification*, ou ludification, consistant à intégrer des mécanismes du jeu dans divers domaines : sites Internet et réseaux sociaux, formations et réunions en entreprise… En matière de recrutement, les entreprises ont recours aux serious games pour faire vivre aux candidats une expérience proche de la réalité du métier auxquels ils postulent. L'objectif est ainsi pour l'entreprise de faire découvrir ses activités, ses métiers, sa culture.

À titre d'exemple, Orange a développé sur Facebook le jeu Hellopolys afin de présenter la diversité de ses métiers à des étudiants et jeunes diplômés dans le monde entier. Comme l'explique Lionel Fumado, responsable des médias sociaux au sein du groupe, « le but [est] de sensibiliser nos audiences sur les enjeux de notre cœur de métier et faire comprendre le rôle d'un opérateur comme Orange en communiquant différemment ». Concrètement, Hellopolys propose aux joueurs de construire un réseau de télécommunication dans une ville en répondant à plusieurs objectifs : satisfaction du client, couverture du territoire, connexion du plus grand nombre, etc.

Les développeurs et les serious games

En mars 2015, la start-up Starfighter a créé un jeu vidéo dont l'objectif est le recrutement des développeurs. Le jeu met les candidats dans des situations de résolution de problèmes de la vie réelle avec un aspect de gamification plus fort que dans les serious games habituels : le candidat peut ainsi être un espion qui a besoin de développer du code pour sécuriser un lieu, code qui peut aussi être utilisé dans la sécurité bancaire. Contrairement à des plateformes comme GitHub (où les développeurs peuvent héberger du code qu'ils ont écrit, notamment pour montrer leurs compétences), le jeu enregistre la façon dont les participants développent, les erreurs qu'ils font et les difficultés qu'ils rencontrent, évaluant leur niveau avec un maximum de précision.

Pour parler de l'utilisation des serious games dans le recrutement, nous avons demandé à Laurent Pernelle, responsable marque employeur Allianz France, de présenter Allianz Experience.

Pourquoi avoir lancé le serious game Allianz Experience ?

Allianz a lancé en 2012 Allianz Experience, un serious game pour faire connaître le métier de conseiller en gestion de patrimoine et optimiser l'efficacité du recrutement. Les candidats sont plongés dans le quotidien du métier et de ses missions pour en avoir une vision plus concrète.

Si l'intitulé de poste est le même que dans des banques d'investissement ou de gestion de fortune, le rôle et les missions sont différents. Il arrive ainsi que des candidats s'étonnent du contenu du poste alors qu'ils sont déjà engagés dans le processus de recrutement... Une perte de temps à la fois pour les candidats et les recruteurs. L'objectif du serious game était donc d'informer les candidats sur le métier avant qu'ils n'entrent dans le processus de recrutement, tout en s'assurant de la pertinence de leur candidature et de leur motivation.

Comment avez-vous élaboré ce serious game et avec quels objectifs à l'esprit ?

Nos équipes RH ont collaboré sur ce projet avec une agence de communication et des représentants du métier de conseiller en gestion de patrimoine afin de concevoir un outil qui permet de :

- valoriser le métier et le faire connaître en immergeant les candidats dans une simulation très complète du quotidien de conseiller ;

- s'assurer de l'intérêt des candidats et gagner ainsi en efficacité dans le recrutement ;
- développer la marque employeur et l'image du groupe, en étant innovant et en se démarquant, en soignant l'esthétique, en faisant vivre une expérience aux candidats.

Après six mois de développement, le serious game a été testé en interne par les conseillers de gestion en patrimoine pour :

- vérifier le fonctionnement et l'expérience de jeu, et apporter les modifications nécessaires si besoin ;
- valider que le jeu est bien représentatif de la réalité du métier ;
- communiquer en interne et transformer des conseillers de gestion de patrimoine en ambassadeurs du serious game, notamment auprès des candidats.

En amont du lancement, un budget a été dédié à l'accompagnement média et à la communication externe, notamment auprès de bloggeurs, pour faire connaître l'initiative et créer l'événement autour de cette opération innovante – Allianz étant le premier assureur à expérimenter un serious game.

Comment se déroule le jeu pour le candidat ?

Lorsqu'un candidat postule à une annonce de conseiller en gestion de patrimoine, il est orienté vers la page du serious game Allianz Experience. Il est tout d'abord mis en relation avec un manager virtuel, qui l'accompagnera et lui donnera des feedbacks tout au long du jeu, soit durant 1 heure 30 (si on y joue d'une traite). Le candidat peut interrompre le jeu pour le reprendre ultérieurement, il peut également suivre son score et son classement en temps réel.

Le candidat a pour mission de développer la relation commerciale avec des clients et prospects : pour ce faire, on met en place sur son bureau virtuel un agenda, des offres commerciales, des mails. Pour gagner des points, le candidat doit gérer dix mises en situation au contact de clients ou prospects, rencontrés à l'occasion de différents rendez-vous. Plus le joueur avance, plus les cas sont techniques et complexes.

Comment transformez-vous les participations au serious game en candidatures ?

Le serious game n'a pas vocation d'*assessment*[1], il s'agit plus de découvrir le métier que d'évaluer le candidat et un mauvais score n'est pas suffisant pour écarter une candidature. Le recrutement pour la fonction de conseiller de gestion de patrimoine s'effectue par la suite au cours de sessions de recrutements d'une journée. Ont ensuite lieu différents rendez-vous où le candidat rencontre recruteurs et opérationnels.

Aucun retour formel concernant le serious game n'est prévu lors de cette journée de recrutement, mais c'est l'opportunité pour le candidat, les managers et les recruteurs d'échanger autour de l'expérience et du ressenti du candidat. Grâce au serious game, les candidats disposent d'une vision plus concrète du métier et ils posent également des questions plus précises.

1. En français, « évaluation ».

LE RECRUTEMENT MOBILE

On l'a vu dans la première partie, les usages mobiles se développent de plus en plus et il n'est pas rare que les smartphones soient considérés par leurs propriétaires comme une prolongation d'eux-mêmes, un compagnon de leur journée.

Le mobile offre de plus en plus de possibilités en termes de loisirs, mais aussi dans le cadre de la vie professionnelle, notamment pour la recherche d'emploi. En effet, l'étape de la recherche d'offres d'emploi est une activité parfaitement adaptée aux temps creux, moments où les mobinautes souhaitent optimiser quelques minutes (transports, files d'attente...). Le mobile est alors l'objet vers lequel ils se tournent. Une application ou un site responsive saura leur offrir le confort de navigation nécessaire pour parcourir les offres. Dans le cas d'un réseau (LinkedIn, Viadeo) ou d'un job board où ils ont déjà un profil enregistré, les utilisateurs pourront même postuler à une offre en un clic, ou l'enregistrer pour la retrouver dans un espace personnel et postuler plus tard, de leur ordinateur par exemple, exploitant ainsi pleinement l'idée d'ATAWAD[1].

Au-delà de ce premier niveau de mise à disposition des offres, le mobile propose des possibilités qui n'existent pas sur un ordinateur. Parmi elles, la possibilité pour l'utilisateur de voir les offres autour de lui (contre une recherche par ville/région sur ordinateur) ou de télécharger des applications aux usages innovants. Les applications comme Switch, Kudoz et Jobr reprennent par exemple les principes d'utilisation de l'application de rencontres Tinder (matching amoureux, facilité d'usages mobiles...). Ainsi, les candidats voient des offres qui correspondent à leur profil – en fonction d'informations importées de LinkedIn ou indiquées manuellement – et peuvent manifester leur intérêt ou passer à l'offre suivante. Les recruteurs voient les profils anonymisés des personnes intéressées par leurs offres, puis peuvent voir leurs profils complets une fois leur sélection faite.

Bien entendu, pas besoin de CV ni de lettre de motivation. Les propositions de postes s'affinent puisque, d'offre en offre, l'application comprend mieux la recherche du candidat.

Dans cette même idée de créer une meilleure adéquation entre le candidat et l'entreprise, nous pouvons citer Good.co et Knack.it qui misent toutes deux sur la gamification et le matching entre offres et talents. Le premier propose des quizz ludiques et engageants et le second des jeux très simples. À l'issue des ces actions, on trouve un profil de personnalité et des propositions de poste en adéquation avec ce profil.

Les opportunités offertes par le mobile sont de plus en plus riches et ne vont cesser de se développer au fil du développement des technologies et des usages. Les entreprises qui recrutent ne sont pas les seules à avoir investi le mobile. En effet, les job boards ont désormais des applications qui permettent aux candidats de découvrir les offres et d'y postuler en mobilité. Parmi ces job boards, Cadremploi est le premier à avoir prolongé l'expérience jusqu'à l'Apple Watch. Michaël Blin, responsable du développement des nouveaux supports Figaro Classified/Cadremploi, nous parle de leur stratégie mobile.

1. *Anytime, anywhere, any device*, parfois appelé « mobiquité » en français.

Pourquoi avoir choisi de créer une app mobile pour les offres d'emploi ?

Il paraissait évident que la marque Cadremploi devait être présente sur mobile pour asseoir sa position de leader sur le marché des petites annonces d'emplois en France. Techniquement, les applications permettent d'enrichir et de prolonger l'expérience utilisateur à travers la géolocalisation (présentation des offres d'emploi situées autour de l'utilisateur, par exemple) ou les notifications push (envoi de notification à chaque nouvelle offre correspondant à la recherche de l'utilisateur, notamment).

Il est possible de postuler directement dans l'application, mais aussi de sauvegarder les offres pour les retrouver plus tard. Savez-vous si les candidats préfèrent postuler du mobile ou le faire plus tard depuis le site desktop ?

25 % des offres consultées et environ 10 % des candidatures sur Cadremploi sont faites depuis nos applications mobiles. La consultation d'offres est bien plus simple et rapide sur mobile. Cependant, postuler est une démarche que les utilisateurs ont encore un peu de mal à faire « à la va vite » sur un téléphone portable, dans le métro par exemple. Cadremploi améliore continuellement ses services pour faciliter cette candidature mobile.

Les contenus autres que les offres (actualités, conseils…) sont-ils beaucoup consultés ?

Relativement. Nos utilisateurs mobiles sont surtout motivés par la fonction principale de l'application, à savoir rechercher des offres d'emploi. Toutefois, il faut remarquer que les contenus éditoriaux sont plus consultés sur l'iPad, qui offre un confort de lecture plus grand, et principalement le soir, dans le cadre du loisir.

Quelles adaptations apporter aux offres et au parcours candidat pour qu'ils soient appropriés au mobile ?

Cadremploi travaille d'arrache-pied pour augmenter la qualité de ses annonces. Nous ajoutons par exemple des vidéos de présentation du poste et de l'entreprise directement dans le détail de ces dernières. Le parcours est lui aussi amélioré régulièrement afin de le simplifier et de le rendre plus pertinent au travers de chantiers concernant la notification et le suivi du candidat dans sa démarche de recherche.

Quels sont les trois conseils que vous donneriez aux entreprises qui souhaitent créer leur app mobile ?

J'aurais trois conseils très simples :

1. Demandez-vous en quoi et pourquoi votre application est/sera/serait la meilleure.
2. Pensez à l'expérience utilisateur en exploitant les fonctionnalités natives et propres aux devices mobiles.
3. Pensez « temps réel » avec une app interactive qui envoie des notifications et où vous exploitez votre CRM.

Cadremploi et le recrutement mobile

Cadremploi a lancé son application pour Apple Watch dès la sortie du device le 24 avril 2015 : « Nous avons souhaité capitaliser sur ce nouveau device afin que les cadres et les dirigeants accèdent à nos offres d'emploi avec davantage d'instantanéité », explique Thibaut Gemignani, directeur général de Figaro Classifieds. Les cadres peuvent ainsi consulter les offres d'emploi depuis leur Apple Watch, les enregistrer dans leur espace personnel et les trier pour ensuite postuler facilement depuis leurs autres terminaux. Dans les mois qui viennent, Cadremploi devrait aller encore plus loin dans l'adaptation aux usages en permettant aux utilisateurs de postuler aux offres directement depuis leur montre connectée.

Réinventer l'entretien de recrutement

La rencontre dématérialisée ne remplacera jamais la rencontre réelle. Pourtant, les entretiens en ligne représentent un gain d'efficacité significatif car ils rendent possible un premier contact plus approfondi qu'un entretien téléphonique. Cela permet une évaluation plus fine du candidat et de l'adéquation au poste et à l'entreprise.

L'entretien en ligne permet au candidat d'avoir une vision précise de l'entreprise, de sa culture et de son fonctionnement plus rapidement. Cela lui permet de se projeter ou, a contrario, d'identifier des freins. Il est donc essentiel, lorsque l'on a recours à cette technologie, de se poser en amont la question de l'expérience que l'on vise à faire vivre au candidat. On compense la dématérialisation de la relation par la création d'une relation riche et représentative de la culture d'entreprise.

Comment l'ère du digital fait-elle évoluer l'entretien d'embauche ? Des start-up proposent aujourd'hui des dispositifs permettant aux recruteurs et managers d'organiser de façon très simple des entretiens par écran interposé. C'est aussi possible pour tout recruteur ou manager en utilisant des logiciels gratuits comme Skype.

Alstom, Areva, L'Oréal, Capgemini et Unilog ont été les précurseurs de cette nouvelle relation dématérialisée en se rassemblant en juin 2007 pour participer à Neo Job Meeting, un forum virtuel de recrutement orchestré sur le jeu en ligne Second Life[1]. En trois jours, les 1 500 candidats inscrits – des jeunes diplômés – ont créé un avatar et ont pris rendez-vous dans les pavillons virtuels des entreprises pour des entretiens en ligne de 10 à 20 minutes.

Aujourd'hui, les outils disponibles ont pour objectif de faciliter la vie des recruteurs, en leur permettant de présélectionner les candidats et en optimisant temps et budget : pas de contraintes « logistiques », et des services accessibles à un coût raisonnable. Il existe deux formats d'entretien proposés par ces job boards nouvelle génération : l'entretien différé et l'entretien en direct.

1. Second Life est un univers virtuel permettant à ses utilisateurs de vivre une seconde vie dans un monde créé par eux.

L'ENTRETIEN DIFFÉRÉ

L'entretien différé permet aux recruteurs de faire passer un maximum d'entretiens avec un minimum d'efforts grâce à un fonctionnement expliqué par Mickaël Cabrol, fondateur d'EasyRECrue, un des principaux acteurs du marché français :

1. Le recruteur détermine, en fonction du poste concerné, les questions qu'il souhaite poser aux candidats : compétences, expériences, intérêt pour le poste et l'entreprise, date de disponibilité, etc.
2. Le recruteur envoie ensuite par mail un lien aux candidats sélectionnés sur CV, invitant ceux-ci à répondre aux questions en enregistrant leurs réponses sous format vidéo.
3. Les candidats disposent d'un temps imparti et d'un seul essai pour répondre à chaque question.
4. Le recruteur visionne ensuite l'entretien enregistré lorsqu'il le souhaite, en se connectant à la plateforme. Il peut également le partager avec les autres décisionnaires du processus de recrutement.

L'ENTRETIEN EN DIRECT

Les plateformes Seekube, Job2Day, ou job rendez-vous offrent aux recruteurs la possibilité d'organiser des entretiens en ligne en temps réel, dans le cadre de forums virtuels ou non. Visiojob et Visio4People offrent ces possibilités, mais ils proposent également des entretiens vidéo en différé.

Ces entretiens différés et en direct, première prise de contact entre le candidat et le recruteur, ne prennent pas le pas sur les rendez-vous réels. Ils sont plutôt utilisés par les entreprises comme première étape de présélection des candidats, remplaçant ainsi l'entretien téléphonique. Ils ont l'avantage de permettre un échange plus riche puisqu'ils intègrent l'aspect non verbal grâce à la vidéo. Les plateformes présentent également l'avantage de sécuriser et d'archiver les conversations.

Parmi les nouvelles expériences de recrutement, la start-up InterviewApp propose des entretiens vidéo en différé, permettant de poser les mêmes questions à de nombreux candidats et de transmettre les réponses reçues à toutes les personnes concernées par le recrutement. Julien Dargaisse, co-fondateur et PDG de InterviewApp, a répondu à nos questions sur le sujet.

Quels sont les avantages de l'entretien vidéo différé pour les recruteurs et les candidats ?

Les avantages pour les recruteurs sont nombreux. Le premier est le gain de temps. L'entretien vidéo différé est plus efficace que l'entretien téléphonique, il permet de réaliser plus d'entretiens lors des phases de pré-qualification des candidatures. Il permet surtout d'évaluer rapidement les aptitudes relationnelles. Aujourd'hui, la réussite professionnelle relève plus de la capacité d'adaptation de l'individu que d'une liste de compétences accumulées. Il est primordial de recruter des personnes capables d'apprendre efficacement et de manière autonome, à mesure que l'environnement évolue. L'entretien vidéo différé permet ainsi d'évaluer les « soft skills » du candidat et d'offrir au recruteur une base de comparaison objective des candidats. Pour un poste donné, ces derniers sont soumis aux mêmes questions, dans les mêmes conditions, sans aucun a priori.

C'est également un outil collaboratif puisqu'une fois l'entretien vidéo d'un candidat enregistré, le recruteur peut le consulter autant de fois que nécessaire et le partager avec l'ensemble des personnes impliquées dans le processus de recrutement.

L'entretien vidéo différé permet évidemment de recruter à distance. Si un recruteur est intéressé par un profil à l'autre bout du monde, il lui suffit de lui envoyer un entretien que le candidat passera quand il le pourra. Fini donc les casse-tête d'agenda avant même d'être certain que le candidat correspond au profil recherché.

Du côté des candidats, l'entretien vidéo différé fait sortir le candidat de sa zone de confort en le soumettant à un nouveau type d'exercice filmé et en temps limité, mais il présente surtout plusieurs avantages. Il est ainsi possible de se distinguer des autres, c'est l'opportunité pour les plus motivés de faire une bonne première impression, de se raconter, au-delà du CV, et de montrer leurs aptitudes relationnelles.

D'un point de vue pratique, l'entretien vidéo différé permet plus de flexibilité. Pour les candidats en poste, c'est la possibilité de postuler en dehors des horaires de travail normaux d'un recruteur. Cela limite également les déplacements inutiles. Si le recruteur peut parfois avoir l'impression de perdre son temps en rencontrant la personne en entretien, le candidat peut aussi ressentir beaucoup de frustration à passer un entretien en face-à-face dans lequel il n'a, à l'évidence, pas sa place. Une meilleure pré-qualification des candidatures par entretien vidéo différé évite ce genre de situations.

Quelles questions sont cruciales lors un entretien vidéo différé ?

Même s'il est en vidéo et en différé, ce type d'entretien n'en reste pas moins un entretien ! Les questions que les recruteurs auront tendance à poser seront donc plus ou moins les mêmes que pour un entretien téléphonique ou en personne. Toutefois, de par l'interactivité de l'outil et dans un souci d'optimisation du processus de recrutement, quelques questions-types peuvent être privilégiées lors de cet exercice. Il s'agit par exemple d'évaluer l'adéquation culturelle du candidat avec l'entreprise. Le recrutement d'une personne brillante mais incapable de s'adapter à la culture d'entreprise aboutirait de façon certaine à un échec coûteux. Quelques pistes peuvent permettre de révéler des inadéquations potentielles du candidat avec l'entreprise. Par exemple, le recruteur peut faire s'exprimer le candidat sur ses expériences passées. Le regard critique qu'il porte sur ces dernières et les enseignements qu'il en tire sont autant d'indicateurs de son éthique professionnelle et de ses aspirations en termes de culture d'entreprise. Plus directement, le recruteur peut aussi demander au candidat dans quel type d'environnement de travail il se sent le mieux.

L'entretien vidéo différé est l'outil idéal pour mettre les candidats en situation et évaluer leurs compétences et aptitudes relationnelles. Si vous recherchez par exemple un candidat capable de s'exprimer parfaitement dans une langue étrangère, vous pouvez lui demander de répondre à l'ensemble de l'entretien dans cette langue. Vous menez une campagne de recrutement d'animateur commercial en magasin ? Demandez-lui de simuler l'argumentaire de vente du dernier produit de votre marque. En demandant au candidat de se glisser dans la peau d'une personne occupant le poste qu'il vise peut être très révélateur. Vous pourrez rapidement tester sa capacité de réflexion, sa réactivité et sa résistance au stress, et ce, en temps limité et en une seule prise.

L'entretien vidéo différé permet de sortir des sentiers battus. Les employeurs les plus convoités ont tendance à poser des questions difficiles et même parfois très étranges. Ils le font pour tester la capacité du candidat à leur donner des réponses intelligentes. Ce type de questions permet d'évaluer à la fois son esprit critique et son intelligence émotionnelle. En s'attachant à évaluer ces deux aptitudes au travers des questions déroutantes, le recruteur cherchera donc à repérer les personnes capables de rester calmes, de réfléchir et faire preuve de discernement sous la pression.

Quels freins rencontrez-vous lors de la mise en place des entretiens vidéo et comment les surmonter ?

Certaines entreprises ne sont pas très présentes en ligne et craignent que le fait d'intégrer un nouvel outil technologique dans leur recrutement, alors qu'elles n'en sont qu'aux balbutiements en matière de digitalisation ne les perturbe encore plus. Or l'entretien vidéo différé est un formidable outil pour les entreprises de toute taille, quel que soit leur niveau de digitalisation.

InterviewApp propose une solution qui se veut extrêmement simple à prendre en main. Pas besoin donc pour l'entreprise d'être très présente sur les médias sociaux ni d'être experte en informatique pour se l'approprier puisqu'il n'y a rien à installer. Seule une connexion Internet et un ordinateur sont nécessaires. De ce fait, contrairement à ce que pensent certaines entreprises, adopter une nouvelle technologique n'est pas coûteux. Nos clients constatent un retour sur investissement de plus de 300 %.

L'argument de la discrimination surgit de temps à autre, comme pour tout outil vidéo. Mais rappelons que seules les personnes discriminent, pas la technologie. L'entretien vidéo différé, comme tout outil, doit être utilisé à bon escient. Loin de discriminer, il donne au contraire à chaque candidat l'opportunité de s'exprimer très tôt dans le processus de recrutement, avant même qu'un biais quelconque ne soit introduit. L'évaluation collaborative qu'il permet multiplie également les chances de gommer toute velléité de discrimination.

Malheureusement, les candidats n'aiment en général pas les entretiens vidéo et certaines entreprises craignent que les candidats ne veuillent pas se soumettre à cet exercice. Pourtant, il faut noter que ces entretiens facilitent la vie des recruteurs comme des candidats. De plus, un candidat motivé pour le poste fera l'effort de passer l'entretien vidéo différé. Enfin, cet outil répond aux codes de la génération Y qui devrait représenter 75 % du marché du travail en 2025… Dans tous les cas, la seule façon d'en être convaincu, c'est d'essayer !

La prospective

LE RECRUTEMENT AFFINITAIRE

La réussite d'un collaborateur dans l'entreprise ne dépend pas seulement de ses compétences, mais aussi de son adéquation avec les valeurs de l'entreprise et de son aptitude à créer une relation de confiance avec l'entreprise. Le recrutement affinitaire consiste ainsi à repérer, au-delà des compétences, les candidats dont les valeurs sont les mêmes que celles de l'entreprise, ou qui peuvent rapidement s'acculturer aux valeurs de l'entreprise.

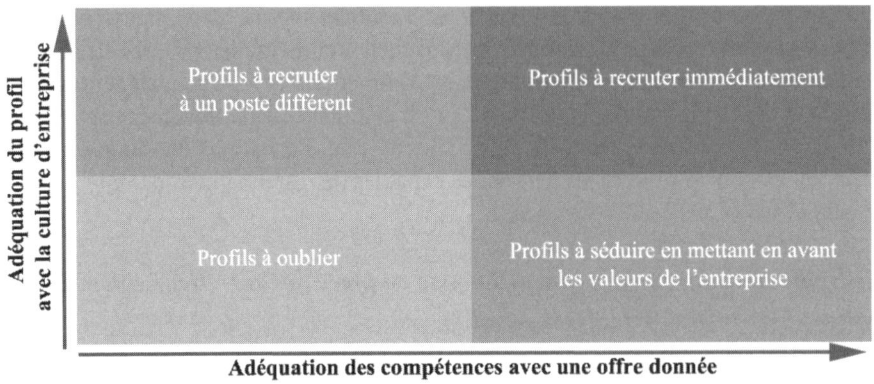

Matrice utilisée par Marissa Bryan, Executive Recruiting EMEA and LATAM, LinkedIn, pour classifier les profils sourcés et candidatures reçues pour une offre donnée

Les acteurs digitaux spécialisés dans le recrutement affinitaire sont majoritairement des start-up qui regroupent tests de personnalité basés sur les soft skills et job board. C'est le cas par exemple de MonkeyTie, qui propose aux candidats les offres les plus adaptées à leur personnalité et à leurs compétences. Nous avons interrogé Jérémy Lamri, PDG de MonkeyTie, pour nous éclairer sur les enjeux du recrutement affinitaire.

Qu'est-ce que le recrutement affinitaire ?

C'est la prise en compte des capacités, attentes et besoins tant du recruteur que du candidat dès le début du processus. Dans le cas d'une entreprise, c'est donc avant tout le fait de recruter non plus par rapport à des standards préétablis et des a priori (niveau d'études, école, etc.), mais par rapport à des attentes et besoins réels, à court, moyen et long termes. Cela implique de prendre en compte, en plus des compétences, des critères de personnalité pour le poste à pourvoir et d'affinité avec la culture de l'entreprise. Inutile de vouloir recruter à tout prix une « star » si elle fait fuir le reste de votre équipe et que l'entreprise ne peut pas lui apporter ce qu'elle demande : rémunération, qualité du management, perspectives, reconnaissance… Il s'agit donc pour les entreprises de trouver les talents qui correspondent à leurs besoins et à leur contexte.

Toutes les entreprises peuvent-elles recruter ainsi ?

Toutes les entreprises peuvent recruter en fonction de leurs besoins réels et caractéristiques, pour peu qu'elles aient pris le soin en amont de formaliser leur culture d'entreprise et leurs besoins opérationnels. Que ce soit pour un grand groupe, une PME ou une start-up, il est toujours bénéfique de recruter en prenant en compte les besoins et attentes des deux côtés. Il n'est pas toujours possible de répondre favorablement aux attentes d'un candidat, mais ce qui est certain, c'est qu'il vaut mieux savoir dès le début si cela peut devenir gênant, voire bloquant, à long terme. Pour faire du recrutement affinitaire, il suffit en quelque sorte de vouloir vraiment parvenir à un accord gagnant-gagnant avec le candidat : « De quoi as-tu besoin pour donner ton maximum et faire grandir l'entreprise ? » Même si c'est un peu plus complexe dans les faits, l'état d'esprit est incroyablement simple et sain.

Quels sont les avantages du recrutement affinitaire ?

Le recrutement affinitaire permet de recruter plus efficacement, plus durablement et de manière plus responsable. Il s'agit d'une approche personnalisée, privilégiant les points de compatibilité entre l'entreprise et ses collaborateurs potentiels. On passe donc d'un recrutement qui traque les failles à un recrutement qui recherche les bons partenaires. Grâce à la réflexion menée en amont, les besoins sont clairement définis, et l'entreprise peut cibler plus aisément les talents qui lui correspondent. Ce profilage offre la possibilité de définir plus précisément les canaux de sourcing les mieux adaptés. Surtout, prendre en compte d'autres critères que ceux du CV dès l'amont du processus ouvre la porte à plus de diversité, source d'innovation et de dynamisation pour l'entreprise.

La compatibilité du candidat à la culture d'entreprise a-t-elle autant d'importance que ses compétences ? Cela varie-t-il en fonction des postes ?

La compatibilité du candidat à la culture de l'entreprise a encore plus d'importance que les compétences qu'il possède. Lorsqu'un candidat se sent en adéquation avec l'entreprise, il est plus motivé, s'implique davantage et s'engage au-delà de ses objectifs. Cela s'applique à n'importe quel poste. En revanche, il est légitime pour certains postes de mettre l'accent sur la compétence dure lors de la phase de recrutement, en particulier pour les métiers techniques, qui requièrent avant tout un savoir et un savoir-faire. Pour autant, il ne faut surtout pas négliger les moteurs de motivation ni la personnalité, sans quoi c'est l'assurance de devoir recommencer le processus quelques mois plus tard. Deux tiers des échecs de recrutement sont dus à un problème autre que la compétence !

Peut-on vraiment définir la « compatibilité culturelle » d'un candidat grâce à un algorithme ?

L'algorithme en lui-même ne vaut rien s'il ne repose pas sur une expertise du comportement et des relations humaines. Chaque entreprise a ses spécificités : emplacement des locaux, politique salariale, charisme des dirigeants, etc. Il existe ainsi 18 grandes thématiques qui permettent de mieux distinguer culturellement une entreprise d'une autre. De même, chaque candidat a des moteurs de motivation qui lui sont propres. Concrètement, pour quelles raisons un collaborateur décide-t-il de s'impliquer corps et âme dans une entreprise ? Pour certains, ce sera la rémunération, pour d'autres, l'intérêt de la mission, ou la proximité lieu de travail-domicile. En comprenant ce qui caractérise à la fois les candidats et les entreprises, il devient possible de définir les points de compatibilité. Aucun individu ne se résume à une équation, mais cela permet d'appréhender les grandes lignes, ce qui compte au premier abord.

Comment une entreprise définit-elle le profil recherché en fonction de sa culture ?

Il est nécessaire que l'entreprise comprenne bien ses leviers pour attirer et retenir ses collaborateurs, ainsi que ce qui la rend unique face aux autres entreprises. Une entreprise ne peut pas nécessairement rémunérer ses collaborateurs mieux que le marché, et pour autant, elle présente nécessairement d'autres qualités : proximité, évolution, management, flexibilité… Par exemple, l'entreprise est-elle surtout reconnue pour sa compétence technique ou pour son sens du relationnel ? Pour la fiabilité de ses process ou sa capacité à innover ? Pour les niveaux élevés de rémunération ou les perspectives d'évolution ? L'objectif est donc de placer l'entreprise sur une carte présentant 18 grandes thématiques, afin de mettre en avant ses atouts en tant qu'employeur.

LES CANDIDATS SE METTENT À NU SUR LE RÉSEAU SOCIAL DE ZAPPOS

Les start-up et la technologie ne sont pas les premières choses qui viennent à l'esprit au sujet de Las Vegas. Pourtant, au-delà de la messe annuelle du CES, Las Vegas est une ville où les innovations technologiques sont monnaie courante et permettent de favoriser les innovations RH. Parmi les start-up de la ville, Zappos a mis au point un processus de recrutement innovant qui met les candidats à nu au croisement de la cooptation, de l'*onboarding* et du recrutement affinitaire.

Les pratiques RH de Zappos ont fait beaucoup de bruit en fin d'année dernière lorsque la start-up spécialisée dans la vente de chaussures en ligne a décidé de supprimer tous les postes de managers pour devenir une holacratie. Mais ce fonctionnement entièrement agile n'est pas la seule raison pour laquelle on doit s'intéresser à Zappos. En mai 2014, l'entreprise a choisi de déplacer toutes ses offres d'emploi vers son réseau social interne, sur lequel les candidats peuvent s'inscrire.

Pour pouvoir postuler aux offres, les candidats doivent d'abord devenir des « Zappos Insiders » et choisir le cercle de collaborateurs du réseau social auquel ils veulent appartenir, qui correspond au poste qu'ils souhaiteront ensuite briguer : finance, marketing, technologie, RH… toutes les fonctions sont représentées. Une fois qu'ils sont inscrits (ce qu'ils peuvent faire en liant leur profil Facebook ou LinkedIn), le rôle des candidats est de se faire apprécier par les collaborateurs de Zappos. À eux d'intervenir dans les conversations, de tisser des liens avec les collaborateurs, de leur montrer comment ils peuvent être une valeur ajoutée dans l'entreprise et comment leurs valeurs peuvent s'accorder. Le réseau social leur permet aussi d'avoir un accès par chat direct avec un ambassadeur de leur métier et de rester au fait des actualités de Zappos. En termes de gain pour le candidat, devenir un Zappos Insider permet d'être recommandé par les collaborateurs qu'ils connaissent et considéré en priorité pour les ouvertures de postes.

Pour Zappos, ce système donne moins de poids à la Direction of People Experiences (leur équivalent de la DRH), mais beaucoup plus aux équipes qui travailleront avec les nouveaux venus dans le processus de recrutement. L'entreprise pousse ainsi la cooptation jusqu'à donner les moyens à ses collaborateurs de coopter des candidats qu'ils ne connaissaient pas encore avant leur entrée dans le processus de recrutement. En plus de leur CV et des hard skills, ils peuvent s'appuyer sur les échanges qu'ils ont eus en ligne et lors de rencontres pour juger des soft skills et de l'adéquation des candidats avec les valeurs de l'entreprise.

Au-delà du recrutement en lui-même, Zappos optimise son processus d'*onboarding*. Sur le réseau social, les candidats échangent avec leurs futures équipes, goûtent à la culture de l'entreprise, se familiarisent avec les process, les projets en cours et les objectifs de l'entreprise. Lors de leur prise de poste, l'acculturation au nouvel environnement a en grande partie déjà eu lieu et les candidats ont des bases sur lesquelles s'appuyer pour le séminaire d'*onboarding* de quatre semaines.

Le système de Zappos offre ainsi des avantages aux candidats aussi bien qu'à l'entreprise. D'une part, les candidats peuvent vérifier au fil des échanges qu'ils sont toujours attirés par la start-up – ce qui crée un premier filtre pour cette entreprise qui exerce un fort attrait dans le domaine des nouvelles technologies –, d'autre part, l'entreprise s'assure de trouver des candidats qui sont cooptés par leurs futures équipes, aussi bien en termes de compétences que de valeurs.

Évidemment, ce système de recrutement par évaluation par des communautés de métier est plus facile dans une entreprise comme Zappos, uniquement installée à Las Vegas et comptant 1 500 collaborateurs, que dans une multinationale qui a des équipes métier divisées en groupes projets partout dans le monde.

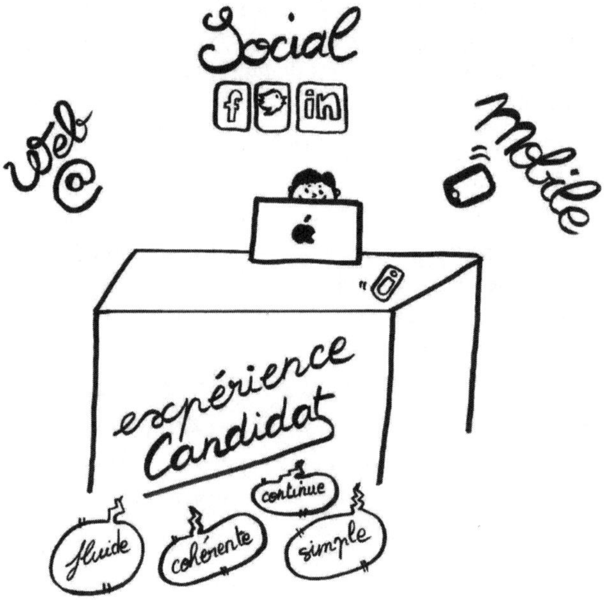

L'expérience collaborateur

Prendre soin de nos collaborateurs autant que de nos clients et faire du développement de nos talents un principe de management. – Belén Essioux-Trujillo, DRH, Kering

L'expérience collaborateur (aussi appelée « expérience employé ») est l'équivalent de l'expérience client en interne, socle naturel de la transformation digitale. Il n'est pas concevable pour une entreprise que les actions réalisées en interne ne soient pas exemplaires puisque ces actions servent de support à celles réalisées vers l'externe.

Suivant les valeurs exprimées par la DRH de Kering et par l'homme d'affaires indien Vineet Nayar, auteur de l'ouvrage *Les employés d'abord, les clients ensuite*[1], il est primordial d'assurer une cohérence entre l'interne et l'externe afin d'impliquer tous les collaborateurs dans cette transformation digitale.

Une expérience collaborateur optimale se doit de faciliter la vie de chaque employé, de respecter les valeurs de l'entreprise et les promesses faites par l'expérience client. Cette expérience doit être efficace et avant tout engageante, tout au long du cycle de vie d'un collaborateur dans l'entreprise.

*L'*onboarding *réussi*

La réussite d'un recrutement se joue pour 50 % en amont avec les phases de détection des besoins de sourcing, de présélection et d'évaluation des candidatures et pour 50 % en aval, lors de la période d'intégration. – Serge Perrot et Delphine Lacaze[2]

Première étape du cycle de vie d'un employé dans l'entreprise, l'*onboarding* consiste en l'accueil du collaborateur. C'est un moment privilégié de cohésion et de sensibilisation, propice à la compréhension des enjeux de la transformation digitale.

Pour décrypter les éléments fondamentaux de l'*onboarding*, nous avons fait appel à Athanasios Koussoulos, qui est actuellement chargé de mission RH et auteur de l'ouvrage *Onboarding. Attirez, intégrez et fidélisez vos collaborateurs*[3]. En parallèle, nous avons également interviewé Jérôme Réthoré, directeur général de Nataïs, leader européen du pop-corn, sur les pratiques d'*onboarding* au sein de son entreprise.

Quel est aujourd'hui le secret pour un onboarding réussi ?

AK : *Onboarding* et intégration sont deux notions différentes. On parle d'intégration quand, le jour J, le collaborateur entre réellement dans l'entreprise. On parle d'*onboarding*

1. V. Nayar, *Les employés d'abord, les clients ensuite*, Diateino, 2011.
2. S. Perrot et D. Lacaze, *L'Intégration des nouveaux collaborateurs*, Dunod, 2010.
3. Afnor, 2014.

quand on réfléchit en amont aux valeurs et à la marque employeur pour attirer les talents, à la communication pour recruter, à l'intégration et à l'audit pour améliorer un processus en perpétuelle évolution. En somme, l'intégration n'est qu'un sous-ensemble de l'*onboarding*. Construire un *onboarding* réussi, c'est rassembler 4 types d'acteurs :

1. La direction pour impulser et être le moteur de ce processus.
2. Les RH pour coordonner les différentes étapes de la communication, du recrutement, de l'intégration, de la formation (des nouveaux arrivants, mais aussi des managers), de l'audit des pratiques et de l'amélioration continue.
3. Les managers en tant que rouages essentiels de l'entreprise.
4. Et les collaborateurs eux-mêmes !

Si l'un des protagonistes venait à manquer à l'appel, c'est tout le processus qui risquerait d'échouer. Convaincre est donc le maître-mot et, s'il vient de la direction, il n'en aura que plus de poids.

JR : Le secret d'un *onboarding* réussi repose sur la mise en confiance. Il faut considérer l'*onboarding* comme un parcours complet, du recrutement à l'intégration complète dans une équipe. Ce parcours doit se penser dans la durée. En effet, il s'articule autour de plusieurs phases devant être franchies successivement à la fois par le nouveau collaborateur (appelons-le « le Nouveau ») et par l'équipe d'accueil elle-même (manager, RH, collaborateurs). Cette intégration ne sera possible que si les deux entités, le Nouveau et l'équipe, s'accordent une confiance mutuelle.

Le Nouveau accordera sa confiance à l'équipe, et par la suite à l'entreprise, s'il perçoit que celle-ci met effectivement en œuvre les actions essentielles pour que son intégration soit réussie. Cela passera par la qualité de l'environnement de travail, qu'il soit humain (relations interpersonnelles avec l'équipe) ou technique (mise à disposition et fiabilité des outils informatiques et bureautiques), et l'accompagnement dans la prise de poste (évaluation de la définition claire des missions et des objectifs fixés). Du côté de l'équipe, cette confiance doit se traduire par la patience, le fait de ne pas crier de façon prématurée au succès ou à l'échec de ce parcours d'intégration alors que celui-ci est inachevé.

Cette intégration est d'une grande complexité et sa réussite dépendra avant tout de l'évolution des rapports humains qui vont se créer pendant cette période. La confiance sera le facteur essentiel qui permettra de révéler l'authenticité de la personnalité du Nouveau, et donc de créer l'adéquation avec les valeurs de l'entreprise et la personnalité globale de l'équipe.

Quelle serait la durée optimale pour un parcours d'onboarding réussi ?

JR : Il est admis que la confiance se gagne et se construit uniquement avec le temps. En moyenne, il faut un an avant que cette confiance soit établie et que ce programme d'*onboarding* soit réussi. C'est aussi peut-être parce que beaucoup d'organisations ou d'entreprises connaissent une saisonnalité annuelle. C'est aussi peut-être de par le rythme social de ces organisations (congés, soirées et autres évènements annuels organisés par le comité d'entreprise) que l'on peut affirmer que le Nouveau a vécu tous les temps forts de sa vie dans l'entreprise, donc qu'il est intégré. Comme nous l'avons énoncé précédemment, l'*onboarding* est une succession d'étapes pour le nouvel entrant mais également pour l'équipe d'accueil.

Comment le digital a transformé l'onboarding en une véritable expérience collaborateur ?

AK : La communication d'une entreprise est devenue stratégique, autant pour sa survie que pour son évolution. Aujourd'hui, la question n'est plus de savoir s'il faut être présent sur les réseaux sociaux ou pas : c'est une obligation ! En effet, le candidat vous traque pour savoir qui vous êtes et ce que vous représentez, et ce, bien avant qu'il ait le réflexe de postuler. D'ailleurs, si vous ne lui répondez pas, il le fera savoir : quid d'un message laissé sur une page entreprise Facebook affirmant que la société en question n'avait pas répondu à sa candidature… et repris en chœur par d'autres internautes tout aussi mécontents ?

Et si on répondait à tous nos candidats ? Devant vos yeux incrédules, laissez-moi vous raconter deux anecdotes. La première est celle d'un chargé de recrutement qui avait reçu une lettre de remerciement de la part d'un candidat qui avait été recalé. La seconde est celle d'une HR Business Partner qui prend tous ses lundis après-midi pour répondre aux candidatures qu'elle reçoit. Alors oui, cela prend du temps et il faut réfléchir à la façon de tourner ses phrases (autant d'un point de vue juridique qu'humain). Mais n'oubliez pas que ces candidats sont aussi potentiellement des clients qui achètent ou utilisent vos produits !

La digitalisation de l'*onboarding* ne s'arrête pas à la communication en amont : elle continue lors de l'intégration du collaborateur avec la dématérialisation des démarches administratives (renseignements sur l'entreprise, badge et effets professionnels, visite médicale…). De ce point de vue, le nouvel arrivant s'offre ainsi de nouvelles possibilités de s'informer sur l'entreprise dans laquelle il est en train de s'engager.

JR : La mise en confiance est la clé de la réussite de l'*onboarding* et celle-ci dépendra en premier lieu de la capacité du manager à mettre à la disposition du Nouveau les informations nécessaires à son installation, sa pratique du poste, sa progression, et enfin la stratégie de l'entreprise dans laquelle il se retrouve.

La démarche ISO 9000 et les normes qui ont été mises en place depuis les années 1990 ont permis de structurer cette démarche d'information (manuel qualité, procédures, livret d'intégration, évaluations, définitions de fonctions, etc.). Mais avant le réel développement du digital collaboratif, elle profitait peu au salarié et n'était vue le plus souvent que comme une obligation administrative imposée par le client ou la maison mère.

Les outils collaboratifs (RSE, messageries…) offrent depuis quelques années la possibilité de proposer un accès simple et immédiat à la bonne information. C'est le cas grâce aux systèmes de GED (Gestion électronique de documents), notamment, qui proposent de réels moteurs de recherche internes à l'entreprise. Les outils collaboratifs permettent également de diffuser de façon plus personnalisée un flux d'informations aux collaborateurs via les systèmes de messagerie intégrées.

Cette accessibilité à l'information a été facilitée par l'évolution des terminaux technologiques (ordinateurs portables, tablettes, smartphones), le plus souvent mis à disposition des collaborateurs par l'entreprise. Le digital apporte au nouveau salarié la quasi-totalité de l'information de l'entreprise, sans barrières, sous réserve que cette information soit correctement saisie, structurée et hiérarchisée.

Le livret d'accueil en entreprise, un outil désuet ?

AK : Quoi de mieux qu'un livret d'accueil pour raconter l'histoire d'une entreprise, ses valeurs et ses objectifs ? Le livret d'accueil est un document officiel : une affaire jugée par la Cour de cassation rappelle que le livret d'accueil a une valeur juridique, la jurisprudence précisant que ses dispositions ont une valeur d'engagement unilatéral. Cependant, il est de plus en plus décrié par les nouveaux collaborateurs. On lui préfère des supports plus médiatiques : une vidéo personnalisée du président qui souhaitera la bienvenue, un écrit du manager qui s'engagera à accompagner le collaborateur dans son intégration ou des goodies qui seront le symbole d'une structure engageante et chaleureuse. À l'heure où on privilégie l'image par rapport à l'écrit, faire une vidéo ne coûte pas forcément plus cher qu'une publication, surtout si vous faites partie des sociétés engagées durablement.

Au-delà de l'outil, intégrer un collaborateur, c'est avant tout proposer une expérience émotionnelle. C'est également définir des attentes dans lesquelles le nouvel arrivant saura s'engager.

JR : Le livret d'accueil est toujours aussi indispensable dans son concept : faciliter la compréhension de l'entreprise en apportant les premières clés au nouveau salarié. En tant que premier support d'information pour le Nouveau, le livret d'accueil a un rôle essentiel de mise en confiance et de dédramatisation. Si sa forme papier peut paraître désuète, sa fonction est plus que jamais essentielle. Nous définissons trois fonctions fondamentales du livret d'accueil.

Fonction 1 : décrire le nouvel environnement de travail

Le livret a cette fonction essentielle d'être un guide matériel qui facilitera au Nouveau la compréhension de l'entreprise. Une attention particulière doit être portée à la mission et à la vision de l'entreprise, à l'énumération et au rôle de chacun (manager, équipe d'accueil, collaborateur, nouveau collaborateur).

Fonction 2 : information sur les attentes et les moyens d'action

Les exigences en termes de performances (individuelles et collectives) progressent constamment, et même si les entreprises prennent de plus en plus conscience de la nécessité d'une formation de qualité pour ses nouveaux entrants, la pression du « rendement rapide » tend à s'accentuer. Le livret d'accueil doit être un premier support permettant d'informer le Nouveau sur ces différentes attentes et les moyens d'action mis à la disposition de l'entreprise pour y parvenir. Les éléments d'encadrement et de définition des périmètres de responsabilité doivent être clairement indiqués.

Fonction 3 : communiquer sur la mobilité des salariés (interne ou externe)

S'il y a encore 30 ans, un salarié pouvait envisager une carrière au sein de la même société, aujourd'hui, un jeune diplômé changera plusieurs fois de sociétés au cours de sa carrière. Les attentes des nouveaux salariés ont fortement évolué au cours des vingt dernières années. C'est le cas pour la génération Y (nés après 1980 et avant 2000), particulièrement attachée à l'ambiance de travail, à la formation, à l'autonomie, la prise de responsabilités… Cette nouvelle génération de Nouveaux impose aux entreprises de revoir en profondeur leur programme d'*onboarding*.

Plus que jamais, le livret d'accueil doit être conçu en fonction de ces nouvelles exigences. Sa forme doit évidemment s'adapter aux possibilités du digital et il serait logique de la faire évoluer en le déstructurant, c'est-à-dire en le décomposant en thèmes d'informations directement accessibles au salarié en fonction de son attente immédiate liée à son avancement dans l'*onboarding*. Plutôt que d'offrir au Nouveau un recueil de plusieurs pages forcément un peu rébarbatif, pourquoi ne pas lui donner accès à un moteur de recherche dans lequel il pourra puiser la réponse à une question aussi simple que « Quelle est la fonction de M. X que je viens de rencontrer ? » ou « Qui est ce client Y ? ». Certes, cette démarche implique déjà un certain niveau d'autonomie du salarié, mais le livret d'accueil en sera justement le point de départ.

> *Le livret d'accueil représente un coût de quinze euros d'impression environ, sans compter que certaines sociétés doivent parfois l'envoyer par services postaux. Aujourd'hui, de nombreuses sociétés font le choix du livret en ligne sous la forme d'un site Internet. Le ROI est rapidement important.* – Didier Bichon, vice-président de SilkRoad Europe[1]

*Comment évaluer la performance de son programme d'*onboarding *?*

AK : Selon Richard Lac de l'Observatoire SIRH[2], « le coût brut du remplacement d'un salarié qui part au cours de sa première année est évalué entre 5 et 10 K d'euros ». En cumulant les coûts non visibles tels que le temps dédié à la formation, le coût moyen est compris entre 27 et 29 000 euros. La question est donc la suivante : seriez-vous prêt à mettre cette somme pour être sûr que votre recrutement sera réussi ? Si vous faites plusieurs actions de ce type dans l'année, la tentation est grande de mettre en place un processus d'*onboarding* et d'y proposer des mesures qui engageront également vos clients internes.

Au-delà de l'intégration même du collaborateur, il faudra aussi définir le gain de productivité attendu et le taux d'implication du personnel, autant dans l'entreprise qu'en dehors. Pour cela, il faut rationnaliser les processus de recrutement et définir les canaux les moins chers et les plus efficaces, ainsi que les formations en interne (sur les valeurs de la société) et en externe (sur les compétences techniques, par exemple).

Un des chiffres clés (et le plus facile à définir) est le taux de turn-over dans votre structure. S'il dépasse les 20 %, le programme d'*onboarding* devient indispensable. Une étude de la Dares de janvier 2015 révèle que 16,1 % des CDI créés en 2011 ont été résiliés au bout d'un an pour cause de démission. C'est la question de l'engagement des salariés qui est posée car la perte de compétences clés (autant par désengagement que par départ du collaborateur) est à la fois une défaite humaine et économique.

1. http://exclusiverh.com/dossiers/2014-l-annee-phare-pour-la-dematerialisation-rh.htm
2. http://exclusiverh.com/articles/solutions-onboarding/onboarding-ou-en-sont-les-entreprises.htm

Rappelons que le premier objectif de l'*onboarding* est humain : il s'agit de faciliter la socialisation du nouvel arrivant. Le nouveau collaborateur qui se sent bien dans l'entreprise et qui répond aux exigences du poste dans un délai raisonnable sera plus enclin à poursuivre son expérience au sein de cette même entreprise plutôt que d'en partir. De façon générale, l'entreprise doit impérativement surveiller cet indicateur clé qui est le taux d'attrition (pourcentage de collaborateurs qui quittent l'entreprise avant la fin de leur période d'essai).

Les cinq étapes d'un *onboarding* réussi selon Jérôme Réthoré

Étape 1. Le premier jour : dédramatiser

Lors de cette première journée, on se jette dans le bain après la dernière phase de recrutement. Cette arrivée est forcément traumatisante. Le Nouveau pénètre dans un nouvel environnement, interagit avec de nouvelles personnes, se confronte à une nouvelle organisation. Tout est nouveau et excitant, mais aussi déstabilisant. Cette première journée est fondamentale pour la prise de repères qui vont ancrer son installation. Il convient donc de lui fournir des repères simples (visite des locaux, rencontre des futurs collègues ou collaborateurs directs, installation au poste de travail…) sans chercher à être exhaustif. Cette introduction doit également lui donner les clés de sa future progression, c'est-à-dire les informations qu'il pourra utiliser comme fil conducteur de son auto-apprentissage : l'organigramme, les procédures de travail, sa définition de fonction, la documentation ISO si elle existe (politique qualité, manuel qualité, etc.), et toutes les informations qui permettent de décrire le fonctionnement de l'entreprise.

Étape 2. Les deux premières semaines : installer et mettre en situation

Après la découverte du premier jour, vient le temps de la pratique. La réalité du poste commence à se dessiner pour le Nouveau et pour l'équipe. Elle ne doit jamais être brutale et c'est la responsabilité du manager de s'assurer qu'elle ne le soit pas. Celui-ci doit donc être constamment présent, accompagnant et très à l'écoute. Cette phase est souvent épuisante pour le Nouveau, ce qui est parfaitement normal. Les deux premières semaines se traduisent également par une phase de doute importante à la fois pour lui et pour l'équipe. Il faut donc limiter les responsabilités au maximum, affecter une charge de travail de façon très progressive et tempérer impérativement les ardeurs des autres membres de l'équipe. En effet, c'est à ce moment-là que ces derniers peuvent manquer de patience dans les explications, se décharger trop vite d'une partie de leur travail (même si c'est ce qui est prévu à long terme), et commencer à créer des sympathies (ou pas !) qui peuvent perturber cette phase d'installation.

Étape 3. Le premier trimestre : faire progresser

Une fois la phase d'installation finalisée (premières routines sur le poste, habitudes de travail, relations qui se consolident), il faut entrer activement dans la phase de développement des compétences. Les trois premiers mois (période des 100 jours) doivent être analysés avec la plus grande attention, notamment s'ils sont réussis (retours positifs en termes de relations interpersonnelles, atteinte des premiers objectifs). L'état de grâce souvent constaté dans cette situation peut masquer une partie de la situation émotionnelle du Nouveau : stress, frustrations, incompréhensions. Le traitement de ces sujets émotionnels est éminemment complexe, le Nouveau étant dans l'équipe depuis peu. Plutôt que de s'appesantir sur ces sujets (ce qui est très souvent le réflexe du manager), il convient de se focaliser sur le savoir-faire et la montée en compétences qui vont crédibiliser, rassurer et stimuler le Nouveau ; en se consacrant à améliorer la maîtrise de sa mission, il va rentrer dans un cercle de réussite vertueux dont il aura été le réel acteur.

Étape 4. Le premier semestre : accélérer

La progression des compétences doit se faire au rythme du salarié. Nous admettons que la vitesse de progression n'a aucun rapport avec la qualité ni le plafond des futures compétences du salarié. En revanche, la non-maîtrise de cette vitesse peut conduire à l'échec. En effet, pousser le Nouveau à progresser trop rapidement peut le démoraliser (différence entre les attentes et ses propres réalisations) et mener à l'échec de son intégration. À l'inverse, lui laisser trop de temps ou lui donner des projets trop peu ambitieux peut créer un manque problématique de motivation. Aux termes du premier semestre (six premiers mois), le Nouveau doit avoir trouvé ses marques pour progresser (création de contacts « informels » en interne, démarche personnelle de recherche de documents, demande volontaire de conseils ou de formation à son manager). Le programme d'*onboarding* doit ainsi favoriser l'accession à ce statut de collaborateur proactif. Le manager doit être plus que jamais à l'écoute et moteur dans cette situation. Il doit accompagner la prise de conscience du Nouveau, le guider pour qu'il gagne progressivement en autonomie.

Étape 5. La première année : consolider

La progression étant maintenant régulière, le cycle de la première année a permis de s'assurer que la majorité des écueils connus sur le parcours du Nouveau ont été dépassés. Étant devenu pleinement moteur de sa progression, il est nécessaire de lui donner maintenant des objectifs plus ambitieux afin de maintenir cette dynamique. C'est également une façon de clôturer ce parcours d'*onboarding* en passant symboliquement le cap d'objectifs, profitant des compétences avérées du Nouveau qui, désormais, ne l'est plus.

L'*onboarding* et la dématérialisation

L'*onboarding*, en tant que parcours d'intégration, se transforme grâce à la dématérialisation. Cette dématérialisation concerne principalement des documents administratifs tels que les contrats de travail, le livret d'accueil, la convocation à la visite médicale, la description de la mutuelle entreprise, le contenu de la formation e-learning… À cela s'ajoute l'optimisation des processus de gestion et de communication entre les différents services de l'entreprise. Ainsi, après la validation de la candidature par le service recrutement, des tâches peuvent se déclencher automatiquement au service paie, à l'accueil, au service informatique, etc. Par exemple, le service recrutement transmet le contrat de travail (ou de stage) au service paie dont le système envoie directement au futur arrivant (collaborateur ou stagiaire) une demande de RIB. Une fois réceptionné, celui-ci sera envoyé simultanément à la mutuelle de l'entreprise et/ou à la comptabilité pour le calcul de notes de frais, si besoin. Cette automatisation contribue à fluidifier les échanges entre les services, à limiter le temps pour l'accomplissement de ces tâches à faible valeur ajoutée et à rappeler suffisamment à l'avance qu'un nouveau collaborateur va arriver dans l'entreprise.

La simplification des processus RH, indispensable au bien-être du collaborateur

Une fois le programme d'*onboarding* terminé et réussi, le collaborateur poursuit son parcours de carrière au sein de l'entreprise. En fonction de ses aspirations, de ses compétences et des opportunités offertes par l'entreprise, le collaborateur se retrouve souvent seul dans l'étude de faisabilité de ses choix. Pourtant, la mobilité doit être considérée comme un des éléments les plus stratégiques dans la gestion des ressources humaines. L'entreprise doit ainsi proposer un véritable programme d'accompagnement et concevoir des outils adaptés pour offrir aux collaborateurs une véritable expérience professionnelle.

L'intégration d'un nouvel environnement SIRH digital favorise le pilotage de la stratégie RH à chaque point de contact de l'expérience collaborateur. Au niveau opérationnel, cela se traduit par une meilleure autonomie des collaborateurs (procédure *onboarding*, paie, suivi médical, conservation de documents administratifs…). L'impact de cette transformation contribue également à renforcer la marque employeur. Nous avons demandé à Christelle Letist, talent manager au sein du cabinet Go To Next Levels, de nous exposer les avantages d'un digital SIRH.

SIRH ou digital SIRH, une solution unique ou plusieurs outils ?

Le SIRH classique est en décalage avec les solutions SAAS de plus en plus demandées et un monde digital qui ne cesse de se développer. Plusieurs solutions existent, cohabitent et se développent dans les entreprises. Si 51 % des entreprises ne sont pas équipées d'un outil informatique RH, certaines organisations choisiront des solutions uniques de types ERP ou SAAS complet, d'autres s'orienteront vers des produits différents qui peuvent gérer une thématique ou un processus défini. Le choix d'une solution unique ou de la solution la plus appropriée pour chaque usage sera souvent à la fois stratégique et financier.

Voilà les éléments qui changent dans un digital SIRH. Ces éléments sont à prendre en compte dans la phase de sélection du ou des outils :

- l'accessibilité de l'outil, au-delà des e-solutions proposées au début des années 2000. Les e-services doivent être aujourd'hui accessibles depuis mobile ou tablette, grâce à une app ou sur un site Web responsive et éventuellement s'interfacer avec d'autres produits (calendrier, etc.) ;
- des solutions qui passent de plus en plus vers le cloud ;
- l'intégration d'outils de collaboration et d'interaction plus dynamiques ;
- l'ergonomie des outils mis à disposition des collaborateurs et des gestionnaires.

Quels sont les processus traditionnels les plus facilement transposables ?

Tous les processus RH n'ont pas la même complexité et ne créent pas les mêmes liens entre collaborateur-outil et gestionnaire-outil. Les processus liés au talent management sont les plus facilement transposables car ils sont moins complexes et moins sensibles que ceux liés à la gestion des temps et de la paie. Parmi les processus de talent management, le recrutement est plus facilement transposable vers le digital. Pourquoi ?

- Le processus de sélection est quasi identique d'une entreprise à une autre.
- Les entreprises veulent réaliser le suivi du processus dans l'outil tout en le rendant visible pour le candidat.
- La digitalisation permet aux entreprises de disposer d'une base de données consultable et facilement utilisable.
- Les outils de recrutement se développent de plus en plus vite (intégration des réseaux sociaux, communication facilitée entre candidat et recruteur…) et sont plus orientés utilisateurs que les autres outils RH.

Les processus de formation, d'évaluation et d'*onboarding* sont transposables dans un second temps.

Quels sont les bénéfices pour l'entreprise et les collaborateurs ?

Le digital SIRH compte de multiples bénéfices pour l'entreprise : il rend les processus administratifs plus efficaces et facilite les interactions au sein de l'organisation, améliorant ainsi les conditions de travail. Un digital SIRH aide également dans la détection, le recrutement et la rétention de talents grâce à une approche plus individualisée. L'optimisation du digital SIRH permet au DRH de se baser sur des données plus fiables et d'être plus orienté communication et stratégie.

Pour le collaborateur, l'outil doit avoir une grande accessibilité afin de permettre la réalisation des tâches RH de base à partir d'un mobile. En effet, le digital SIRH doit répondre à un besoin de flexibilité pour le collaborateur, avec un outil facilement adaptable, ergonomique, rapide et permettant de gérer des processus plus complexes qu'une demande de congé.

Quelle est l'expérience utilisateur des gestionnaires RH, des managers et des collaborateurs ?

Les outils digitaux d'aujourd'hui, comme les réseaux sociaux, sont réfléchis, intégrés et ergonomiques. Pourquoi ces avancées restent-elles à la porte de l'entreprise et n'entrent-elles pas ou peu dans nos structures ? Les SIRH d'aujourd'hui sont des outils qui fonctionnent mais qui souvent ne sont pas ergonomiques, responsives ni *user-friendly*. De plus, même si les systèmes sont interfacés pour éviter les doubles ou triples encodages, les utilisateurs doivent se connecter aux différents outils pour effectuer leur travail dans le cas d'un gestionnaire RH, ou réaliser diverses tâches RH dans le cas d'un collaborateur ou d'un manager. Pourquoi ne pas créer, comme sur les outils que nous utilisons tous les jours, un point d'entrée unique pour le collaborateur ou une interface ergonomique et personnalisable (autre qu'un portail RH) ? Pourquoi ne pas utiliser et permettre un chat à travers le SIRH entre gestionnaire RH et collaborateur afin de fluidifier la relation et répondre plus vite aux questions des collaborateurs ? Il faut penser *digital workplace* plutôt qu'outil SIRH afin d'intégrer une manière moderne de travailler et d'interagir.

Faut-il parler de processus plutôt que d'outil pour faire du digital SIRH un facteur de succès dans la transformation digitale ?

Le digital SIRH et les autres outils SIRH aident à réaliser des tâches, facilitent le partage d'informations, donnent de la visibilité et de la transparence à certains processus, mais ce ne sont que des outils. Pour qu'ils soient facteurs de succès dans la transformation digitale, plusieurs éléments sont à prendre en compte :

- L'outil doit répondre aux besoins RH et des collaborateurs.
- L'outil doit simplifier et uniformiser les processus.
- L'utilisation de l'outil doit être portée par le top management.
- Il faut rester attentif à ne pas transférer trop de tâches RH vers les managers.
- Les managers doivent avoir un réel support pour réaliser les tâches RH qui leur sont demandées.
- Les processus réalisés par les managers doivent être simplifiés au maximum.

Gardez ces différents éléments en tête pendant la mise en place ou l'*upgrade* de n'importe quel outil de votre SIRH, et n'oubliez pas la règle d'or : KISSS (*Keep it Simple, Stupid and Sexy*).

Parmi les processus RH que le digital transforme, on ne peut ignorer la gestion de la mobilité. Le groupe BPCE, avec notamment l'application JUMP (J'ai Une mobilité Personnalisée) destinée à l'ensemble de ses collaborateurs, en est un très bon exemple. Jérémie Debord, responsable des emplois et des carrières de ce grand groupe bancaire français, a répondu à nos questions.

Le digital a-t-il une influence sur la gestion de la mobilité ?

Oui, évidemment. Aux périodes les plus anciennes de l'histoire de la mobilité dans l'entreprise, on n'avait pas spécialement accès aux offres d'emploi, on ne savait pas comment identifier avec précision les compétences d'un collaborateur et on n'avait pas d'autres outils que le mail pour recevoir les marques d'intérêt de nos collaborateurs sur les offres disponibles. Il y a eu évidemment beaucoup de chemin parcouru. Aujourd'hui, il n'y a plus de traitement papier ou hors digital de ce type de sujet. BPCE s'est engagée à publier toutes ses opportunités d'offres d'emploi sur les différents outils de communication interne de l'entreprise, notamment l'intranet. Les collaborateurs ont donc accès à une information transparente complète et détaillée des opportunités qui existent et des personnes en charge des recrutements pour ces différentes opportunités.

Le digital a évidemment facilité la tâche aux recruteurs puisqu'en dehors des informations ou des échanges qu'ils peuvent avoir avec les collaborateurs, cela permet d'avoir des candidatures auxquelles ils n'auraient pas forcément pensé et qui peuvent être tout à fait intéressantes dans le cadre de la mobilité. Chez BPCE, on a une règle impérative : pour chaque ouverture de poste, la priorité est de privilégier les candidatures internes avant de passer à une ouverture externe. Il nous arrive régulièrement de proposer des mobilités internes à des collaborateurs après les avoir identifiés grâce à nos outils.

Pour les formations, est-ce aussi le cas ?

Au sein du groupe BPCE, nous avons plusieurs moyens d'identifier nos besoins de formation. Nous mettons à disposition de manière très transparente le plan de formation de l'entreprise. Nos collaborateurs peuvent naviguer sur les différentes « fiches programme » disponibles sur l'intranet et classées par thème. Les choix de formation sont donc désormais beaucoup plus partagés et transversaux. Cela dit, dans le cadre du management des RH, nous avons un certain nombre d'entretiens que nous menons à des intervalles différents. Tous les deux ans par exemple, un collaborateur exprime ses souhaits de formation à son manager, qui renseigne notre application RH comprenant tous les souhaits de formation. Cela permet d'identifier les besoins, d'en gérer les priorités et de préparer le plan de formation suivant.

Quels sont les dispositifs digitaux mis en œuvre par le groupe BPCE pour informer les collaborateurs sur leur parcours mobilité ?

Nous avons mis en place plusieurs dispositifs à la fois digitaux et non digitaux. Ils sont accessibles pour tous nos collaborateurs. Nous utilisons par exemple un outil en interne pour la gestion des comptes-rendus d'entretiens et de suivi de plans d'action carrière. Nous y publions nos offres d'emploi et nous assurons la gestion de candidatures internes et externes avec un autre outil. Nous avons également lancé l'application mobile JUMP qui est un outil de gestion de la mobilité.

Le secteur bancaire est un environnement dans lequel il existe une grande variété de métiers. Au sein du groupe BPCE, il y a près de 150 emplois différents. Les collaborateurs, qui manquaient d'une vision claire de leur propre métier, mais aussi des autres métiers et des passerelles entre eux, nous ont indiqué qu'ils avaient des difficultés à identifier les métiers ayant une certaine porosité avec le leur. À partir de ce constat, on a réfléchi à la manière de leur laisser gérer leur mobilité de manière autonome et mis à leur disposition un outil grâce auquel ils pourraient accéder à des informations sur des métiers proches de leur poste actuel en termes de compétences. Évidemment, il y avait l'enjeu de la mobilité, car si l'on garde les collaborateurs trop longtemps sur le même poste, ils finissent par chercher de nouvelles opportunités à l'extérieur.

Nous avons donc préféré encourager nos collaborateurs à être mobiles en interne plutôt que de nous dire : « On ne bouge pas trop car cela va remettre des collaborateurs en cycle d'apprentissage, fragiliser certaines positions, etc. » Nous avons classé les fiches de poste dans notre outil en grandes catégories pour faciliter la recherche : commercial, organisation et qualité, informatique, finance, marketing, ressources humaines, etc. Nous avons marketé un peu la description de chaque fiche métier : chacune donne très rapidement une vision du poste avec ses caractéristiques principales. Un lien a été inclus, avec l'outil de publication d'offre d'emploi correspondante. Le plus important dans le cadre de cet outil, appelé JUMP, est le bouton « Afficher les passerelles ». Un petit graphique apparaît et propose aux collaborateurs tous les métiers qui sont en lien de manière plus ou moins directe avec le leur. C'est très important car cela déclenche de l'intérêt pour des postes auxquels on n'avait pas forcément pensé, qui peuvent être dans la famille de métier actuel du collaborateur. Les collaborateurs du groupe BPCE sont désormais proactifs dans leur mobilité. Pour humaniser l'outil, et rendre le contenu plus attractif, plus personnel et plus complet, nous avons intégré à certaines fiches métier des témoignages de collaborateurs qui décrivent leur parcours. Cette application est disponible directement depuis l'intranet. Elle est donc principalement utilisée au bureau. De plus, nous nous sommes engagés dans un processus de portabilité des outils RH qui permettent d'ores et déjà aux équipes de recrutement d'avoir accès à leurs informations d'offres d'emploi et de candidatures en cours depuis des tablettes ou smartphones.

La gestion de la diversité

> *Je pense qu'une entreprise la plus diverse possible produit les meilleurs produits.* – Tim Cook, PDG d'Apple[1]

La diversité prend de plus en plus de place en entreprise. Elle existe à la fois en tant qu'objectif de responsabilité sociétale et argument pour attirer les talents et la diversité. Dans cette partie, nous avons choisi de nous concentrer sur deux aspects de la diversité : l'intégration des femmes et celle des personnes en situation de handicap dans l'environnement de travail. Pour nous aider à définir la diversité, nous avons fait appel à Joanna Spiette, ancienne directrice de la communication du Women's Forum for the Economy and Society, et Aurélie Olivesi, maître de conférences à l'université Lyon 1 et docteur en sciences de l'information et de la communication.

Comment définissez-vous la diversité en entreprise ?

JS : D'après le site de la Charte de la diversité en entreprise[2], la définition de la diversité est la suivante : « Caractère de ce qui est varié, divers. Appliquée à l'entreprise, désigne la variété de profils humains qui peuvent exister en son sein (origine de pays, de région, de quartier, patronymique, culture, âge, sexe, apparence physique, handicap, orientation sexuelle, diplômes, etc. La liste n'est pas exhaustive). » Il n'existe pas de définition juridique de la diversité en entreprise et, par conséquent, les partenaires sociaux, dans la mise en place de politiques de diversité, choisissent eux-mêmes ce qu'ils englobent sous le thème de diversité. D'après des études menées par le ministère du Travail, de l'Emploi, de la Formation professionnelle et du Dialogue social, la mise en place de la diversité peut soit viser à améliorer les processus de ressources (recrutement, évaluation, formation...), soit cibler des populations (principalement les

1. http://time.com/3912342/apple-ceo-diversity/
2. http://charte-diversite.com

femmes, les travailleurs handicapés ou les seniors), soit mélanger les deux. Par définition, l'humanité est diverse. Les entreprises se doivent d'être le reflet des populations qu'elles servent.

AO : La diversité, c'est le contraire d'un mythe qui est très ancré, qui est celui de l'universalisme. L'universalisme consiste à présenter les politiques, les candidats, les travailleurs comme neutres et égaux. Cependant, les chercheurs en sciences sociales ont montré que ce neutre universel était un idéal qui, dans la réalité, correspondait trait pour trait à ceux qui l'avaient construit : les personnes dans la situation la plus dominante, rendant les autres invisibles. En pratique et traditionnellement, ce sont donc les hommes blancs issus des classes les plus favorisées, d'un âge proche et ayant fait un certain type d'études. Ainsi, la diversité, en tant que processus, s'oppose à ce qui a été observé comme un mécanisme de reproduction, à savoir que ces personnes considérées comme neutres et universelles se recrutent entre elles (puisqu'elles sont l'universel). La diversité des ressources par l'intégration de profils nouveaux devrait ainsi s'inscrire dans une dynamique de long terme, puisqu'elle est amenée à créer de plus en plus de diversité au fil du temps.

Le digital joue un rôle essentiel pour favoriser la diversité au sein de l'entreprise. Julien Cotte, de l'Institut Pasteur, nous explique comment le digital sert à promouvoir la diversité auprès de chacun des collaborateurs de l'entreprise.

Pourquoi la diversité en entreprise est-elle importante ? Quels sont les axes de développement au sein de l'Institut Pasteur ?

Toute entreprise a pour objectif de performer et d'accroître ses bénéfices pour pouvoir investir et poursuivre sa croissance. Tout entrepreneur cherche des solutions de rentabilité, de performance, d'optimisation... Pendant de nombreuses années, la mixité était vue comme un frein à la performance. « Une femme à un poste important ? Elle risque d'avoir des enfants ! » ; « Une personne originaire du Brésil ? Mais elle ne connaît pas notre pays ni notre marché ! » Ces a priori ne faisaient qu'enfermer les entreprises et leurs salariés dans des stéréotypes, sans remise en cause des pratiques ni volonté de se challenger. Heureusement, le monde s'est ouvert et cette ouverture a fait découvrir aux entreprises d'autres façons d'entreprendre, de voir les choses, de ressentir les affaires, de manager... Quoi de mieux que d'être challengé par un nouveau partenaire, un nouveau salarié qui a connu autre chose ailleurs ? Quoi de mieux que de débattre avec des personnes qui ont un point de vue différent du nôtre ? N'est-ce pas le propre de l'évolution de l'homme ? N'est-ce pas grâce au questionnement et à la remise en question des acquis que de grandes découvertes ont été réalisées ?

C'est une évidence, la diversité est la clé de la réussite de toute entreprise. Pourtant, pour être efficace, il faut qu'elle soit vécue et pas seulement par les quotas imposés légalement. Les lois qui obligent à se remettre en cause sur le sujet sont une chance pour chaque entreprise. Outre les quotas, l'entreprise qui comprend l'intérêt de la diversité et l'intègre en totalité dans ses affaires réussira bien mieux que les autres. Pour cela il faut du courage, et le courage dans les affaires, ce n'est pas si simple lorsque la concurrence est forte. Pourtant, au-delà d'une recherche de performance, il s'agit aussi d'un acte citoyen.

Au sein de l'Institut Pasteur, la diversité fait partie de notre quotidien. Nous avons plus de 60 nationalités différentes sur notre campus parisien, nos équipes sont composées de 60 % de femmes et 40 % d'hommes. Le président du bureau de notre conseil d'administration est une femme, notre comité de direction est composé de 14 personnes avec une parité parfaite. Notre raison d'être est la recherche, la curiosité, les échanges entre scientifiques du monde entier pour faire avancer la santé et reculer les maladies. La diversité est donc un axe essentiel de notre développement, comme l'illustre notre réseau international des instituts Pasteur, qui vise à être au plus proche des patients sur les cinq continents et à partager les savoirs et les avancées biologiques.

Le besoin de diversité doit être transmis et compris par toute l'entreprise. Vous servez-vous du digital pour promouvoir la diversité ?

La diversité doit être partagée, elle doit se vivre au quotidien. Toutes les solutions sont intéressantes à explorer pour accompagner le déploiement de la diversité au sein des entreprises. Le digital en fait partie car il apporte de nouvelles opportunités et façons de dialoguer, de travailler. Lorsqu'un réseau social est en place, il peut permettre de poursuivre l'animation de communauté au sein de l'entreprise et faciliter l'intégration de certains salariés. Quand un Hongrois intègre une entreprise, lui proposer de rencontrer les autres Hongrois présents sur son lieu de travail peut faciliter son accueil et son intégration. Ainsi, il pourra avoir un référent et ensuite intégrer un fil de discussion sur le réseau social. Cela le rassure et permet à l'entreprise d'intégrer plus rapidement le nouveau salarié et de gagner du temps.

Le digital permet aussi une meilleure adaptation pour les personnels en situation de handicap. Dans le monde de l'éducation, le numérique permet aux enfants autistes de sortir peu à peu de leur isolement grâce aux consoles de jeux, des enfants dyslexiques peuvent demander à l'ordinateur d'épeler un mot lors d'un exercice… En entreprise, les mêmes évolutions sont en cours. Une personne malvoyante peut avoir accès aux outils permettant d'utiliser son ordinateur en braille. Des solutions digitales contre le diabète avancent également pour que ce handicap gêne le moins possible les salariés dans leur quotidien.

Enfin, le digital libère de plus en plus la parole. Les tabous en entreprise sur les sujets de la mixité ou du handicap sont peu à peu pris en tenaille face à la multiplicité des prises de parole internes ou externes. Le digital permet aux entreprises de dialoguer avec leurs salariés mais également d'être bien informées sur ces sujets. Bien entendu, il faut avoir envie de se renseigner, mais dès que ce petit pas est fait, de nombreuses informations, solutions, idées sont partagées et discutées… Le digital est bien un vecteur de changement important qui permet le dialogue, la transmission des savoirs et le partage de bonnes pratiques.

L'ÉGALITÉ ENTRE LES HOMMES ET LES FEMMES

L'égalité entre les hommes et les femmes est essentielle au sein de l'entreprise, à la fois pour que l'environnement de travail reflète la société et pour amener une diversité de points de vue. Pourtant, si les femmes sont très présentes dans le monde du travail, on constate qu'elles sont minoritaires dans certains domaines comme la technologie et dans des postes de leadership. Joanna Spiette et Aurélie Olivesi nous expliquent le phénomène du plafond de verre et nous donnent des clés pour féminiser des domaines encore très investis par les hommes.

À quelles idées reçues est liée la relative absence de femmes aux postes de leadership et comment les surmonter ?

JS : La relative absence des femmes dans les échelons élevés de la hiérarchie s'explique en partie par le processus d'identification de ceux que l'on appelle les « hauts potentiels » dans les grandes organisations. La détection des hauts potentiels se fait quand le salarié a entre 30 et 35 ans, autrement dit, la période pendant laquelle les femmes ont des enfants, sont moins visibles dans l'entreprise, et sont donc perçues comme moins disponibles. Les services de ressources humaines doivent prendre en compte cette situation, somme toute classique, en aménageant les processus d'identification et en mettant en place de véritables politiques d'accompagnement des femmes dans la maternité, notamment un accompagnement pendant le congé maternité et une préparation au retour en poste. Par ailleurs, avec le développement des outils digitaux, qui facilitent le travail à distance, la question de la disponibilité des femmes ne devrait plus avoir à se poser…

AO : En travaillant sur les femmes politiques françaises, j'ai pu observer que les stéréotypes peuvent être répartis en deux générations :

1. Les idées traditionnelles qui positionnent les femmes uniquement dans des postures liées aux hommes de leur entourage : la mère, la fille, la collaboratrice, l'épouse. Dans cette logique, les femmes qui semblent s'affranchir de ce rapport aux hommes de leur entourage sont perçues comme des « intrigantes » (usant de leurs charmes), des « dames de fer » (des femmes masculinisées) ou des « régentes » dont la situation est transitoire et qui sont donc en mal de légitimité. Le classement Forbes de 2015 a montré qu'aucune des 15 femmes les plus riches du monde n'a fait fortune par elle-même : elles doivent toutes leur fortune à un homme (père, grand-père, mari).
2. Ensuite, des stéréotypes plus actuels ont été mis en avant par les femmes elles-mêmes dans une logique de retournement du stigmate. Elles ont voulu valoriser le fait d'être perçues comme plus « humaines », « proches des gens », pour montrer qu'elles allaient apporter de la nouveauté dans les fonctions dirigeantes, mais cela se retourne contre elles. C'est ce que la politiste Catherine Achin nomme le « salto du stigmate » : une fois en place on les cantonne aux fonctions liées au social, qui semblent nécessiter moins de connaissances théoriques…

Ainsi, les femmes ont beaucoup de mal à se sortir du *double bind* (« double contrainte ») : lorsqu'elles prennent soin de leur carrière, on dit qu'elles sacrifient leur famille, et vice versa. On retrouvait déjà une grande partie de ces représentations à la Belle Époque, comme l'a montré Juliette Rennes.

Quels sont les autres freins qui expliquent le plafond de verre et comment les affronter ?

JS : Il y a bien entendu les freins que se mettent les femmes elles-mêmes. Le syndrome de la *bonne élève* est encore largement répandu : croire que l'on sera récompensée simplement parce que l'on travaille bien… Au-delà du savoir-faire, les femmes doivent développer leur faire-savoir : communiquer sur leur travail, leurs résultats, savoir se mettre en avant, oser demander une promotion, une augmentation… Face à une opportunité professionnelle, un homme considère que s'il coche 60 % des compétences requises, il postulera, alors qu'une femme attendra de posséder 100 % des compétences requises avant même d'envisager de pouvoir postuler. Les compétences s'acquièrent. Par ailleurs, quand on écoute les témoignages de femmes qui ont réussi, elles soulignent également l'importance du mentor : celui qui écoute, qui guide, qui peut ouvrir des portes. Homme ou femme, c'est souvent une figure importante pour un parcours réussi.

AO : Tout d'abord, il est important de préciser que le plafond de verre s'est déplacé : il n'est plus à l'entrée de la carrière mais devient visible plus loin dans le parcours, notamment au niveau des postes d'encadrement, et bien sûr de la direction des entreprises. Ce plafond de verre résulte de la combinaison de plusieurs phénomènes, dont un est souvent difficile à cerner, qui est une part d'imprégnation et d'intégration personnelle des stéréotypes par les femmes. Des études ont montré que lorsque l'on questionne des enfants sur leur projet professionnel, dès 9 ans, les petites filles donnent des réponses qui prennent en compte le fait qu'elles auront une famille, ce qui n'est pas le cas pour les petits garçons. Depuis l'enfance, elles se censurent et intègrent le fait qu'elles seront moins mobiles, qu'elles devront travailler tout en s'occupant de leurs enfants (ou être suffisamment proches de leurs propres parents pour qu'ils les gardent)…

Le plafond de verre se crée sur le long terme. Dans l'IUT dans lequel j'enseigne, des collègues ont fait une étude sur le devenir de leurs étudiants 30 mois après leur diplôme : si l'on observe à la sortie que les filles font partie de la tête de promo, 30 mois plus tard, elles sont déjà moins bien payées et à des postes moins élevés. Cet écart qui se crée en moins de 3 ans ne fait que se creuser. Pour l'éviter, il faut y travailler longtemps en amont : on sensibilise les étudiantes à l'université, mais elles ont tendance à penser que leur orientation est déjà faite et que cette sensibilisation arrive trop tard. Par ailleurs, les femmes manquent de *role models*. Pourtant, ces modèles sont nécessaires. Par exemple, Sheryl Sandberg, COO (*Chief Operating Officer*) de Facebook, l'a compris et s'est volontairement positionnée en tant que modèle en publiant *Lean In*[1].

Comment des secteurs traditionnellement masculins peuvent-ils attirer plus de femmes ?

JS : L'éducation est un élément essentiel. Prenons l'exemple du secteur des STIM (Sciences, Technologies, Ingénierie, Mathématiques). C'est un secteur d'avenir, où l'on manque déjà de main-d'œuvre. Aujourd'hui, les femmes représentent 32 % des étudiants au niveau supérieur dans ces spécialités – si les femmes étaient représentées à parts égales, cela représenterait un vivier de quatre millions d'employées potentielles[2]. Il est essentiel que les familles et l'environnement éducatif encouragent les filles à aller vers ces filières au moment des choix d'orientation, en permettant le témoignage de femmes qui y travaillent, en présentant les entreprises de ces secteurs… Mettre en avant des *role models* auxquels les jeunes filles peuvent s'identifier est essentiel. Enfin, bien entendu, les organisations de ces secteurs doivent s'adapter aux spécificités des carrières féminines en mettant en place des politiques RH claires et adaptées.

1. S. Sandberg, *Lean In*, Knopf, 2013.
2. Cf. « What can be done in a decade », par le Boston Consulting Group en partenariat avec le Women's Forum for the Economy and Society et le soutien de l'OCDE Gender Data Portal pour l'initiative « Engage The Future ».

Comment les initiatives de réseaux de femmes peuvent-elles aider les femmes à accéder à des postes plus élevés dans l'entreprise ?

JS : Faire partie d'un réseau de femmes permet de comprendre et d'activer sa démarche réseau personnelle : c'est un élément essentiel de progression dans une carrière car, au-delà des compétences, la recommandation d'un pair est très souvent valorisée. Les femmes doivent apprendre à intégrer leur démarche réseau dans leur journée de travail : ce n'est pas un élément qui vient s'ajouter à leur agenda et qui sera éludé au profit de leur vie familiale. Les hommes l'ont compris depuis longtemps ! Les réseaux permettent également de libérer la parole pour évoquer des difficultés rencontrées : les femmes se rendent ainsi compte qu'elles ne sont pas seules. Aujourd'hui, certains réseaux de femmes s'ouvrent aux hommes : c'est une pratique qu'il faut encourager car ces derniers doivent être partie prenante du dialogue (cf. campagne #HeForShe de l'ONU Femmes). Dans les entreprises, quand un patron s'engage, tout le monde suit !

Quels aménagements peuvent permettre à tous de mieux concilier vie professionnelle et vie privée ?

JS : En France, il faut encore lutter contre la culture du présentéisme et de la réunionite aigüe (saluons les entreprises qui interdisent les réunions après 18 heures, en général contre-productives). Avec le développement des outils digitaux, du travail en mobilité, du télétravail, nous pouvons espérer ce changement de culture. Les vies professionnelles et privées deviennent plus poreuses : nous pouvons voir cela comme un risque (l'ultra-disponibilité du salarié) mais c'est surtout une opportunité formidable pour les femmes. Les hommes doivent bien entendu être mis à contribution, via le développement du congé parental partagé, la déculpabilisation des salariés quand ils prennent leurs onze jours de congé paternité… Nous assistons à de formidables changements dans notre société : adaptons-les pour les mettre au service des salariés qui, plus épanouis, se révèleront plus productifs pour leurs employeurs.

Parmi les entreprises qui font le plus d'efforts pour féminiser leurs équipes à tous les niveaux, les entreprises technologiques sont de bonnes élèves. Évoluant dans un milieu majoritairement masculin, les femmes sont à l'origine d'initiatives pour promouvoir leur place dans la high-tech, initiatives soutenues par l'exécutif. EBay est une entreprise où le réseau de femmes est particulièrement développé. La COO d'eBay Women in Technology, Nolwenn Godard, nous en parle. Nolwenn dirige la division Virements et Vérifications bancaires de PayPal Amérique du Nord. Ses attributions incluent la stratégie, les partenariats stratégiques et les solutions produits pour les nouvelles initiatives bancaires. Son intérêt pour la promotion des femmes dans la high-tech l'a amenée à devenir COO bénévole de eWIT, un réseau dédié à la promotion des femmes au sein de eBay/PayPal. Parmi ses responsabilités antérieures, elle a été contrôleuse de gestion et consultante IT chez Ubisoft, et analyste systèmes à la Société Générale. Elle est diplômée de l'ESSEC.

Comment les réseaux comme eWIT aident-ils les femmes à réussir dans la high-tech ?

eWIT – eBay Women in Technology – est un réseau de femmes dédié à la promotion des femmes dans notre entreprise. Son ambition est d'étendre les opportunités de formation et de carrière pour les femmes d'eBay/PayPal et d'aider les nouvelles générations à s'approprier l'univers de la technologie. Créé en 2007, le réseau est désormais fort de 2 400 membres féminins, comprend un comité de pilotage de 30 bénévoles et bénéficie du soutien, notamment financier, de l'exécutif (CTO/CIO) et de marraines (vice-présidentes) au sein du comité de direction. Je suis un membre actif d'eWIT depuis sa création et je suis ravie de participer à sa direction depuis 3 ans, auparavant comme responsable de la formation et maintenant comme COO.

Pour donner du pouvoir aux femmes et favoriser leur succès dans l'entreprise, nous proposons différents programmes sur :

- **La formation**, orientée vers le développement des compétences techniques et de leadership, avec une attention particulière portée sur les différences liées au genre, la conscience des préjugés qui y sont associés, et les façons de les atténuer. Cela prend la forme d'ateliers menés par nos partenaires formation (comme le *Stanford Executive Program for Women Leaders – Acting with Power, Influence, Negotiation*[1]), de webinaires et d'un programme d'observation de l'exécutif (les participantes accompagnent et observent un membre senior de l'exécutif dans son activité quotidienne pendant deux jours afin de se familiariser avec ce niveau de responsabilité).
- **L'inspiration et la motivation**, en présentant des exemples remarquables de parcours de femmes réussis dans une série de conférences et en organisant des rencontres favorisant la transmission de connaissances de la part d'expertes. Nous mettons également en avant les réussites de nos membres féminins et la façon dont les femmes participent à la vie de l'entreprise. Nous avons pour cela une newsletter mensuelle qui mentionne par exemple les nouveaux brevets, les interventions à venir dans des conférences du secteur, etc.
- **Le mentorat**, en facilitant la création de relations fortes d'appui au développement personnel.
- **Les partenariats** avec des organisations de femmes investies dans la high-tech, en soutenant la participation de nos membres aux événements dédiés au développement de la technologie afin qu'elles puissent diffuser leur expertise et leurs avis sur les nouvelles tendances techniques, ou encore en accueillant des événements sur notre campus (comme le *Bay Area Girl Geek Dinners*[2]) pour attirer les talents et nous associer à d'autres entreprises qui font du soutien à la promotion des femmes un de leurs axes stratégiques. Nous profitons également des événements du secteur et des forums externes, comme lors des tables rondes professionnelles mensuelles *FountainBlue*[3] et de la conférence annuelle de la Société des femmes ingénieurs.
- **Les compétences technologiques**, en créant un réseau de femmes qui peuvent partager des connaissances et une expérience techniques dans différents secteurs high-tech, en soutenant des hackathons et en favorisant leur participation à des conférences dédiées à la technologie.

1. Programme de Stanford pour les femmes qui souhaitent développer leur leadership.
2. L'organisation *Bay Area Girl Geek Dinners* co-organise, avec des groupes comme eBay, Google ou Amazon, des soirées thématiques pour les femmes en technologie.
3. Depuis 2006, les tables rondes *FountainBlue's WhenSheSpeaks* permettent aux femmes en high-tech de se rencontrer et de développer leur réseau.

Ainsi, nous construisons un réseau de femmes et attirons des talents, et nous soutenons en particulier les générations montantes et futures de femmes ingénieurs grâce à des initiatives de bénévolat intéressantes, comme des camps de vacances centrés sur le codage pour les élèves du primaire, *Women who code*[1], des ateliers pour les jeunes du secondaire, ou encore le programme *Live the Dream STEM for Latina Girls*[2].

En plus d'eWIT, nous avons une initiative, WIN – *Women Initiative Network* –, lancée par notre PDG, qui encourage le succès des femmes dans notre entreprise. Voici quelques-uns de ses axes d'action :

- L'inclusion par les vice-président(e)s d'éléments liés au genre dans leurs objectifs annuels et le mentorat de cinq femmes classées « hauts potentiels » par chaque VP.
- Pour tous les postes de direction, les candidats reçus en entretien ainsi que l'équipe de recrutement menant les entretiens doivent comprendre des femmes.
- Les femmes classées « hauts potentiels » doivent avoir un plan de développement de carrière en place pour en discuter avec leurs managers.
- Les leaders doivent avoir un œil sur la diversité du vivier de collaborateurs à promouvoir afin de s'assurer du respect de l'égalité des chances. Cette exigence est valable pour tous les processus RH : recrutement, évaluation, gestion de la performance, succession, salaires, gratifications.
- En tant qu'entreprise, nous mesurons et partageons régulièrement nos progrès sur les questions démographiques (pourcentage de femmes à des postes de direction, promotions, taux de départ, etc.) à la fois pour les garder au centre de nos préoccupations et pour afficher notre engagement et nos convictions. Nous mesurons la perception de nos progrès en interne par un sondage mondial sur la diversité hommes-femmes.
- Nous combattons les préjugés plus directement à travers l'éducation et l'information sur les idées reçues liées au genre (par exemple contre les préjugés sur la mobilité géographique ou l'envie de promotion).
- Nous avons lancé des cercles Lean In, petits groupes de mentorat entre femmes pour apprendre et partager et mieux gérer les étapes difficiles qu'elles peuvent rencontrer dans leur carrière et dans la réalisation de leurs ambitions.

Ces initiatives ont permis à eBay Inc. de multiplier par plus de deux le nombre de femmes à des postes de direction entre 2011 et 2013, d'augmenter le taux de promotion des femmes et la fidélisation des talents féminins. La conviction et l'engagement manifestés au niveau du top management, l'attention portée à ces questions dans tous les process RH et la mesure de données correspondantes ont été décisifs. Il sera nécessaire de poursuivre le changement de l'état d'esprit et de la culture d'entreprise pour aller plus loin, pour que chaque collaborateur devienne plus sensible à la diversité et en ait une meilleure compréhension[3].

1. Série de conférences destinées à mettre en avant l'intérêt pour les femmes à mener une carrière dans la technologie.
2. Programme créé pour faire découvrir les carrières mathématiques et scientifiques aux jeunes filles de 9 à 13 ans issues de familles à faibles revenus.
3. http://mckinsey.com/insights/organization/realizing_the_power_of_talented_women

En quoi la situation des femmes dans la high-tech est-elle différente de la situation des femmes dans les autres secteurs ?

Voilà ce que j'ai appris en m'engageant dans cette action de promotion de la présence des femmes dans la high-tech :

- **Il faut se maintenir à niveau dans un domaine d'expertise en évolution rapide**

La high-tech est un secteur qui change rapidement. Rester au fait des tendances est un défi et pourrait représenter un investissement en temps jugé incompatible avec l'emploi du temps des femmes et la nécessité pour elles de concilier leurs différentes responsabilités. Je suggérerais aux femmes de choisir quelques sujets qu'elles veulent maîtriser en priorité et dont elles auront besoin dans leur carrière (comme le cloud, la data, la recherche, le Web social, le mobile, le gaming…)

- **Il faut savoir faire face aux stéréotypes**

L'existence de stéréotypes et préjugés sexistes est largement admise comme une réalité dans le secteur de la high-tech et ils sont par définition difficiles à changer, puisqu'inconscients. On les trouve à l'œuvre dans les affectations de postes, les évaluations de performance, les augmentations et l'évolution des carrières de façon générale (par exemple, une femme sera facilement décrite dans son évaluation de performance comme « dévouée » et « travailleuse » et non « leader » et « décisive pour atteindre les objectifs » ; si elle a des traits de caractère *féminins*, elle sera décrite comme « manquant de confiance en elle », dans le cas contraire comme « trop agressive »).

- **Les femmes à prendre en exemple sont plus rares**

Dans la high-tech, comme il y a moins de femmes et encore moins de femmes à des postes clés que dans les autres secteurs, celles-ci se sentent isolées et manquent de modèles dont s'inspirer, de mentors/soutiens et de réseaux proches (ce qui retarde l'évolution de leur carrière). Cela rend particulièrement important le fait que des femmes puissent percer dans ce milieu et devenir ainsi des modèles pour les générations suivantes.

Quel est selon vous le point commun entre les femmes qui réussissent dans la high-tech et celles qui arrivent à des postes clés ?

Travailler dur n'est pas suffisant. Nos femmes leaders dans les métiers technologiques chez eBay/PayPal ont un ensemble de qualités :

- **Elles montrent des résultats**

Dans les métiers techniques encore plus que dans les autres domaines, avoir une vision et une stratégie ne suffit pas ; pour établir sa crédibilité il faut aussi produire et atteindre des objectifs. Une fois qu'elles ont démontré qu'elles pouvaient assurer la maintenance d'un site, mettre en place des plans opérationnels, réaliser leurs avancées dans les projets, les femmes ont alors leur place à la table des décideurs et peuvent faire part de leurs analyses stratégiques.

- **Elles cultivent leur expertise et se forment en continu**

Pour être un décideur reconnu dans la high-tech, il faut être charismatique, rallier les gens et savoir les inspirer par sa vision, mais il ne faut pas abandonner les compétences métier. Nos femmes leaders cultivent leur expertise, ce qui assoit leur crédibilité face aux ingénieurs. Certains collègues masculins auront besoin de voir les femmes prendre une part active aux discussions techniques et faire ainsi la preuve de leurs compétences pour pouvoir enfin croire en leur maîtrise du métier. Il faut donc que les femmes maîtrisent les tendances techniques, qui évoluent vite, et s'engagent à apprendre en continu.

- **Elles ont des modèles et participent à des réseaux d'entraide de femmes**

Les modèles et soutiens – mentors et parrains/marraines – ont un impact important sur la carrière d'une femme leader dans les métiers technologiques. Les parrains et marraines discernent, donnent des opportunités et permettent à leurs filleules de s'appuyer sur leur propre carrière. Chez eBay/PayPal, nous observons que les femmes leaders tendent à reproduire les expériences positives qu'elles ont connues : elles guident et parrainent des femmes à haut potentiel, les encouragent (« Vous faites un travail fantastique »)...

- **Elles prennent des risques**

Les femmes leaders sont conscientes que leur carrière sera un long parcours qu'elles doivent planifier. Le succès n'arrive pas du jour au lendemain. Il est important qu'elles aient une ferme confiance dans leurs projets et dans leur capacité à progresser parce qu'elles connaîtront des difficultés et des échecs. Elles devront les reconnaître et apprendre de cette adversité, tout en restant dans la course. Elles cherchent sans arrêt des opportunités et prennent des risques : elles n'écartent pas a priori des opportunités parce qu'elles auraient l'air de prime abord trop difficiles ou pas assez attractives. Beaucoup de femmes leaders dans la high-tech ont fait des choix et pris des décisions pour faire avancer leur carrière, sans se sentir complètement prêtes ou sans avoir toutes les qualifications pour les nouveaux postes.

- **Elles créent leur réseau**

Avoir un réseau large et fort est un facteur de réussite clé pour beaucoup de femmes leaders. Rencontrer des dirigeants d'organisations diverses au sein de réseaux professionnels est essentiel pour apprendre d'eux et construire une relation avec eux. Cela permet d'avoir un autre point de vue et des idées nouvelles pour résoudre des problèmes tout en se souciant de contribuer soi-même au réseau (en donnant soi-même des idées, en facilitant les rencontres...)

- **Elles bénéficient du soutien de leur conjoint**

Les femmes qui réussissent dans la high-tech ont besoin d'une bonne structure pour les soutenir et connaissent une répartition équitable des tâches domestiques et des soins aux enfants. Elles doivent réussir à équilibrer leurs besoins et ambitions avec ceux de leur partenaire.

Quelles sont les étapes concrètes que les femmes peuvent entreprendre pour entrer et réussir dans le secteur technologique ?

- **Explorer l'univers technologique**

Il est important d'utiliser les différents outils et d'explorer ce qu'on aime et ce qu'on trouve épanouissant parmi les différents métiers de la high-tech (écriture de code, design graphique, design produit, génie des procédés, gestion de projets, gestion de produits, contrôle qualité, développement *front-end*, etc.) en construisant par exemple un site avec des templates en glisser-déposer.

- **Apprendre**

Il y a beaucoup de cours gratuits en ligne qui vous permettront d'être plus à l'aise avec la technologie et de confirmer votre intérêt pour le domaine, comme les cours d'introduction à l'informatique de Stanford[1] ou au codage sur edX[2]. Plus vous apprendrez, jouerez et essaierez de nouvelles choses, meilleures vous serez techniquement. Concentrez-vous sur vos forces et vos centres d'intérêt, c'est là que vous serez la plus efficace. La quantité de compétences à acquérir peut sembler insurmontable. Une bonne approche de départ peut être de choisir un problème à régler, d'être curieuse et de se renseigner sur le sujet, ses acteurs, ses fondamentaux en lisant, en rencontrant des gens et en leur demandant comment eux-mêmes aborderaient ce problème.

- **Rejoindre des réseaux de femmes centrés sur la technologie et créer des liens**

Rejoignez des réseaux qui font la promotion des femmes dans les métiers techniques et font avancer leur cause. Les femmes ont des réseaux souvent forts mais restreints, ce qui limite leurs opportunités de carrière. Il faut agrandir son réseau et se lier avec des personnes-ressources pour créer de nouvelles opportunités et réussir. Il faut donc trouver le temps de construire son réseau, de sortir de son bureau et de ses mails pour rencontrer des gens à la fois à l'intérieur et à l'extérieur de son entreprise.

- **Trouver des soutiens**

Il est important d'avoir des modèles – hommes et femmes – à qui se référer, surtout en cas de difficultés, afin de comprendre comment ils ont pu résoudre des situations similaires. Les soutiens – mentors, parrains – sont essentiels dans la vie professionnelle d'une femme et ont une influence considérable sur son parcours professionnel. Leurs avis et encouragements contribuent à vous donner confiance en vous et la force de rester dans la course quand les choses sont difficiles. Reposez-vous sur des professionnels qui connaissent eux-mêmes le succès et apprenez d'eux.

Les mentors vous donneront des conseils adaptés à chaque situation, poseront les questions difficiles, remettront en question vos idées, vous encourageront à prendre des risques ou à avoir des conversations difficiles, vous mettront en contact avec les bonnes personnes tout en vous faisant part des leçons apprises au fil de leur propre expérience.

Les parrains s'intéressent personnellement à votre succès, cherchent activement à faciliter votre prochaine étape, à influencer et créer cette opportunité. Ils s'assurent que votre carrière grandit avec la leur. Et comme vous devez prendre en main et travailler chaque aspect de votre carrière, un coach peut s'avérer utile.

- **Se reposer sur les structures de soutien**

Si vous voulez réussir votre carrière, il est essentiel d'être aidée et de déléguer. Vous devez jongler entre les responsabilités et vous ne pouvez pas le faire seule. Vous devez avoir la bonne infrastructure de soutien et créer des partenariats avec des gens qui peuvent vous aider.

1. http://online.stanford.edu/courses
2. http://edx.org

Si votre partenaire et vous-même vous occupez d'une famille, il est important de pouvoir faire tour à tour avancer la carrière, les besoins et les ambitions de chacun des deux conjoints. Il est important aussi d'accepter le fait qu'il n'y aura pas d'équilibre vie privée/vie professionnelle mais plutôt une intégration vie privée/vie professionnelle. Il s'agira toujours de faire le bon choix pour chaque situation – de choisir où investir son temps et son attention – qui aura un impact sur votre carrière et votre famille. N'oubliez pas que votre contribution à votre famille ne se limite pas au temps que vous lui consacrez, mais se traduit aussi par ce que vous représentez en tant que modèle pour vos enfants.

Quelles sont les actions que les décideurs doivent entreprendre pour favoriser la présence des femmes dans la high-tech ?

Les actions des dirigeants pour la diversité et l'inclusion des femmes sont essentielles pour créer le changement. Elles nécessitent engagement, évaluation et changement culturel. En tant que leaders, que peut-on y faire ?

- **Choisir de défendre la diversité et de briser le statu quo**

Engagez-vous à aider les femmes à pénétrer les métiers technologiques et à construire et développer leur carrière dans ces métiers. Soyez un modèle. Créez une culture propice à faire confiance aux femmes et à les juger aussi capables et compétentes que les hommes.

- **Combattre les préjugés inconscients**

Soyez attentifs à déceler les préjugés de toute nature liés au genre. Cela vous aidera à corriger les pratiques qui ne favorisent pas la présence des femmes dans la high-tech et vous amènera à construire un environnement de travail diversifié, équilibré, composé des meilleurs talents. Cela implique de mettre en place des critères clairs pour le recrutement, l'évaluation de la performance, les gratifications et les promotions. Par exemple, lors du recrutement, il devrait y avoir des femmes parmi les personnes qui conduisent les entretiens des candidates. Dans les évaluations des compétences et des performances, évitez de prendre en compte le genre : l'évaluation devrait porter sur les données objectives, les contributions, les résultats, et non pas le style de quelqu'un s'il n'a pas d'impact sur la collaboration avec les autres. Le vocabulaire utilisé pour les évaluations doit être vérifié et corrigé : les femmes sont souvent décrites comme « solidaires » et « travailleuses » alors que les hommes sont décrits comme « des leaders indispensables aux résultats », ce qui influe différemment sur les promotions. Évitez aussi d'avoir des préjugés sur la mobilité géographique des femmes au moment de les promouvoir.

- **Permettre la croissance**

Parrainez les organisations internes qui ont été créées par les collaboratrices et les réseaux où les femmes s'entraident. Investissez dans des programmes de parrainage de femmes, des programmes de mentorat et dans des stratégies de développement personnel et d'opportunités de promotion. Confiez aux femmes des missions importantes ou spéciales particulièrement visibles et appréciées des managers. Assurez-vous que les managers défendent les carrières de leurs équipes. Les entretiens de départ montrent trop souvent que les femmes quittent un poste dans la high-tech car elles ne se sentaient pas suffisamment soutenues dans leur carrière.

- **Cultiver la présence des femmes dans les équipes**

Les décideurs devraient recruter plus de femmes à des postes où elles peuvent devenir des modèles, transformer la culture et renvoyer le message que les femmes ont des opportunités dans l'organisation. Les horaires flexibles, le congé maternité, les aménagements comme les places de parking réservées pour les femmes enceintes ou les crèches aident à attirer les meilleurs talents.

- **Construire votre futur vivier de talents**

Construisez une stratégie de recrutement volontaire et ciblée en faveur des femmes en développant les contacts avec les écoles d'ingénieurs et les universités et en soutenant des organisations comme l'institut Anita Borg (pour les femmes dans la technologie), les formations scientifiques et mathématiques, les événements comme le *Geek Girl Dinners* et la conférence *Dare 2B Digital*. Aidez les organismes qui soutiennent les femmes, comme Code.org, *Girls Who Code*[1], *Black Girls Code*[2], *Tech bridge*[3].

Investissez dans votre futur vivier de talents en soutenant les programmes de sensibilisation, en envoyant des femmes montrer l'exemple et parler de ce qu'elles font dans les écoles primaires, collèges et lycées, intéresser et motiver les jeunes (surtout les jeunes filles) à aller vers les carrières technologiques. La technologie, ce n'est pas seulement des robots, des machines et des gadgets. Montrez que la technologie peut contribuer très positivement à améliorer les conditions de vie des personnes et aider les communautés : les femmes sont sensibles au bien commun, comme le montrent les hackathons que nous mettons en place. Il est important de montrer aux jeunes générations qu'elles peuvent changer le monde qui les entoure avec de la technologie bien conçue. Enfin, en participant aux conversations avec des filles et en leur donnant des exemples à suivre, vous les aiderez à combattre les stéréotypes qui sont ancrés dans notre culture et véhiculés par les médias.

Les hommes jouent un rôle crucial pour affirmer la place des femmes dans l'entreprise et assurer l'égalité entre les femmes et les hommes, d'une part parce qu'ils sont plus souvent décideurs, d'autre part parce que leur propre investissement dans la vie familiale contribue à faciliter l'accès des femmes au marché du travail puis à des postes à responsabilité, comme nous l'explique Julien Cotte, de l'Institut Pasteur.

Redonner une place au père en entreprise est essentiel pour la parité. Comment le digital permet-il aux hommes de plus s'investir dans leur famille ?

La digitalisation des outils permet une approche du travail différente. Elle permet la mobilité des personnes, le développement du télétravail et facilite les échanges à distance entre collègues. Le numérique permet de repenser le travail et donc le rapport au travail des hommes et des femmes. Reste à faire évoluer les mentalités de chacun. Il faut aussi que les lois suivent pour permettre une réelle égalité et équité entre les travailleurs. À quand le congé paternité d'une durée égale au congé maternité pour que l'absence de la femme ne soit pas vue comme une anomalie dans le parcours professionnel ? Si tout le monde avait

1. http://girlswhocode.com
2. http://blackgirlscode.com
3. http://techbridgegirls.org

le même droit, la question de l'absence ne se poserait plus. Il est acquis que si un homme souhaite s'investir dans son rôle de père et de mari, il doit faire fi de nombreux a priori, préjugés, stéréotypes véhiculés dans notre société et par extension dans nos entreprises.

Pour ma part, je pratique depuis de nombreuses années le télétravail et cela me permet d'aller chercher au moins une fois par semaine mes enfants à la sortie de l'école. De même, de nombreuses tâches administratives ou ménagères peuvent être accomplies en ligne (les courses, le paiement de la cantine des enfants, par exemple). Cela permet réellement un meilleur partage des tâches domestiques entre les hommes et les femmes. Si nous voulons une réelle égalité entre les hommes et les femmes au travail, il faut que la place de l'homme dans le foyer évolue tout autant que la place de la femme au travail. Il reste surtout du chemin à parcourir dans les esprits, car je pense que nous avons les outils qu'il nous faut pour entamer un véritable virage.

LE HANDICAP

Les personnes en situation de handicap sont parfois les grandes oubliées du monde du travail, en grande partie par manque de compréhension des handicaps dans leur diversité et parce que les employeurs ont l'impression que les aménagements nécessaires à leur accueil sont lourds et coûteux. Jonathan Andrews est membre du conseil d'administration de *Great with Disability*[1]. L'organisme s'est associé à My Plus Consulting pour réaliser en 2015 une étude sur le recrutement et la rétention des talents en situation de handicap[2]. Jonathan Andrews est aussi parrain de la jeunesse au sein d'Ambitious about Autism et soliciteur en formation au sein du cabinet d'avocats Reed Smith. Il a travaillé avec de nombreux recruteurs et entreprises avec pour objectif de sensibiliser aux enjeux du handicap – et en particulier de l'autisme – au travail. Nous l'avons interrogé sur l'intégration des personnes en situation de handicap au travail dans l'ère digitale.

Comment le digital peut-il aider les personnes en situation de handicap dans leur vie professionnelle ?

Les technologies digitales facilitent la sensibilisation au handicap et la création de « communautés de handicap » en ligne rassemblant des personnes handicapées du monde entier, et peuvent aider celles en situation de handicap dans leur vie professionnelle. Bien que toutes les personnes en situation de handicap n'aient pas accès à Internet, le développement des candidatures en ligne a permis de beaucoup faciliter l'acte de candidature à des personnes en situation de handicap. Lorsqu'il suffit de remplir un formulaire en ligne, les obstacles liés au processus de candidature papier sont amoindris, et les postes plus accessibles. De plus, une grande partie des ajustements que les bureaux modernes peuvent réaliser sont d'ordre informatique, comme les logiciels de reconnaissance vocale pour les dyslexiques, des ordinateurs portables en réunion pour ceux qui ont des difficultés à écrire à la main, etc. Les avancées technologiques et le digital en particulier, ont permis ces changements, même s'il reste du chemin à parcourir. Par exemple, une étude d'août 2013 a montré que 48 % des personnes en situation de handicap aux États-Unis ont accès à

1. *Great with Disability* est un job board britannique qui conseille les jeunes professionnels en situation de handicap et les entreprises qui promeuvent la place des collaborateurs en situation de handicap.
2. http://greatwithdisability.com/pdf/GwD_Openness_Research_Report_2015.pdf

Internet, contre 76 % des non handicapées[1]. L'apport du digital est indéniable mais son potentiel peut encore être développé.

Pour en revenir aux communautés de handicap, on a souvent tendance à considérer la personne en situation de handicap dans sa vie privée, et non dans sa vie professionnelle. Pourtant, les deux sont liées et la possibilité d'appartenir à une communauté professionnelle peut aussi grandir grâce au digital. Cette interconnexion signifie que les personnes en situation de handicap peuvent en « voir » d'autres qui réussissent leur vie professionnelle grâce au digital. Cela leur permet de mieux connaître les différents handicaps, de savoir quel type d'aménagement demander, d'avoir des modèles qui les inspirent et les encouragent. Voir d'autres réussir leur fait réaliser que c'est possible, et cela les motive. Le digital peut également faciliter la constitution de groupes de travail rassemblant des personnes s'intéressant au handicap à travers le monde.

De plus, le digital a des effets indirects : la diffusion des connaissances par Internet a permis une prise de conscience et une meilleure compréhension des handicaps. C'est important pour les personnes en situation de handicap, qui peuvent mieux se connaître elles-mêmes, comprendre leurs forces et faiblesses, etc. Cela permet aussi à ceux qui travaillent avec ces personnes – tout le monde, mais les RRH en particulier – de mieux connaître le handicap.

Des études ont montré que de nombreuses personnes en situation de handicap font face à la discrimination dans le processus de recrutement par manque de compréhension des recruteurs face à un mot nouveau (ou à une connotation négative, comme c'est le cas pour certaines maladies mentales stigmatisantes, telles que la schizophrénie[2]). Les recruteurs associent ces termes à des coûts élevés et rejettent le candidat par crainte qu'il soit un poids pour l'entreprise[3]. Le développement du digital et de formations liées à l'environnement de travail, comme l'égalité et la diversité, permettent de combattre ces préjugés. Cela ne veut pas dire qu'ils n'existent pas, et il serait incroyablement dangereux de le croire, mais la technologie a mis à portée de clic des situations qui étaient effrayantes et inintelligibles pour les recruteurs.

La flexibilité accrue du travail, facilitée par le digital, apporte de nombreux bénéfices aux personnes en situation de handicap. Celles avec un handicap psychique profitent plus du télétravail, par exemple les personnes sujettes à l'anxiété aiguë ou à des difficultés communicationnelles sociales, pour qui il est difficile de travailler chaque jour dans la proximité d'une équipe.

Quels sont les éléments importants que les entreprises doivent comprendre si elles veulent travailler avec des personnes en situation de handicap ?

1. Tout d'abord, j'aime beaucoup la façon dont vous avez formulé la question – « travailler avec » et pas « employer ». Cela donne une impression de relation plus équilibrée, où chacun à quelque chose à gagner. Et c'est le cas, puisque les personnes en situation

1. http://lflegal.com/2013/08/digital-divide/
2. « The stigma of the hidden schizophrenia epidemic », *The Independent*, 27 novembre 2012, http://independent.co.uk/life-style/health-and-families/health-news/the-stigma-of-the-hidden-schizophrenia-epidemic-8360498.html
3. « Firms "fear" recruiting disabled people », *BBC News*, http://news.bbc.co.uk/1/hi/business/2910265.stm

de handicap peuvent apporter d'excellentes compétences. Pourtant, de nombreuses entreprises ne le comprennent pas entièrement : recruter des personnes en situation de handicap est souvent perçu comme un acte de charité, une « bonne action » envers quelqu'un qui ne pourrait pas trouver de travail ailleurs. Cela ne devrait pas être vu comme une œuvre de charité mais comme une décision stratégique d'entreprise. Les employeurs doivent avoir conscience des compétences que ces personnes apportent. Par exemple, les autistes ou les personnes avec le syndrome d'Asperger sont souvent très loyales envers leur employeur, très ponctuelles, honnêtes et font preuve d'une grande attention au détail[1]. Les personnes dyslexiques quant à elles ont souvent de meilleures compétences visuelles et une coordination physique au-dessus de la moyenne[2]. De façon générale, les personnes en situation de handicap qui postulent à des postes ont développé au fil des années des stratégies de compensation pour gérer leurs difficultés, ce qui leur permet d'avoir d'excellentes compétences au travail. Elles sont aussi moins souvent en congé maladie, douées dans la résolution des problèmes (c'est en forgeant qu'on devient forgeron !) et plus enclines à l'empathie avec ceux qui ont des difficultés, puisqu'elles en ont elles-mêmes[3].

2. La chose la plus difficile pour n'importe quel employeur est de trouver la meilleure façon pour attirer les candidats en situation de handicap. Nombreux sont ceux qui choisissent de cibler des médias, sites et publications destinées aux personnes en situation de handicap (comme *Able Magazine* au Royaume-Uni). Pourtant, en 2012, une étude réalisée par My Plus Consulting et Lloyds Banking Group a révélé que, notamment pour les postes de jeunes diplômés, les personnes en situation de handicap postulent par les mêmes canaux que les personnes non handicapées[4]. Une autre erreur est de penser que les personnes en situation de handicap vont seulement postuler dans des entreprises qui ont des postes réservés aux handicapés. La majorité des candidats handicapés veut passer par les mêmes processus que les autres, ils ne veulent pas que leur handicap les isole des autres candidats ou qu'on ait l'impression qu'ils sont passés par un processus de sélection moins rigoureux ou moins compétitif – en dehors des adaptations nécessaires au bon déroulé du processus.

Dans tous les cas, communiquer de façon complètement séparée aux personnes en situation de handicap et aux personnes non handicapées n'est pas efficace. Les entreprises devraient plutôt encourager ouvertement les candidatures de personnes en situation de handicap et dire que des aménagements peuvent être réalisés si nécessaire.

3. Cela étant dit, les employeurs ne devraient pas s'attendre à ce que ces collaborateurs révèlent facilement leur handicap. La même étude de My Plus Consulting a révélé que 71 % d'entre eux étaient inquiets à l'idée de révéler leur handicap ou préféreraient ne pas en parler du tout, malgré les avantages qu'ils pourraient en tirer. Pourtant, les entreprises recherchent souvent cette information dans le souci de développer la diversité de leur personnel ou pour faire des aménagements. Comme

1. http://theguardian.com/money/2009/oct/17/employing-adults-with-autism ; http://theguardian.com/money/2012/apr/06/autistic-workers-employers-ignorance
2. http://tuc.org.uk/sites/default/files/Dyslexia_In_The_Workplace_2013_LR.pdf
3. http://evenbreak.co.uk/blog/top-5-reasons-why-you-should-not-hire-a-disabled-person/
4. http://myplusconsulting.com/index.php/MyPCexpertise/expertise/research

on ne parle pas assez de l'utilisation de ces données, de nombreux candidats en situation de handicap pensent qu'elles sont utilisées pour « se débarrasser » d'eux avant même les entretiens[1]. Parfois, les personnes en situation de handicap ne savent pas exactement de quels aménagements elles ont besoin, par exemple parce qu'elles n'en ont jamais bénéficié auparavant et ne vont donc pas estimer nécessaire de parler de leur handicap.

Qu'est-ce que les personnes en situation de handicap recherchent chez un employeur ou sur la page carrières d'un site Internet ?

Elles sont à la recherche d'entreprises qui sont à l'aise avec le handicap, qui comprennent les avantages d'intégrer des personnes en situation de handicap, qui soient prêtes à les recruter et à faciliter les aménagements nécessaires pour tirer pleinement parti de leurs compétences. Elles vont donc chercher des entreprises qui parlent ouvertement de leur engagement sur leur site : s'il n'y a pas de page répondant à leurs inquiétudes, ou si cette page est difficile à trouver, elles ne se sentiront pas les bienvenues.

Les employeurs doivent faire des efforts importants sur leur page carrières. Une liste de généralités sur leur engagement pour la diversité, où l'entreprise se présente comme un « employeur qui offre les mêmes chances à tous sans discrimination basée sur la couleur de peau, le milieu social, les croyances... », avec une référence rapide au handicap, ne convaincra personne. Cette page est une puissante opportunité de toucher un vivier de talents inexploité. Commencez par les informations essentielles que les candidats en situation de handicap voudront connaître. Votre site est plus susceptible d'attirer les talents en situation de handicap s'il évoque des sujets concrets, avec des exemples de votre engagement, des témoignages de collaborateurs, pour que les candidats voient qu'ils ne sont pas les premiers dans cette situation dans votre entreprise. Les sites contenant ces éléments et assurant une confidentialité pendant tout le process sont prisés par les candidats, comme l'a montré une étude de My Plus Consulting[2].

Les sites doivent pouvoir faire rapidement état de la compréhension que vous avez de la diversité, avec une page aussi accessible que possible, ce qui requiert souvent des ajustements du contenu. Par exemple, les personnes dyslexiques lisent plus facilement sur un fond coloré (souvent jaune, bien que la couleur varie en fonction des personnes), donc si vous joignez des documents à télécharger, pensez à en inclure une version qu'ils trouveront faciles à lire. Cela montre que vous avez réfléchi aux conséquences du handicap et que l'accessibilité est importante pour vous.

La plupart des candidats préfèrent avoir des informations sur les ajustements que vous pourrez faire par rapport au process plutôt qu'une liste des stages disponibles dans le cadre de vos actions de discrimination positive. Certaines politiques, comme l'entretien garanti, peuvent augmenter le nombre de candidats en situation de handicap mais ne permettent pas de construire de relation de long terme. Si tous ces candidats sont reçus en entretien (en supposant qu'ils remplissent les critères minimum), peut-être qu'aucun d'entre eux n'aura un parcours susceptible de rivaliser avec les candidats non handicapés

1. http://bbc.co.uk/news/blogs-ouch-27193964
2. http://myplusconsulting.com/index.php/MyPCmyplus/whats_new

et ne pourra avancer dans le processus. Les entretiens n'ont ainsi aucun intérêt, et ceux qui les passent se découragent et les perçoivent (à juste titre) comme un acte symbolique inefficace. Les dispositifs spéciaux peuvent avoir des avantages ponctuels, mais il faut être conscient de leurs inconvénients et limites.

Étant donné que tous les handicaps ne nécessitent pas les mêmes ajustements sur le lieu de travail, comment les employeurs peuvent-ils gérer les différents besoins ?

C'est vrai qu'il y a une grande diversité entre les handicaps, et que chaque personne a une expérience différente de son handicap. C'est particulièrement vrai pour les troubles qui ont un spectre de symptômes, comme l'autisme ou le syndrome d'Asperger, la dyslexie et la dyspraxie, mais ça l'est pour tous les handicaps. Il est probable que deux personnes avec le même handicap aient des besoins différents. La première étape – qui est facilement oubliée – est de traiter les personnes en situation de handicap comme des *personnes*. Demandez-leur comment leur handicap les affecte et de quels ajustements ils ont besoin (certains en parleront plus ouvertement que d'autres). Les employeurs doivent aussi être conscients des différents types de handicaps – en particulier la différence entre les handicaps visibles et invisibles. On pense le plus souvent au handicap visible, mais 70 % des handicaps ne le sont pas[1] – comme les troubles du déficit de l'attention ou la dyspraxie, ou encore les maladies de longue durée, cardiaques, par exemple. En effet, certains handicaps ne sont pas détectables à l'œil nu, mais n'en sont pas moins réels pour les personnes qui en souffrent. La formation est importante pour comprendre la multitude de façons dont le handicap peut se manifester et affecter les gens et pour identifier et combattre les préjugés.

Mais les employeurs ne doivent pas passer trop de temps sur le diagnostic et les symptômes précis, ils doivent avant tout recruter et fidéliser tout en donnant aux nouveaux recrutés les moyens de travailler le mieux possible. Un employeur n'est ni médecin, ni expert en handicap, il n'est pas nécessaire de connaître les détails de l'autisme (par exemple) pour mettre en place les aménagements adaptés afin que les talents autistes puissent travailler efficacement. Se concentrer sur le handicap d'une personne l'affecte. Mettez plutôt en avant ses compétences et voyez en quoi son environnement de travail l'empêche de s'accomplir et comment vous pouvez y remédier. Si elle exprime des inquiétudes ou suggère des changements, prenez le temps de l'écouter et prenez-les en compte. Cette personne est experte de son propre handicap, vous êtes là pour l'aider à exploiter son potentiel, n'essayez pas de faire de contre-diagnostic superflu.

Chaque collaborateur a des préférences différentes quant à sa façon de travailler. Le voir sous cet angle peut alléger la peur que le mot « handicap » éveille chez les recruteurs qui imaginent des ajustements à faire sur un terrain qui leur est inconnu et leur semble imprévisible. C'est finalement du bon sens de penser qu'un seul type d'environnement de travail ne peut pas convenir à tous. Il est aussi important que les employeurs soient conscients que les coûts associés aux aménagements ne sont souvent pas aussi élevés qu'ils le pensent, et surtout qu'ils sont compensés par le gain en productivité et la valeur créée par la personne handicapée. Le prix des aménagements ne doit pas constituer un obstacle.

1. http://disability-studies.leeds.ac.uk/files/library/brookes-NUJ-Hidden-disabilities-Report-plus-Lena.pdf

Parmi les entreprises avec lesquelles travaille Great with Disability, quelles initiatives digitales sont particulièrement intéressantes et peuvent inspirer les autres entreprises ?

L'utilisation des études de cas et l'optimisation de l'accessibilité des pages carrières montrent que les entreprises ont compris ce qui est efficace pour les candidats et les collaborateurs handicapés. Par ailleurs, certaines entreprises financent les sites d'associations d'étudiants en situation de handicap en échange de promotion dans l'école, ce qui touche les futurs diplômés tout en atteignant des objectifs de responsabilité sociétale.

De nombreuses entreprises organisent aussi des sessions de questions-réponses avec les étudiants sur Facebook, Twitter et de plus en plus sur LinkedIn. Les sujets abordés sont souvent le processus de recrutement et l'environnement de travail dans leur globalité, mais ces sessions peuvent être dédiées au handicap. De plus en plus d'entreprises comprennent ainsi l'intérêt de la diversité des collaborateurs – tout en sachant que les candidats se méfient du manque de communication sur la politique RH en matière de handicap et de diversité. Je dirais que de plus en plus d'entreprises vont échanger directement avec les futurs candidats pour leur montrer leur engagement dans le soutien des talents en situation de handicap.

Pour donner un exemple concret des aménagements simples qui peuvent être faits pour les personnes en situation de handicap ayant un métier digital, nous avons interrogé Charlène Pompidou, webmaster à PSL Research University (Université de recherche Paris Sciences et Lettres). À la suite d'un accident de voiture, elle éprouve des douleurs au dos et au bassin qui l'empêchent de porter des charges lourdes. Reconnue comme travailleur handicapé, Charlène Pompidou nous décrit son parcours candidat, du recrutement jusqu'à sa prise de poste au sein de PSL.

Quels sont les outils et aménagements particuliers dont vous avez pu bénéficier ?

Je bénéficie sur mon poste de travail d'un fauteuil ergonomique, d'une souris adaptée, d'un pupitre, et d'un marchepied.

L'entreprise était-elle équipée pour vous accueillir ou les aménagements ont-ils été effectués pour votre arrivée ?

Lors de ma reprise du travail, j'ai bénéficié des conseils du SAMETH (Service d'appui au maintien dans l'emploi des travailleurs handicapés) en lien avec la médecine du travail. Mon employeur a été très réactif et n'a pas hésité à avancer les frais concernant mon aménagement de poste (demande de subvention longue). Une ergonome est venue pour optimiser mon poste de travail et faciliter ainsi mon espace de travail. Son intervention a été un vrai plus car il est difficile de connaître tous les outils et aménagements qui existent. De plus, mon employeur et le SAMETH ont travaillé conjointement sur la dimension administrative et logistique ; et de manière à ce que les équipements arrivent le plus vite possible.

Votre handicap a-t-il été un sujet difficile à aborder durant le processus de recrutement ?

Quelques temps après mon accident, j'ai souhaité changer de poste parce que mon travail de chargée de communication m'amenait entre autres à organiser des évènements (salons, remise de diplômes, journées portes ouvertes…) et que, depuis mon accident et les séquelles qui en découlent, il m'est difficile de rester debout et de porter des charges lourdes. De plus, je travaillais dans une petite structure où il n'était pas possible d'obtenir un reclassement. C'est pour ces raisons que je me suis mise en quête d'un nouvel emploi. J'ai postulé à une offre de webmaster. Lors de la préparation de l'entretien, je me suis posé beaucoup de questions sur la présentation de mon handicap car celui-ci n'est pas « visible ». J'ai ainsi consulté de nombreux sites Web, forums et blogs spécialisés. J'ai sollicité mon réseau professionnel et mes amis travaillant dans les ressources humaines (entreprises, cabinets de recrutement, etc.) pour bénéficier de leurs points de vue et de leurs conseils. Même en étant bien préparée, cela n'a pas été facile lors de l'entretien. J'avais très peur de refroidir le recruteur. J'ai attendu la fin de l'entretien pour aborder la question avec humour. J'ai parlé de mes difficultés et de mes besoins en matière d'équipement. Finalement le recruteur ne s'est pas enfui. Au contraire, la question de mon handicap n'avait rien de tabou et il a retenu ma candidature pour mes compétences. Ma nouvelle entreprise, que je vais rejoindre dans quelques semaines, a déjà tout mis en place pour faciliter mon arrivée et mon intégration. Je serai une salariée comme les autres.

La prospective

TALENT MANAGEMENT ET BIG DATA

La transformation digitale transforme la fonction RH et lui demande de mobiliser de nouvelles compétences analytiques afin de maîtriser le volume, la volatilité et la variété des données présentes. Ainsi, les RRH pourront prendre de meilleures décisions, être plus attractifs, communiquer auprès du comité exécutif des données plus précises et pertinentes, créer un environnement de travail plus sain et construire des analyses prédictives sur le recrutement, le développement des compétences, les risques de départs non anticipés ou encore la performance des collaborateurs.

- **Le HR Analyst/HR data scientist**

Le data scientist joue un rôle majeur dans le traitement des données de l'entreprise. C'est un poste qui apporte une nouvelle vision et de nouvelles réponses à la direction générale pour la connaissance et le développement de l'entreprise. Dans les directions marketing, le data scientist collecte, identifie et analyse les données pertinentes pour détecter des tendances de consommation qui peuvent servir au lancement de nouveaux produits. Dans les directions RH, son rôle n'est pas moins essentiel. En effet, c'est le data scientist, avec sa double connaissance de l'analyse de données et des problématiques RH, qui va identifier des éléments déterminants pour la stratégie RH de l'entreprise, que ce soit en termes de recrutement, de mobilité, de salaires, de GPEC, d'environnement… Son travail se décompose en trois étapes :

1. **La collecte des données présentes dans l'entreprise** (et hors de l'entreprise quand c'est possible). Anonymisées, ces données proviennent souvent de sources hétérogènes qui peuvent nécessiter des systèmes de collecte différents pour une uniformisation qui rend les données exploitables.

2. **Le traitement.** Une fois les informations réunies, le rôle du HR data scientist est de faire du tri dans les données et d'établir des corrélations qui permettent d'identifier des schémas de décision liés à des problématiques posées au préalable (turnover, difficultés à recruter dans un site donné, faible participation à une formation…).

3. **La visualisation.** L'étape finale du processus est la présentation des résultats de l'analyse pour convaincre de leur pertinence vis-à-vis de la définition de la stratégie RH. Il s'agit de rendre les conclusions compréhensibles et accessibles pour qu'elles puissent être utilisées par les décideurs.

Xerox : le talent management et le big data

Pour les recrutements dans ses centres d'appel, Xerox avait l'habitude de prêter une attention particulière aux expériences précédentes des candidats. En 2012, l'entreprise a demandé à des data scientists de trouver ce qui différenciait les employés qui partaient dans les six mois suivant la prise de poste et ceux qui restaient – rentabilisant ainsi les 5 000 dollars de formation investis pour chacun. Ils ont alors découvert que le CV n'y était pour rien et que la personnalité était bien plus importante : les employés créatifs ont tendance à rester au moins six mois.

Après une période test de quelques mois où les départs à court terme ont été réduits de 20 %, Xerox a décidé de confier les recrutements de ses 48 700 centres d'appel à un logiciel : les candidats doivent choisir entre des vérités comme « Je pose plus de questions que la plupart des gens », ou « Mes interlocuteurs me font confiance ». C'est l'algorithme qui recrute.

Gate Gourmet : le talent management et le big data

Gate Gourmet, traiteur pour l'aviation civile, avait un turnover de 50 % à l'aéroport O'Hare de Chicago. Les responsables des ressources humaines soupçonnaient que ce chiffre était lié au temps de transport des collaborateurs et ont voulu le vérifier par la data. En rassemblant et analysant les données à leur disposition en interne (ATS[1], SIRH, rapports de performance, performances de vente, données des points de vente…) et en externe (données sociodémographiques, données générales de recrutement, transports en commun, réseaux sociaux…), ils ont constaté que les départs étaient à la fois liés à l'accessibilité en transports en commun et au temps de trajet des collaborateurs. En ajustant sa stratégie de recrutement, Gate Gourmet a pour la première fois réussi à ne pas avoir de postes inoccupés et à faire baisser son taux de turnover à 27 %.

1. *Application Tracking System*, ou système de suivi des candidatures.

En France, le big data est de plus en plus utilisé dans les ressources humaines. Il l'est déjà pour le recrutement et le sera toujours plus. David Bellaïche, PDG d'Althéa, cabinet de conseil RH et SIRH, nous parle des usages du big data d'aujourd'hui et de demain.

Qu'est-ce que « l'approche data » pour les RH ?

Pour les RH, l'approche data est le fait de prendre en compte l'ensemble du patrimoine informationnel recueilli dans l'entreprise et en dehors, structuré comme non structuré, RH comme non RH, afin de mieux connaître son écosystème : ses salariés, ses candidats, ses concurrents en tant que recruteur, ses anciens salariés… On peut identifier trois grandes familles de data qui constituent le patrimoine informationnel d'une entreprise :

1. Les données structurées des bases internes de l'entreprise et en premier lieu celles du SIRH, qui détient une richesse d'information sur vos salariés et souvent un large historique.
2. Les données non structurées internes à l'entreprise. Il s'agit de tous les échanges générés par la messagerie, par les RSE internes, par les portails collaboratifs…
3. Toutes les données externes à l'entreprise. Ces informations proviennent de toutes sources externes et en premier lieu des réseaux sociaux, des plus généralistes (Facebook, Twitter, LinkedIn…) aux plus spécialisés (Pinterest, Flickr, Meetic…).

Quels sont les bénéfices d'une telle approche ?

L'enjeu d'une telle approche est d'offrir au DRH la possibilité d'être plus pertinent dans l'ensemble de ses actions et de ses politiques, de proposer des services personnalisés à la carte, d'anticiper les tendances comportementales des salariés en tant qu'individus et en tant que groupe, d'être moteur dans la proposition de nouvelles méthodes d'évaluation des salaires mais aussi des managers… En somme, d'introduire les mêmes techniques que la direction marketing afin d'attirer de nouveaux talents puis de les fidéliser.

Pour être efficace, une approche data doit obligatoirement être couplée à une démarche marketing des ressources humaines dans un positionnement clients/fournisseur. La DRH, grâce à une meilleure connaissance de son écosystème, doit pouvoir proposer à ses clients internes des services innovants et sur-mesure.

Quels sont les deux premiers segments RH qui vont être impactés par une approche data ?

Le premier segment qui est déjà touché par une approche data est bien sûr le recrutement, de la recherche de nouveaux profils à l'analyse de ces derniers en passant par une certaine robotisation du processus global. De nombreux grands groupes, comme AXA ou la BNP, ont déjà adopté ce type d'approche avec succès. J'intègre aussi dans ce segment l'analyse de son e-réputation et l'image de sa promesse employeur auprès des candidats potentiels.

Le second segment touche la gestion de la compétence afin qu'elle soit plus dynamique, plus « prédictive », ce qui sortirait enfin la GPEC de son image poussiéreuse de serpent de mer. L'analyse du patrimoine informationnel de l'entreprise permettrait de mettre en avant beaucoup plus facilement les peines déjà existantes dans l'entreprise et d'anticiper les risques sur les compétences clés. Sur ce sujet, les DRH sont à l'âge de pierre… mais quelle avancée pour l'entreprise ! De nombreux autres segments concernant les RH vont être rapidement touchés par cette vague data.

RÉINVENTER L'ENTRETIEN ANNUEL

Si les leaders des SIRH permettent souvent de gérer tous les process RH, des start-up ont choisi d'optimiser des éléments de la vie en entreprise en s'appuyant sur des usages existants pour en intégrer progressivement de nouveaux. Impraise, par exemple, est une application qui change la forme de l'évaluation en entreprise. Pour compléter ou remplacer l'entretien annuel, l'app permet d'évaluer facilement les collaborateurs tout au long de l'année, et permet aux collaborateurs d'être alertés de leur progrès et des points à approfondir quasiment en temps réel, mais aussi de suivre leur évolution. Nous avons interrogé Steffen Maier, directeur marketing d'Impraise, sur les avantages de l'évaluation en temps réel par rapport aux entretiens annuels qui existent dans la majorité des entreprises.

Quels sont les avantages d'une app comme Impraise par rapport aux entretiens annuels ?

Le plus gros inconvénient de l'entretien annuel, c'est que l'évaluation arrive trop tard parce que personne ne se souvient de ce qui est arrivé plusieurs mois auparavant ; les points soulevés concernent en effet le plus souvent les deux semaines qui viennent de s'écouler. Les personnes ne reçoivent pas d'évaluation au moment où elles peuvent encore s'améliorer et sont perdues et sans repères quasiment toute l'année. Les évaluations données via Impraise arrivent au bon moment et sont facilement actionnables. Les collaborateurs ont ainsi la possibilité de reconnaître les succès de leurs pairs, les évaluer de façon simple au moment où ils peuvent avoir un impact et travailler tout de suite sur leurs savoir-faire et savoir-être.

Les entreprises doivent innover plus vite, c'est pour cette raison que les collaborateurs doivent être capables de progresser en temps réel et pas seulement une fois par an. Avec Impraise, l'évaluation n'est pas seulement partagée régulièrement, elle ouvre aussi un dialogue plus fréquent (par exemple une fois par mois) entre les managers et les membres de leur équipe pour discuter du feedback et de la manière de l'appliquer. Au niveau individuel, Impraise est comme une app de suivi sportif appliquée à la vie professionnelle : elle indique où vous en êtes, comment progresser et vous motive à aller plus loin.

À votre avis, à quel rythme les collaborateurs devraient-ils être évalués ?

Les évaluations devraient être faites quand elles sont utiles. Il n'y a pas de rythme déterminé mais les retours devraient être donnés dès que les collaborateurs y pensent. De plus, les gens devraient pouvoir suivre les évaluations et leurs progrès au fil du temps pour voir s'ils avancent dans le bon sens. Si Impraise leur permet d'obtenir des évaluations ne serait-ce qu'une fois par mois, c'est déjà une énorme chance d'obtenir plus d'occasions de progresser, de noter plus souvent leurs réussites et la reconnaissance liée à leurs acquis.

Avez-vous des résultats et des chiffres d'entreprises qui utilisent Impraise ?

Beaucoup d'entreprises, comme eBay, Booking.com ou Altassian, se sont tournées vers nous parce que leurs questionnaires annuels de satisfaction montraient que les collaborateurs voulaient avoir des évaluations plus régulières. Impraise est adoptée rapidement et les collaborateurs apprécient son interface simple. En moyenne, les gens partagent dix fois plus de retours. L'application les pousse aussi à interagir cinq fois plus et augmente significativement la confiance entre les managers et leurs équipes. Nous avons aussi vu la réputation des directions des ressources humaines s'améliorer, puisque les collaborateurs apprécient l'app.

D'où vient votre idée ?

Nous avons nous-mêmes connu le manque de feedback dans nos postes dans la tech ou en tant que consultants. On ne comprenait pas pourquoi nos collègues – tout comme nous – manquaient des occasions d'apprendre et ne partageaient pas les feedbacks qu'ils avaient déjà à l'esprit. Tous les collaborateurs autour de nous sont très ambitieux et peuvent apporter quelque chose aux autres, mais il n'y avait pas de solution pour partager ces données et s'aider mutuellement à progresser. C'est pour ça que nous avons créé Impraise : pour aider les autres à s'améliorer et apprendre d'eux ce qu'ils apprécient chez nous.

Conclusion

L'expérience client et l'expérience collaborateur se rejoignent sur un point : il s'agit dans les deux cas de créer de la valeur pour les clients, qu'ils soient externes ou internes à l'entreprise.

Dans une récente étude de Gartner, les résultats prouvent qu'une augmentation de 2 % du taux de satisfaction des employés entraîne une amélioration de 1 % de la satisfaction des clients. Il existe donc un rapport direct entre la performance de l'entreprise et le bonheur au travail, fruit d'une expérience collaborateur fluide et à haute valeur ajoutée.

Ce rapport s'explique de deux façons. D'une part, si l'expérience collaborateur est optimisée, le collaborateur peut travailler sans se soucier d'éventuels points d'achoppement, de questions administratives à régler, de réponses à chercher quant à son avenir dans l'entreprise. Il peut ainsi concentrer tous ces efforts sur ses tâches à effectuer, les projets qu'il a envie de voir naître, les questions qu'il veut résoudre pour l'utilisateur final avec des idées nouvelles. L'entreprise est alors plus susceptible d'innover, d'être agile et d'avoir les moyens de développer la satisfaction de ses clients. D'autre part, une expérience collaborateur fluide attire les meilleurs talents. En effet, les talents déjà présents dans l'entreprise seront plus aptes à en dire du bien s'ils y sont heureux et choyés. Ainsi, ils deviennent les ambassadeurs de votre marque employeur, et personne n'est mieux placé pour parler avec authenticité de son expérience dans l'entreprise qu'un collaborateur.

En donnant envie à un collaborateur d'être ambassadeur de votre entreprise en parlant spontanément des moments vécus en son sein, vous activez un des leviers les plus puissants pour séduire ses amis et followers et les inciter à postuler chez vous. Plus vous aurez de candidatures et de choix, plus vous pourrez sélectionner les meilleurs profils, susceptibles de vous faire gagner en productivité. Si vous arrivez ensuite à répondre à leurs besoins de façon à leur faire vivre une expérience collaborateur qu'ils ont envie de partager, c'est un véritable cercle vertueux qui se met en place.

Le learning management

20 % des collaborateurs qui se rendent en formation déclarent qu'elle n'est pas adaptée à leurs besoins. Le numérique permet d'éliminer ces erreurs d'orientation, en donnant aux formateurs les outils pour suivre l'apprentissage et personnaliser individuellement les parcours de formation. – Sylvain Delozanne, ingénieur pédagogique, SNCF

Pour suivre le rythme du changement à l'ère numérique, un professionnel devra bientôt passer près d'un quart de son temps à se former, renouveler ses compétences et apprendre de nouveaux métiers. 60 % des métiers de 2030 n'existent pas encore. – Marie Ducastel, présidente du groupe ABILWAYS

Nous évoluons dans un univers plus complexe, plus mondialisé et plus connecté. Les collaborateurs doivent constamment se tenir à jour pour que leurs compétences répondent aux nouvelles exigences du digital. Aucune transformation digitale n'est donc possible sans stratégie de formation.

Les usages digitaux, favorisés par l'augmentation rapide du taux d'équipement et l'exigence d'immédiateté, ont transformé les attentes des collaborateurs en matière de formation. Les modèles économiques traditionnels de formation sont ainsi modifiés, des modalités d'apprentissage (du présentiel au distantiel) à la venue de nouveaux acteurs (des organismes de formation aux éditeurs de simulateurs immersifs) en passant par l'assouplissement du cadre juridique de la formation à distance[1]. Les entreprises doivent être plus agiles dans leur approche de la transformation.

Ce sont les formateurs, chargés de formation, responsables de formation et autres acteurs des départements formation à qui revient la démarche d'impulsion et d'accompagnement du changement. Leurs métiers changent. Ils doivent dans un premier temps intégrer cette nouvelle dimension qu'est le digital, puis veiller à ce qu'elle s'intègre dans la vision et dans la feuille de route globale de leurs organisations. Enfin, ils doivent déployer des actions opérationnelles et personnalisées, adaptées aux besoins de chacun des collaborateurs.

Le directeur de la formation d'aujourd'hui est plus que jamais un chef d'orchestre qui doit être visionnaire pour comprendre et anticiper les évolutions de son organisation et de l'écosystème dynamique qui l'entoure. Également facilitateur, il doit faire converger une multitude d'acteurs au niveau de maturité digitale très hétérogène vers un niveau homogène.

Le learning management ne s'apparente plus à un parcours unique, rectiligne et uniforme. L'influence du digital le conduit à se transformer en un parcours multiple, discontinu et personnalisé. Le learning management s'appuie désormais sur des dispositifs souples et évolutifs. Il devient de plus en plus transverse, impliquant de nombreuses entités dans

1. Décret du 20 août 2014 pour la loi sur la formation professionnelle du 5 mars 2014, http://legifrance.gouv.fr/affichTexte.do?cidTexte=JORFTEXT000029387809&categorieLien=id

l'organisation (RH, finances, marketing, DSI, etc.). Cela est d'autant plus vrai dans les entreprises et institutions à rayonnement international. L'évaluation des actions de formation revêt une importance capitale dans une logique de maîtrise des coûts et d'optimisation continue des dispositifs. Les entreprises, pour maintenir leur avantage concurrentiel, et les institutions, pour mieux servir l'intérêt général, doivent ainsi relever ce nouveau défi du digital learning. L'impulsion et la conception d'une nouvelle stratégie de learning management favorise la convergence des parcours individuels de chaque collaborateur avec la cohérence générale et les objectifs de performance de l'entreprise.

L'évolution de l'apprentissage

L'ère traditionnelle d'apprentissage en entreprise semble toucher à sa fin. Terminé le temps où le formateur faisait défiler des centaines de diapositives Powerpoint à un public de participants passifs. Pourquoi ? Tout simplement parce qu'on sait que le niveau d'attention des participants décroît à cause du manque d'interactions, de dynamisme des présentations et d'échanges entre le formateur et les participants.

L'intelligence selon Mathieu Cassotti, docteur en psychologie cognitive

Pour effectuer ce pont entre le monde de la recherche et celui de l'entreprise, nous avons sollicité Mathieu Cassotti, docteur en psychologie cognitive, maître de conférences à l'université Paris Descartes et membre junior de l'Institut universitaire de France. Ses travaux de recherche visent à explorer le développement des capacités de prise de décision et du raisonnement créatif ainsi qu'à établir les bases neurales de ces fonctions cognitives supérieures.

MC : « L'intelligence, ce n'est pas ce que l'on sait, mais ce que l'on fait quand on ne sait pas. » Dans un contexte où les changements brusques et souvent imprévisibles rythment notre quotidien et imposent une adaptation permanente, nul doute que cette vision de l'intelligence proposée par Jean Piaget au milieu du XXe siècle reste tout à fait d'actualité. En effet, l'apprentissage de demain ne devrait plus uniquement reposer sur l'acquisition de connaissances et d'expertises menant à des automatismes ou des procédures rigides mais bien sur le développement d'une capacité à s'adapter à des situations nouvelles. Persister dans une stratégie qui consiste à renforcer ces automatismes en développant des compétences spécifiques à un domaine trop restreint pourrait même s'avérer être une contrainte de taille lorsque le contexte change et que les outils ou les processus mobilisés deviennent obsolètes. Qui n'a jamais pesté sur une nouvelle mise à jour de son logiciel de bureautique lorsqu'il s'aperçoit que les fonctions qu'il maîtrisait parfaitement et qui étaient devenues automatiques ont simplement été renommées ou déplacées ? Dans cette perspective, l'enjeu des formations du XXIe siècle consistera à développer la capacité à contrôler ces routines de fonctionnement par l'intermédiaire de ce que les psychologues nomment « fonctions exécutives ».

Comment apprendre aujourd'hui, dans un monde plus connecté et plus complexe, où le temps est de plus en plus compté ? Cette problématique est d'autant plus centrale pour les jeunes générations (Y et Z) dont la capacité d'attention s'avère plus faible que celle de leurs aînées mais qui, à l'inverse, sont douées pour effectuer plusieurs tâches à la fois.

Comment mieux apprendre ? Nous savons que le cerveau gère les fonctions de mémoire, répond aux stimuli et restitue l'information. S'intéresser aux façons dont le cerveau réagit et se construit tout au long du processus d'apprentissage permettra de donner une réponse à cette question. Les apports de la recherche en neurosciences sont ainsi susceptibles de mieux comprendre comment nous apprenons et de faire évaluer par la suite nos méthodes pédagogiques.

La formation au sein de la DRH

Les collaborateurs doivent se former. Pour mieux comprendre leurs besoins, les responsables des ressources humaines doivent eux aussi se maintenir à jour en suivant des parcours de formation similaires.

En France, les établissements d'enseignement supérieur ont bien compris qu'il était fondamental de repenser les formations de gestion des ressources humaines. Les nouvelles générations d'étudiants inscrits dans ces cursus seront confrontées dès leur apprentissage et leurs stages, et surtout une fois leur diplôme en poche, à une nouvelle réalité du métier de responsable ou directeur des ressources humaines. Pour garantir une adéquation entre la réalité du métier et les attentes de ces nouvelles générations, les programmes de formation en grande école ou à l'université doivent être redéfinis. Souhaitant avoir le point de vue de professionnels de l'enseignement supérieur sur cette transformation des programmes pédagogiques, nous avons interviewé Julien Tassel[1] et Sophie Corbillé[2], tous deux maîtres de conférences et coresponsables du département sciences humaines et communication du CELSA. Ils présentent leur vision de ce que devrait être la formation des DRH/RRH de demain.

Pourquoi avoir intégré un cours de RH digitales dans le cursus RH de vos étudiants ?

Le digital est un domaine sur lequel le CELSA possède une longueur d'avance, de par son expertise sur les questions de communication et parce que les chercheurs du GRIPIC[3], notre laboratoire de recherche, analysent depuis longtemps la manière dont le digital transforme les métiers auxquels nous formons. Concernant les formations en RH, la problématique du digital s'est affirmée depuis plusieurs années dans les échanges que nous avons avec les DRH, ainsi que dans les offres de stage et d'apprentissage proposées à nos étudiants. Dans le cursus RH, qui, au CELSA, met l'accent sur la communication, cela s'est d'abord traduit par des enseignements dédiés à l'implantation et l'animation de réseaux sociaux internes et à la e-transformation des organisations. Cependant, face aux enjeux de la digitalisation,

1. Julien Tassel est maître de conférences à l'université Paris-Sorbonne CELSA. Il est également chercheur au GRIPIC (EA 1498) et responsable du master 2 Ressources humaines et communication en apprentissage.
2. Sophie Corbillé est ethnologue et maître de conférences à l'université Paris-Sorbonne CELSA. Elle est également chercheur au GRIPIC (EA 1498), associée au LAU (IIAC) et membre de l'APRAS.
3. Groupe de recherches interdisciplinaires sur les processus d'information et de communication.

nous avons remanié nos programmes afin de faire du digital l'un des piliers du cursus, sur nos trois années de formation. Grâce aux différents cours, les étudiants sont formés aux usages d'outils comme Viadeo, LinkedIn ou Twitter, à l'apprentissage de l'écriture sur le Web, à la mise en place des stratégies de RH digitales et à une vision transversale de la transformation digitale des organisations. Il ne s'agit pas de formater les étudiants à des outils mais bien de réfléchir avec eux à partir d'une problématique donnée.

Est-il indispensable pour un professionnel RH qui arrive sur le marché du travail de pouvoir intégrer rapidement le digital à ses pratiques ?

Plus que jamais. Le digital a des impacts importants sur les organisations et les RH sont au premier plan. D'abord parce que les outils digitaux transforment la manière dont les collaborateurs travaillent au quotidien, obligeant les acteurs RH à les intégrer dans les pratiques managériales. Il leur incombe en effet d'aider les équipes à se les approprier, sans compter que les outils digitaux peuvent constituer une réelle opportunité pour développer des formes de travail innovantes. Mais ce sont aussi les processus et les métiers RH qui sont eux-mêmes impactés, qu'il s'agisse du recrutement, de la paie ou de la formation. Enfin, la dimension communicationnelle des métiers RH est directement concernée, comme le montre la montée en puissance des enjeux liés à la marque employeur dans un contexte très concurrentiel.

Selon vous, le fait que les étudiants soient aujourd'hui habitués à utiliser le digital dans leur vie privée est-il un atout pour l'intégration des pratiques digitales professionnelles ?

Oui, bien évidemment. Mais il faut aussi se méfier. C'est un mythe de penser que les étudiants, sous prétexte qu'ils font partie de cette génération appelée « digital native », sont d'emblée à l'aise avec les nouvelles technologies. Certains font d'ailleurs preuve d'une véritable méfiance, voire défiance. En outre, il y a une grande différence entre les usages récréatifs qu'ils peuvent avoir de Facebook, Snapchat ou Twitter, et leur appréhension professionnelle. Écrire pour le Web, comprendre les enjeux de réputation et de marketing RH, analyser les stratégies RH sur le Net… c'est très différent. Au CELSA, nous avons mis l'accent sur la pratique, tout en invitant les étudiants à réfléchir aux usages de ces outils. Ainsi, dès leur entrée dans l'école, ils prennent en main le blog Celsa-RH[1] dédié aux problématiques RH. L'ambition est d'en faire un magazine RH qui s'adresse aux étudiants et aux professionnels. Ainsi, les étudiants se familiarisent avec les réseaux sociaux liés à l'écosystème du blog. C'est à la fois un formidable outil pour développer leurs compétences en matière de digital et un moyen pour s'acculturer aux RH.

Selon-vous, les RH sont-elles amenées à se digitaliser de plus en plus ?

La digitalisation est un processus complexe, qui possède de multiples facettes :

- une facette technique avec le développement de nouveaux outils ;
- une facette sociale et culturelle puisqu'elle accompagne les transformations des modes de travail ;

1. http://celsa-rh.com/

- une facette économique car les organisations sont à la recherche de gains de productivité, sans compter que le digital est devenu un secteur économique à part entière.

De ce point de vue, la digitalisation constitue une véritable tendance. Si elle n'est pas nouvelle, elle s'est fortement accentuée depuis quelques années. Pour autant, il faut se méfier de l'idée que la digitalisation transformerait radicalement les organisations, le travail et les RH. Au centre de ces processus, il y a toujours les acteurs et la manière dont ils utilisent les outils. C'est pourquoi une formation aux enjeux et aux pratiques du digital dans le domaine des RH n'a de sens que si les étudiants reçoivent dans le même temps une solide formation en sciences sociales. Et c'est bien ce que nous proposons.

Au sein de l'entreprise et en particulier de la direction des ressources humaines, on voit apparaître progressivement des initiatives pour favoriser la formation en interne des collaborateurs à la nouvelle vision digitale et aux usages associés. Ainsi, le nouveau métier de HR Exploratory projects manager, ou chef de projet exploration RH, émerge. Pour en savoir plus sur ce métier et ses missions nous avons eu l'opportunité d'en rencontrer un et de l'interviewer. Compte tenu de la dimension stratégique de ce nouveau profil métier, nous avons anonymisé le nom de notre interlocuteur ainsi que l'entreprise dans laquelle il travaille.

Qu'est-ce qu'un « chef de projet exploration » ?

C'est le membre d'une équipe RH qui, au-delà de ses fonctions opérationnelles (qui peuvent concerner la gestion généraliste d'un périmètre ou la formation), se voit confier la mission transverse de renforcer au niveau de l'équipe une curiosité et une ouverture vers l'extérieur et l'actualité. L'objectif est de développer individuellement et collectivement un état d'esprit entrepreneurial, ainsi qu'une capacité de créativité et d'innovation.

Sa place dans l'équipe RH dépendra de l'organisation de l'entreprise et des attentes vis-à-vis de ce rôle. Le chef de projet exploration peut, au sein d'une organisation RH, animer un réseau, stimuler des synergies, être ambassadeur, coordinateur, intervenir de façon ad hoc sur des projets, sur le périmètre RH et au-delà... C'est un acteur interne à l'entreprise, connecté à ce qui se passe à l'extérieur et qui fait grandir une énergie pour aller collectivement vers plus de compétences et de valeur ajoutée.

« Explorer » nécessite d'être attentif à la façon dont le monde et la société évoluent et d'essayer de comprendre la façon dont cela va impacter l'entreprise et la fonction RH. C'est aussi se tenir informé en permanence et identifier les pratiques innovantes, c'est tester et expérimenter des pratiques nouvelles. Cette démarche se construit évidemment en adéquation avec la stratégie et les enjeux opérationnels de l'équipe. Un chef de projet exploration incarne cette démarche mais doit avant tout réussir à inclure toute l'équipe et à rendre chacun acteur.

Quelles sont les principales missions du chef de projet exploration ?

Concrètement, le chef de projet innovation se tient au courant de ce qui se passe dans la sphère RH et au-delà (secteur d'activité, innovations, orientations gouvernementales...) en lisant, en partageant avec un réseau et en allant à des conférences. Mais il n'est pas rare que dans la théorie ; il teste également : collaboration avec un cabinet de recrutement ayant des pratiques innovantes, « vis mon job » dans une équipe ou organisation autre, expérimentation de nouveaux outils pour mener un entretien carrière, etc.

Il communique beaucoup et régulièrement de façon informelle avec les membres de l'équipe afin de transmettre les informations pertinentes aux bonnes personnes, et être au courant des initiatives de chacun. Cela peut être, par exemple, une recommandation d'une nouvelle application RH sur smartphone proposant une approche de formation innovante, ou encore le partage d'un lien vers une conférence TED.

Il installe donc ces habitudes en « montrant l'exemple ». Puis il met en place des moments de partage formels ou informels avec l'équipe sous différentes formes : petit-déjeuner, newsletter collaborative, rendez-vous inspirant avec un invité, mini-formation animée par un membre de l'équipe… Ce sont des moments qui doivent être plaisants et conviviaux.

Pour résumer, le chef de projet exploration lance la démarche, stimule et fédère l'équipe afin que cet état d'esprit de curiosité et d'expérimentation se développe.

Pourquoi créer ce rôle ? Qu'est-ce que cela apporte à l'entreprise ?

En premier lieu, avoir une démarche d'exploration engendre une véritable ouverture sur l'extérieur qui stimule l'équipe et la nourrit. Cette porosité de l'extérieur vers l'intérieur développe les connaissances, permet de prendre de la hauteur et de se poser des questions sur les pratiques. En matière de recrutement par exemple, c'est s'interroger sur la façon dont l'entreprise souhaite utiliser les réseaux sociaux professionnels : il existe de multiples façons d'avoir recours à LinkedIn ou Viadeo. Voulons-nous y diffuser des annonces ou communiquer sur la marque employeur ? Un autre exemple qui concerne la formation cette fois : le phénomène des MOOC prend de l'ampleur et il est important de connaître ces nouveaux formats d'apprentissage, de les expérimenter et de réfléchir à la pertinence de leur éventuelle utilisation dans l'entreprise.

Dans un second temps, cela permet de renforcer l'état d'esprit entrepreneurial, la capacité d'innovation et de créativité, à la fois individuellement et collectivement. La démarche rend en effet les membres de l'équipe acteurs : chacun prend conscience de l'importance de cet éveil sur l'extérieur, et il devient officiellement légitime de consacrer du temps à se rendre à une conférence sur un nouvel outil de connaissance de soi, de participer à une table-ronde afin de partager des pratiques et de développer son réseau lors d'un événement organisé par un prestataire, pour ensuite partager en interne.

Cette dynamique stimule la diffusion des idées, qui suscite des connexions entre des univers différents. C'est typiquement ce qui engendre la créativité et l'innovation. Par exemple, nous avons développé dans le cadre des entretiens de recrutement et de carrière l'utilisation de cartes créés par le VIA Institute of Character[1]. Ces cartes, qui illustrent 24 « forces signatures », permettent d'établir à un moment de l'entretien un échange différent et plus riche avec nos candidats et collaborateurs.

Enfin, la démarche d'exploration permet de valoriser les membres de l'équipe, qui ont la capacité de contribuer à une montée en compétences collective. Chaque personne peut

1. http://viacharacter.org/www/#nav

ainsi devenir actrice de la formation de l'équipe, en partageant un savoir qu'elle veille à rendre accessible à tous. Par exemple, notre chargée de formation a diffusé récemment dans l'équipe un lien vers une vidéo pédagogique expliquant très simplement la réforme de la formation. Ce savoir n'est pas indispensable à toutes les personnes de l'équipe RH, et pourtant, il est réellement pertinent que l'équipe partage un socle de connaissances commun concernant l'actualité RH, qui va au-delà de l'expertise de chacun. Cela permet également à tout le monde d'inscrire son rôle dans l'activité globale du service. In fine, de par ce cercle vertueux, les compétences et la valeur ajoutée de l'équipe grandissent.

Quelles sont les conditions du succès ?

Comme évoqué précédemment, cette démarche part du chef de projet exploration, qui est un accompagnateur du changement. Mais il est indispensable que chaque membre de l'équipe se l'approprie et se sente concerné. Il s'agit bien d'embarquer toute l'équipe, et en même temps, chacun doit se sentir libre d'y adhérer. C'est une transformation des habitudes qui s'opère sur le long terme. Second point : vouloir développer l'état d'esprit entrepreneurial, la créativité et l'innovation, c'est encourager aussi la prise de risque. Lancer une démarche d'exploration signifie que les managers doivent établir un cadre de valeurs et donner à l'équipe la possibilité d'explorer. Cela implique forcément un droit à l'erreur.

Quelles compétences faut-il avoir pour être un excellent chef de projet exploration ?

Il faut être naturellement curieux et ouvert d'esprit, sensible à l'amélioration et aux changements. Une bonne connaissance de l'organisation facilitera la tâche. Il est également nécessaire d'avoir une forte intelligence relationnelle pour fédérer autour de soi, en sachant faire preuve d'empathie : il est important de comprendre l'intérêt et les motivations de chacun à s'engager dans l'exploration, afin de ne laisser personne de côté. Il est aussi important de savoir identifier les moyens efficaces pour avoir accès rapidement à l'information et aux cercles relationnels pertinents. Cela passe par la capacité à développer un réseau professionnel et personnel, à mettre en place une veille efficace sur des sites (TED, par exemple), des revues de référence et sur les réseaux sociaux. Enfin, un bon chef de projet exploration doit être synthétique, pragmatique, rigoureux et organisé pour transformer l'inspiration en valeur ajoutée concrète dans le cadre des objectifs du service.

Les universités digitales

> *Pour accompagner cette transformation, les directions des ressources humaines sont chargées de sensibiliser tous les salariés et de préparer les « métiers » (...) Rien que chez Publicis, près de 15 000 salariés ont bénéficié de 887 programmes de formation dédiés en 2013*[1].

Pour répondre à de nouveaux besoins internes spécifiques aux problématiques RH, les entreprises ont développé des initiatives comme les universités digitales, qui permettent

1. http://lesechos.fr/enjeux/business-stories/lenjeu-du-mois/0203730853183-transformation-numerique-les-plus-belles-initiatives-du-cac-40-1039142.php

de déployer des plans de formation ambitieux en s'affranchissant de contraintes comme les limites géographiques et la nécessité de trouver une plage horaire qui convienne à tous. Nicolas Combemorel, Training coordinator chez Valeo, insiste sur la nécessité de structurer les formations autour du digital, le besoin d'identifier les cibles prioritaires et l'importance de mesurer l'efficacité de ces nouvelles entités de formation.

Comment structurer ces formations autour du digital ?

Le digital s'est introduit dans nos vies parfois sans même que l'on s'en aperçoive, car cela s'est produit naturellement. Nous l'avons accepté en regardant pour la première fois une vidéo sur le Web afin de savoir, par exemple, comment il fallait procéder pour ouvrir une noix de coco ou éplucher un potiron.

Il faut réutiliser cette approche, basée sur les goûts et les affinités des utilisateurs, afin de développer une approche en trois temps : avant, pendant et après l'action de formation principale.

AVANT

L'action de formation principale est encore la plupart du temps réalisée en classe, mais le digital peut permettre de la préparer efficacement. Cette préparation passe par plusieurs mécanismes :

1. **L'éveil des consciences.** On peut décider d'attirer l'attention du participant sur un ou plusieurs points particuliers, qui pourront être approfondis ensuite. On peut également penser à un teaser, qui viendrait bousculer des idées reçues.
2. **Le test des participants**. Une session optimale ne peut se dérouler sans une relative homogénéité de niveau. Un participant dont le niveau serait un cran en dessous des autres vous fera perdre du temps en session avec ses questions ou, pire, sera complètement effacé lors de la formation. À l'inverse, les participants dont le niveau dépasse largement la moyenne pourront avoir besoin d'une autre solution. C'est particulièrement vrai pour les formations en langues.
3. **La mise à niveau des participants**. Avoir une idée du niveau de chacun est une chose, mettre en œuvre un plan pour s'assurer qu'ils soient tous prêts pour le jour J en est une autre. Il s'agira la plupart du temps de contenu théorique ou de savoirs de base, qui n'ont pas à être développés ou débattus.

Ce système est pertinent lorsque votre contenu est complexe, ou bien que votre formation est axée sur des exercices ou ateliers pratiques. Dans ces deux cas, les sessions présentielles devront se concentrer sur des activités ayant une haute valeur ajoutée pédagogique.

PENDANT

Durant cette formation principale, vous pouvez imaginer une infinité d'utilisations du digital. Les devices, dont sont dotés maintenant une majorité de Français actifs, permettent d'interagir avec un contenu, partager des idées, gamifier, et enfin évaluer ce même cours immédiatement après la formation. Cette dernière possibilité est particulièrement intéressante, car elle ouvre de nouvelles perspectives de productivité et d'analyse. Le fait d'évaluer une action de formation n'est pas nouveau, mais cela nécessite une organisation rigoureuse et génère une charge administrative sans grande valeur ajoutée. Il y a aussi une itération dans le processus, puisqu'une action de formation est généralement évaluée en deux temps : à la fin de l'action, puis quelques mois plus tard. Si l'évaluation « à chaud » est relativement simple à mettre en place, bon nombre de structures peinent à garantir durablement l'évaluation « à froid ». Le digital est alors un facilitateur, puisque nos collaborateurs sont équipés et peuvent être mis à contribution facilement quel que soit le moment où ils seront sollicités. Dans une perspective un peu plus futuriste, d'autres technologies, comme celle de la réalité augmentée, pourraient trouver leur place dans une salle de classe.

APRÈS

À l'issue de cette séance, plusieurs usages très différents du digital peuvent être faits.

1. **L'évaluation**. Vous (ou quelqu'un d'autre) pouvez réévaluer la formation en fonction de l'impact qu'elle a eu sur vos compétences et générer des flux d'informations dématérialisés, dont l'analyse sera facilitée. Le prescripteur peut également décider d'enrichir son processus de formation par un système de certification (un quiz, par exemple, valide un certain niveau de connaissances).

2. **La suggestion de contenus**. Vous pouvez compléter cette formation principale en proposant d'autres contenus de tous types qui enrichiront les compétences de l'apprenant, qui décidera lui-même de s'engager ou non dans cette acquisition supplémentaire.

3. **Le social learning**. Pourquoi ne pas considérer la formation comme une opportunité de créer des communautés d'apprentissages, avec un espace pour continuer les échanges et poursuivre les débats ?

Le digital permet de créer facilement une passerelle entre vos actions de formation et votre SIRH. Dans une organisation décentralisée, cela évite les difficultés liées au déploiement d'une formation dans plusieurs lieux, sans retour rapide et précis sur la qualité dans chaque lieu. La « qualité », c'est simplement le niveau de satisfaction des collaborateurs. Le digital vous permettra de récupérer de manière simple toutes les données relatives à une formation et de prévoir des mesures d'ajustement appropriées.

Le digital est polymorphe. Avec un peu de créativité, vous trouverez presque toujours la bonne approche pédagogique pour chaque public. Sa souplesse vous permet de vous concentrer sur ce qui compte vraiment dans la situation d'apprentissage, à savoir les interactions avec des pairs. Il peut également se suffire à lui-même et constituer une alternative à la formation classique, ce qui est pratique lorsque l'on doit former efficacement et rapidement des individus éloignés géographiquement.

Pour finir, de par sa nature dématérialisée, il peut fournir des solutions de remplacement de processus papier lourds à mettre en œuvre, et sur lesquels il est difficile de capitaliser dans le temps, notamment en ce qui concerne l'évaluation de la formation.

Qui sont les cibles prioritaires ?

Dans l'absolu, tous vos collaborateurs sont concernés et peuvent être intéressés par l'expérience digitale ! La meilleure façon de créer une rupture puis d'impulser un changement durable est de réussir vos premiers lancements. À vous de connaître votre organisation pour choisir la ou les configurations les plus favorables au succès.

Les populations mobiles, comme les commerciaux, sont des cibles de choix. Régulièrement (voire systématiquement) en déplacement, ils bénéficieront directement de contenus pédagogiques accessibles n'importe où et n'importe quand. La très étroite fenêtre de tir qui permettra de les rassembler dans une salle pour une formation plus poussée pourra ainsi être exploitée au maximum.

Le véritable challenge sera de former avec ce type de modalités des collaborateurs sans matériel informatique professionnel, mais motivés à l'idée de profiter de ces opportunités d'apprendre.

Pour répondre à la question un peu différemment, demandez-vous quels programmes sont à transformer en priorité afin de convertir vos collaborateurs. Il est sans doute préférable d'utiliser des programmes « corporate » (leadership, management...) sous contrôle centralisé. Ces programmes transverses habitueront de manière progressive les utilisateurs à aborder ou conclure un sujet par une séquence digitale.

Quels outils existent pour mesurer l'efficacité de son université digitale ?

Dans le cas de **l'efficacité économique**, vous devez vous poser deux questions. Tout d'abord, demandez-vous combien vous coûte ce produit digital par nombre d'utilisateurs, ou par heure passée par ces utilisateurs. Il sera facile d'y répondre car la plupart des plateformes permettant d'héberger et partager du contenu digital intègrent déjà des fonctionnalités de reporting. Ensuite, demandez-vous combien de temps vous fait gagner ce produit. Cette question est plus difficile à appréhender. Toutefois, si vous avez réorganisé un processus d'apprentissage afin de prendre en compte le digital, vous devriez savoir quelles parties vous pouvez traiter en ligne. Il s'agit alors d'estimer le temps gagné.

Deuxième cas de figure : vous avez complètement digitalisé une action de formation. Quantifiez le temps et l'argent gagné à éviter de déplacer des individus géographiquement. Si cette formation a existé par le passé sous une forme plus traditionnelle, l'impact n'en sera que plus grand. Ainsi, il devient possible de faire des calculs de rentabilité, et même calculer un retour sur investissement, grand tabou ou chimère lorsque l'on parle de la formation professionnelle classique.

Si vous vous intéressez à **l'efficacité pédagogique**, vous rentrez dans un débat infiniment plus complexe, et au moins aussi intéressant. Le débat est celui qui anime les professionnels de la formation depuis de nombreuses années, si ce n'est depuis toujours : comment valider l'efficacité pédagogique d'un contenu ? Je n'ai pas la réponse, mais je propose d'aborder la réflexion autour de deux axes, qui correspondent à un « retour sur attentes » des différents acteurs.

1. Premier acteur : le bénéficiaire. Il est bien placé pour exprimer son degré de satisfaction vis-à-vis d'un contenu à travers différents schémas de notation, avec plus ou moins de champs chiffrés ou textuels, en fonction du type d'informations que l'on souhaite extraire. La véritable question à se poser, si vos contenus digitaux sont hébergés sur une plateforme, est : souhaitez-vous que le témoignage du béné-

ficiaire soit public ou non ? Et son corollaire : souhaitez-vous qu'il puisse relayer ce témoignage et recommander ce contenu ? Le bénéficiaire peut se transformer en prescripteur, et devenir un vecteur de votre transformation vers le digital learning en faisant de l'apprentissage une expérience sociale et donc collective plutôt qu'individuelle.

2. Second acteur : le prescripteur. Généralement de la fonction RH mais idéalement opérationnel, il guide le bénéficiaire vers le contenu digital (dans le cadre d'un parcours ou non).

Quel est le coût d'une université digitale ?

Tout dépendra de vos ambitions et de l'ampleur du déploiement envisagé. Il faut prendre en compte le niveau d'appétence de votre organisation afin de déterminer si le digital est la meilleure solution à votre problématique pédagogique. Autrement dit, le dimensionnement de votre université digitale dépendra du nombre de clients qu'elle vise à servir.

Une certitude toutefois : vous pouvez vous lancer dans l'aventure digitale à moindre coût en choisissant de produire vous-même vos matériels pédagogiques. Par exemple, des vidéos percutantes peuvent être faciles à produire. Si votre organisation a une sensibilité pour les campagnes de communication fabriquées maison et que vous avez envie de vous retrousser les manches, vous avez une carte à jouer. L'utilisateur devrait être naturellement indulgent face à ce courage et ce dévouement évident ! Plus sérieusement, nos collaborateurs se détournent de plus en plus des contenus trop lisses et trop normés, au profit des discours ancrés dans la réalité et incarnés par d'autres acteurs de l'organisation. Faire ce film vous-même n'a rien d'insurmontable, mais appuyez-vous sur un expert interne (fonction communication) ou externe pour produire une vidéo efficace. Attention ! Votre public sera exigeant sur la qualité de l'image et du son (pour lesquels le soutien d'un professionnel devrait garantir une réussite totale). Cependant, le plus important est votre message. Pour cela, vous devez impérativement procéder à un travail d'écriture (type storyboard) avant de vous lancer : quels messages voulez-vous passer ? Quels sont vos objectifs pédagogiques ? Personne ne saura mieux le faire que vous ! N'oubliez pas qu'avant d'être vos collaborateurs, vos apprenants sont des utilisateurs parfois aguerris de ce type de média. Prenez en compte ce paramètre afin de déterminer le niveau de qualité que vous devez atteindre pour rencontrer le succès.

Autre exemple, celui des modules d'e-learning, que l'on utilise de plus en plus dans le cadre de parcours, et de moins en moins en tant que solution pédagogique unique. Il est très intéressant et facile de les combiner avec des vidéos par exemple, car ils permettent de procéder à des apports pédagogiques de manière un peu plus formelle, avec de l'interactivité qui aide à embarquer l'apprenant dans l'expérience. Tout comme une vidéo, la création d'un module e-learning ne s'improvise pas. Cependant, vous pouvez bricoler vous-même vos modules pour un coût modéré, car un logiciel de conception de ce type de contenu ne coûte guère plus de 1 000 euros, ou bien les sous-traiter. Si vous externalisez la production, les coûts sont extrêmement variables, allant de 3 000 euros pour des modules basiques pour lesquels vous fournissez un support pédagogique déjà déterminé, jusqu'à 30 000 euros pour des modules très complexes et où votre prestataire partira de zéro.

Peut-on réussir sa transformation digitale sans université digitale ?

En dehors de certaines structures extrêmement agiles, il paraît difficile de mener un processus de conduite de changement sans aucune activité de formation associée. Et cela d'autant plus si ce processus induit un certain nombre d'outils nouveaux que vos collaborateurs devront s'approprier.

Les nouveaux dispositifs de formation et d'apprentissage en entreprise

La façon d'apprendre aujourd'hui a évolué. Les postes deviennent plus complexes et requièrent une plus grande transversalité, à la fois en termes de compétences et de savoir-être. De plus, dans un souci d'optimisation des outils et de maîtrise des budgets de formation, les directions de formation s'engagent dans une profonde transformation de leur approche. Pour apporter une vision globale de cette transformation au sein de l'entreprise, nous sommes allés à la rencontre de Florie Crétin-Le Drogo, responsable des ressources humaines au sein du groupe Editis.

Quels sont les avantages et les inconvénients des nouveaux modes de formation ?

Les modalités d'apprentissage ont beaucoup évolué ces dernières années dans le domaine de la formation professionnelle, avec le développement de l'e-learning, des serious games, formations sur mobile, MOOC... L'avantage majeur de ces outils est qu'ils sont accessibles n'importe où et à moindre coût. Néanmoins, l'expérience a montré que l'e-learning classique crée un sentiment d'isolement du stagiaire, seul devant son écran d'ordinateur, sans aucun échange avec ses pairs ou un expert référent. La réussite de ces outils repose beaucoup sur la motivation de la personne à se former. Les MOOC et SPOC[1] sont plus riches et mélangent plusieurs modalités d'apprentissage : écoute, vidéo, lecture, échange... On retrouve en particulier avec les SPOC, comparables à une classe virtuelle, les facteurs clés du succès d'une formation présentielle : l'appartenance à un groupe et l'interaction avec le formateur. Les MOOC et SPOC sont des dispositifs proposés aux étudiants en école de commerce notamment. On peut donc s'attendre à ce que ces jeunes professionnels souhaitent retrouver ces modes d'apprentissage dans leurs futures entreprises.

La réforme de la formation, avec notamment la nécessité de proposer des formations plus adaptées à chaque collaborateur, rend-elle la formation présentielle dépassée ?

La réforme de la formation a notamment pour objectif de rendre le salarié acteur de son parcours professionnel. L'outil phare de cette réforme est le CPF (Compte personnel de formation). La législation prévoit que les formations à distance puissent rentrer dans ce cadre, ce qui représente une vraie évolution. Néanmoins, la législation a également encadré ces modalités de formation en précisant qu'elles devaient inclure une assistance pédagogique et technique. Pour le moment, les listes de formations définies dans le cadre du

1. *Small private online course* : cours en ligne dont l'accès est limité en nombre ou à une catégorie de personnes (collaborateurs d'une entreprise par exemple).

CPF s'appuient davantage sur les formations présentielles. Il est encore trop tôt pour dire si cette réforme modifiera en profondeur le monde de la formation, d'autant plus que ses acteurs initient certaines actions digitales, mais l'offre de formation sur le marché français reste encore principalement du présentiel.

La possibilité de proposer des formations non présentielles donne-t-elle plus de choix au collaborateur dans les formations qu'il suit ?

Aujourd'hui on parle de MOOC, SPOC, *blended learning*… Mais ces termes ne sont pas forcément connus par les collaborateurs, car l'objectif est toujours le même : apprendre. Pourtant, ces modalités d'apprentissage responsabilisent le collaborateur quant à la réalisation de son parcours de formation, qui dépend de sa motivation, et sur le choix des formations, puisqu'il est autonome. Les nouvelles modalités d'apprentissage, comme les MOOC, sont disponibles en dehors de l'entreprise. Le faible coût et le large choix sur Internet permet à chacun d'être acteur de sa formation.

Le ROI de la formation a-t-il changé avec l'apparition de nouveaux modes de formation ?

L'optimisation des budgets formation est d'autant plus nécessaire que ceux-ci sont diminués par la nouvelle obligation légale. Les RH doivent donc défendre leur budget auprès de leur direction. Nous passons d'une logique fiscale à une logique d'investissement. Le calcul du ROI est d'autant plus important. Évidemment, la nécessité d'optimiser les budgets ne doit pas se faire au détriment de la qualité des formations proposées. Pour cela, les nouveaux modes de formation sont une véritable opportunité. Ce sont des formats souvent moins onéreux que des formations présentielles, certains MOOC pouvant même être gratuits. Ces formations à distance réduisent considérablement les frais de logistiques liés aux coûts de déplacement et d'hébergement et sont souvent réalisées en dehors du temps de travail. La digitalisation de la formation peut également présenter des outils d'évaluation efficace pour mesurer le ROI.

Il existe une variété de nouveaux dispositifs de formation aujourd'hui qui intègrent une dimension digitale. Voici ceux qui nous semblent les plus efficaces et les plus représentatifs de cette transformation de la formation.

Le MOOC et le SPOC

> *Il faut bien comprendre que les enseignements diffusés par un seul site, celui de la Khan Academy*[1]*, étaient suivis en 2013 par 6 millions de personnes par mois, soit, selon son fondateur, Salman Khan, « dix fois le nombre d'étudiants passés par Harvard depuis sa création en 1636 ».* – Emmanuel Davidenkoff, *Le Tsunami numérique*[2]

1. http://khanacademy.org/
2. E. Davidenkoff, *Le Tsunami numérique*, Stock, 2014.

Certaines entreprises se sont inspirées des MOOC pour construire des cours destinés à leurs collaborateurs, les COOC (*Corporate open online course*), qui enrichissent les universités numériques.

Formation à distance plus sélective que les MOOC, les SPOC sont des cours qui s'adressent à des groupes d'une trentaine d'étudiants pour un rapport plus personnel entre le professeur et les participants. Pour l'instant principalement utilisé par les universités et écoles, le SPOC est un cours diplômant, garantissant un faible taux d'abandon.

Canal+ et le MOOC

Proposer une variété de thématiques au plus grand nombre, tel était l'objectif fixé par Canal+ en 2013 lorsque l'entreprise a lancé son programme de MOOC. De la finance à la gestion de projet en passant par la créativité, les salariés du groupe audiovisuel français peuvent ainsi suivre des formations très variées n'importe où et n'importe quand pour se sensibiliser à la culture digitale.

Canal+ propose ainsi à ses salariés une quinzaine de MOOC, présents sur la plateforme en ligne Coursera. En un an, ce sont 200 salariés qui ont suivi un ou plusieurs cours en ligne, et le plus souvent hors du temps de travail. En effet, pour cette première initiative, il n'était pas prévu d'allégement des tâches quotidiennes. Juliette Couaillier, directrice de la formation de Canal+, souligne : « Tous ne sont pas allés jusqu'au bout, faute de temps. Mais notre but n'était pas de mesurer les connaissances acquises. » Elle précise qu'« il s'agissait surtout de familiariser les salariés avec la culture digitale et de favoriser leur ouverture d'esprit ». Les MOOC sont en effet suivis par des publics très différents, tant du point de vue des métiers que de l'âge.

Dans une dynamique de partage de l'information et pour favoriser le recueil des réactions face à ce dispositif, Canal+ organise plusieurs sessions de retours d'expérience qui font intervenir des participants du MOOC et des experts en interne pour recueillir l'opinion des premiers et leur permettre d'échanger avec des spécialistes.

L'E-LEARNING

Outre les outils collaboratifs traditionnels (messagerie instantanée, chats, gestion documentaire, moteurs de recherche), une plate-forme d'e-learning permet aux 30 000 managers du groupe de se former régulièrement aux enjeux du numérique[1]. – Marc Florette, CDO (*Chief digital officer*) d'Engie (ex-GDF Suez)

1. http://journaldunet.com/ebusiness/le-net/transformation-digitale-engie-gdf-suez.shtml

L'e-learning est un modèle de formation dont les contenus sont entièrement diffusés en ligne. L'e-learning permet aux apprenants de consommer les contenus au rythme qu'ils veulent, parfois avec un accès possible depuis leur ordinateur personnel. L'e-learning peut prendre différentes formes : vidéo, audio, quiz… et entraîne des mises à jour régulières des contenus. Ce mode de formation permet une réduction des coûts (plus besoin de réunir tous les participants dans une salle) et une consolidation des acquis dans la durée grâce aux contenus répartis dans le temps et non plus sur une seule journée de formation.

Clarins et l'e-learning[1]

Clarins est le leader européen des soins de beauté haut de gamme. Fort de 19 000 points de vente dans le monde, le groupe couvre l'ensemble des segments du marché des cosmétiques (soin, maquillage et parfums).

Des problématiques se posaient pour le groupe, tant du point de vue organisationnel et géographique qu'humain. Le groupe a connu des changements organisationnels importants obligeant la marque à se structurer en régions. Ainsi, chaque région devient autonome et définit sa propre stratégie commerciale. Les conseillères opérant pour Clarins dans les différents points de vente (parfumeries, grands magasins, instituts de beauté et boutiques exclusives) ne sont pas salariées du groupe. En effet, les conseillères sont en relation avec plusieurs autres grandes marques concurrentes. Pour suivre les différentes formations proposées, elles sont donc obligées de prendre sur leur temps personnel.

La direction de la formation internationale de Clarins a décidé de lancer un projet stratégique de transformation de l'offre de formation pour réfléchir à de nouvelles façons de former ce personnel qui assistait de moins en moins aux formations présentielles. Le but de ce projet est d'adapter les dispositifs en fonction de ces différentes contraintes de lieux. En un mot, la formation doit être agile, réactive et adaptée à l'évolution des cibles (conseillères de ventes) et des objectifs spécifiques des régions. Pour répondre à ces exigences, la direction de la formation internationale s'est orientée vers une solution d'e-learning, proposée par CrossKnowledge. Le portail Clarins ePro a été lancé en septembre 2011 dans le cadre d'un projet pilote. En se connectant à ce site Web, les collaborateurs et le personnel affilié ont la possibilité de découvrir les nouveautés Clarins (informations sur les nouveaux produits), de renforcer leurs connaissances sur les gammes existantes (formation aux produits), de s'immerger dans l'univers du groupe (communication avec la communauté Clarins).

Clarins ePro affiche clairement les sessions de formations prévues (nom de la formation, date d'inscription, durée, progression, etc.). Les différents contenus proposés par la marque sont directement accessibles et mis à jour régulièrement par Clarins.

1. http://crossknowledge.com/uploads/filemngr/FR/temoignages/nx/pdf/Clarins-rayonnement-global-local.pdf

Pour répondre à l'exigence de personnalisation, un administrateur est nommé pour chaque pays. Ainsi, la plateforme Clarins ePro est gérée de façon autonome par un expert local. Chaque administrateur est formé via la CrossKnowledge Academy pour l'aider dans l'utilisation de Clarins ePro. L'objectif est de rendre l'administrateur pleinement acteur de la formation au niveau local en devenant un véritable relais d'information pour les collaborateurs et le personnel affilié de Clarins.

« Se connecter au portail Clarins ePro, est devenu un véritable réflexe pour les utilisateurs », comme le dit Claire Delouis, responsable développement formation au sein de la direction formation internationale de Clarins.

Les bénéfices de ce dispositif e-learning, qui connaît un taux de connexion de 85 %, sont nombreux. D'une part, il contribue à communiquer plus largement auprès des conseillères et offre une meilleure visibilité de la marque Clarins. D'autre part, il permet de suivre plus efficacement les apprenants de façon individuelle et de proposer un parcours de formation sur-mesure.

LE SERIOUS GAME

Le serious game (ou jeu sérieux) est un dispositif d'apprentissage et de simulation conçu à la manière d'un jeu dont l'objectif est de trouver une solution à un problème professionnel. Les serious games offrent une simulation dans des conditions réalistes et permettent d'évaluer à la fois les compétences (connaissances des produits ou des situations) et les savoir-être (comportements et usages). Ce sont donc des outils très complets qui peuvent être utilisés à la fois par des populations expérimentées et par d'autres plus novices, dans le cadre de la formation professionnelle ou au cours du processus de recrutement. Pour présenter ce concept, nous avons sollicité l'expert Jean-Roch Houllier[1], actuellement directeur pédagogique de Thales Université, l'université du groupe Thales.

Comment les serious games s'intègrent-ils dans les dispositifs de formation ?

Les serious games s'inspirent du registre des jeux vidéo tout en conciliant dimensions pédagogique et ludique. Avec le développement de formations de plus en plus ancrées dans l'action, cette approche peut se révéler très pertinente afin de mobiliser et d'impliquer les apprenants de façon ludique autour d'une thématique donnée. Outre sa dimension applicative, une telle approche peut, selon les jeux, avoir une composante sociale qui permet un « apprendre ensemble ». Dans le cadre d'une formation, les serious games peuvent, grâce à ces deux dimensions, donner lieu à des discussions et partages animés par le formateur et propices à l'apprentissage, qui devient une expérience intense et enrichissante permettant de mêler savoir-faire et savoir-être.

1. Jean-Roch Houllier est diplômé d'HEC Paris et de SUPAERO (ISAE). Il est considéré comme un expert de la formation. Il est certifié PMP, IPMA Level B certified, MGP, SSCBB, FFP, Executive Coach Certified HEC Paris. Par ailleurs, il est le directeur du développement académique pour le PMI-France.

Comment fonctionne le serious game Simultrain®, utilisé par Thales en management de projet ?

Être chef de projet, c'est vivre et ressentir le quotidien du projet, ses nombreuses facettes et ses divers temps forts. Ainsi, il est important de garder à l'esprit que la formation doit être perçue sous deux angles : la connaissance et l'expérience, qui sont au cœur de la compétence du chef de projet. En termes de serious games, la simulation, et plus particulièrement le logiciel SimulTrain®, offre une perspective intéressante dans la façon d'envisager la relation au projet, sa découverte, son appréhension et son expérimentation.

Depuis plusieurs années, Thales Université utilise SimulTrain® au sein de ses programmes de formation, et tout particulièrement de ses passeports. C'est une formule destinée aux nouveaux entrants dans un métier donné. En bref, une façon efficace et ludique de découvrir le très riche univers des projets !

Renault[1] et le serious game

Le groupe automobile français Renault s'est fixé l'objectif de mieux former et améliorer la relation client pour 15 000 commerciaux, dans 40 pays, et en 20 langues différentes. L'objectif de Renault est d'atteindre le top 3 de la relation client. Pour réussir ce projet de formation très ambitieux, la Renault Academy (entité formation de Renault) a proposé à ses collaborateurs du monde entier un serious game pour mieux former ses forces de vente et ainsi augmenter les performances commerciales. Celui-ci comprend plusieurs modules, dont le décodage du comportement d'un client, la détection des erreurs d'un conseiller et la simulation d'une vente. La particularité du serious game est de placer le joueur (le collaborateur apprenant) face à des situations proches de la réalité.

Joël Touchard, chef du service formation management, comportement et commerce après-vente de Renault Academy, précise : « Habitués à être formés régulièrement, les professionnels du réseau ont un niveau d'exigence élevé. L'aspect ludique du serious game capte l'attention des apprenants. Contrairement à une formation classique en one-shot, le jeu se joue et se rejoue. Ce qui lui donne une vertu d'entraînement. » Pour ce qui est des bénéfices de ce type de dispositif, les résultats sont probants. Jean-François Gibouin, directeur client à la Renault Academy, indique qu'il y a « 83 % de satisfaction pour les serious games contre 50 % pour l'e-learning » et que « 100 % des apprenants vont jusqu'au bout du jeu »[2].

1. « Renault dynamise 15 000 conseillers commerciaux et vendeurs », *Le Figaro*, 10 février 2014.
2. http://youtube.com/watch?v=lVVqwHGtgdo

LE REVERSE MENTORING

> *Le numérique est un outil d'échange et de performance du management. Pour ce faire, l'entreprise s'appuie sur un réseau de 600 jeunes collaborateurs chargés de faire du reverse mentoring auprès des membres du comité exécutif, à commencer par Gérard Mestrallet, le PDG du groupe, et des 130 principaux dirigeants*[1]. – Marc Florette, CDO (*Chief digital officer*) d'Engie (ex-GDF Suez)

Le reverse mentoring (ou mentorat inversé) est un type de formation où les seniors et décideurs de l'entreprise sont mentorés par des juniors, souvent sur des sujets digitaux comme la technologie ou les réseaux sociaux. En échange, les collaborateurs seniors apportent leur connaissance sur l'entreprise. Ce modèle de formation, au-delà des connaissances acquises, permet de renforcer les liens entre les générations dans l'entreprise.

Pour avoir une vision de terrain sur le reverse mentoring et savoir comment il peut se déployer au sein d'un grand groupe, nous avons interrogé Ewa Sulima, Project Manager Digital HR, et Katrin Kuth, Business Process Manager, chez AXA.

Qu'est-ce que le reverse mentoring chez AXA ?

Chez AXA, le reverse mentoring s'est progressivement déployé dans plusieurs pays. L'approche est centrée sur l'utilisateur et fondée sur le volontariat. Un minimum de six sessions, une ou deux fois par mois, est prévu dans ce programme qui a pour objectif de familiariser les mentorés avec les pratiques liées au numérique, y compris sur les plateformes sociales et digitales, et les usages des clients en la matière. Les grands thèmes sont prédéfinis, mais le contenu de chaque session reste flexible afin de s'adapter au mieux aux besoins des mentorés.

Quels sont les bénéfices du reverse mentoring ?

Le reverse mentoring s'inscrit dans un ensemble d'initiatives visant à renforcer la culture digitale à travers le groupe. Les avantages de ce programme sont de plusieurs natures. Avant tout, il est propice aux échanges entre générations et favorise ainsi la collaboration et l'innovation dans un monde du travail de plus en plus digital. Ensuite, le reverse mentoring permet aux mentorés d'acquérir de nouvelles compétences en matière digitale et d'aboutir à une meilleure compréhension des besoins digitaux des clients. Ce programme les aide également à mieux saisir les besoins et souhaits des équipes opérationnelles. Enfin, les mentors bénéficient en échange de l'expérience de leurs mentorés et développent un savoir-faire pédagogique.

Comment peut-on mettre en place le reverse mentoring en entreprise ?

AXA a tout d'abord lancé un projet pilote dans quatre de ses filiales afin d'assurer la diversité des participants. Le travail avec ces premiers mentors et mentorés a permis de valider l'approche, d'affiner le programme et de réaliser un matériel support pertinent au niveau mondial. À terme, ce kit de déploiement permettra à toutes les filiales d'AXA de

1. http://journaldunet.com/ebusiness/le-net/transformation-digitale-engie-gdf-suez.shtml

déployer le reverse mentoring de façon autonome et flexible. Une importante préparation est nécessaire pour assurer la réussite du programme. Les mentors suivent une formation intensive de pédagogie et disposent d'un manuel qui contient plus de 300 activités qui peuvent être abordées lors des sessions. Une application interne pour smartphone a également été créée pour soutenir les mentors et managers de projet. La sélection des mentors repose sur un certain nombre de prérequis, tels que l'utilisation fréquente des outils digitaux et les compétences interpersonnelles. Outre la formation initiale et le manuel d'activités, ils peuvent s'appuyer sur la personne en charge du programme et sur le réseau des mentors pour partager leurs bonnes pratiques.

La rosace ci-dessous illustre bien le programme de reverse mentoring chez AXA : six rencontres organisées autour des cinq thèmes suivants : la recherche d'information, le collaboratif, la sécurité des données, la diversité des applications et l'entreprise digitale. La modularité et la flexibilité du programme sont essentielles.

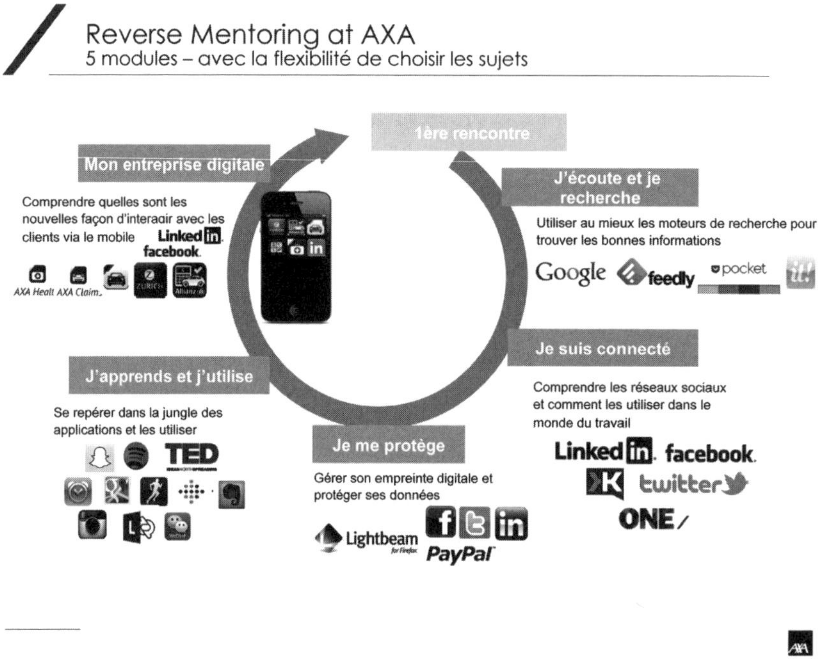

Cofely Services et la formation des jeunes mentors[1]

Cofely Services est une société de services en efficacité énergétique et environnementale. En France, Cofely Services emploie 12 500 collaborateurs. Consciente des enjeux liés à une compréhension et une maîtrise des outils

1. http://myrhline.com/actualite-rh/le-mentorat-inverse-coaching-des-seniors-par-les-juniors-etude-de-cas-cofely-services-gdf-suez-et-csp-formation.html

et usages digitaux à tous les niveaux hiérarchiques, l'entreprise a lancé son programme de reverse mentoring en 2014. L'objectif est de familiariser son comité exécutif au Web 2.0 en proposant à ses membres d'être formés par des collaborateurs juniors.

Les mentors étaient de jeunes collaborateurs reconnus comme experts ou d'un niveau avancé sur la thématique du Web 2.0. Ils ont rejoint le programme de reverse mentoring sur la base du volontariat. Une période de deux jours de formation a été instaurée au cours de laquelle ils ont pu bénéficier de conseils sur leur nouveau rôle de formateur (écoute, empathie, vision). Étant donné que chaque mentor allait se retrouver face à quatre membres du comité exécutif, il était essentiel de les accompagner également sur ces éléments : gestion du stress, maîtrise du discours et des comportements, moyens pour atteindre les objectifs de chaque session, etc. À l'issue des deux jours, les jeunes collaborateurs ont rejoint leur groupe de mentorés. L'opération a été un franc succès. D'une part, Cofely Services a prouvé que l'entreprise était capable de mettre en place des initiatives modernes et innovantes et d'autre part, cela a démontré son attachement pour le partage intergénérationnel de compétences et de savoir-être.

LE M-LEARNING

> *Dans un marché toujours plus concurrentiel, délivrer un service personnalisé en magasin est un enjeu critique pour acquérir de nouveaux clients et renforcer leur fidélité (...). Choisir une solution d'apprentissage mobile se révélait clairement la meilleure option car le smartphone est le seul dispositif que les conseillères beauté ont en permanence avec elles*[1]. – Claire Delouis, responsable développement formation, Clarins

Le m-learning (ou mobile learning) est un modèle de formation où les contenus (ingénierie pédagogique) sont accessibles via le smartphone ou la tablette. Il s'agit donc d'apprendre ou de se former via un appareil mobile, n'importe où, n'importe quand et sur n'importe quel sujet, dans l'idée d'optimiser les temps creux (en salle d'attente, dans les transports, dans les embouteillages...), plutôt que de rester assis dans une salle de formation. Les contenus s'adaptent ainsi au maximum au rythme et aux habitudes des apprenants. Les contenus de m-learning sont souvent plus courts et plus visuels (infographie, vidéo...) que ceux du e-learning, pour s'adapter à l'usage mobile et à un apprentissage plus nomade.

L'aspect technologique est primordial pour ce mode de formation. En 2017, la technologie 4G devrait totaliser plus de 50 % du trafic mobile mondial ; les tendances de croissance du trafic mobile (+ 69 % en 2014) nous permettent ainsi de voir dans le m-learning un sérieux compétiteur dans la course à la formation professionnelle.

1. http://teachonmars.com/blog/wp-content/uploads/2015/03/20150327_Business-Case-Clarins.pdf

Quel est l'impact du mobile sur la formation ?

Nous pouvons recenser trois facteurs clés accélérant le développement du m-learning : l'usage et le BYOD, le besoin d'instantanéité et l'innovation de la technologie mobile.

Facteur n° 1 : l'usage et le BYOD (*Bring Your Own Device*)

Connectés dans leur vie personnelle, les collaborateurs le sont désormais dans leur vie professionnelle. L'utilisation du mobile s'est intensifiée au cours des dix dernières années. Selon l'étude du cabinet Vanson Bourne pour VMware, 30 % des salariés français reconnaissent consulter et modifier des documents professionnels sur leurs propres mobiles et tablettes[1]. La tendance s'est accélérée avec la démocratisation de l'usage des smartphones et tablettes. Qu'ils soient français, américains ou japonais, les collaborateurs sont attachés à l'utilisation du mobile (et de leurs outils mobiles) en entreprise. Cela explique l'émergence du BYOD, une pratique permettant aux salariés d'utiliser à des fins professionnelles leurs propres appareils mobiles personnels[2].

Facteur n° 2 : l'instantanéité du besoin de formation

Les modèles traditionnels de formation en entreprise répondent à une logique de *just-in-case training*[3]. Le parcours de formation préétabli vise à l'acquisition de fondamentaux qui permettront à l'apprenant d'être plus autonome dans les situations de travail futures. Ce modèle d'apprentissage est cependant pointé du doigt car il présente de nombreuses limites, comme le manque d'implication et de participation de l'apprenant, la faiblesse du niveau de rétention d'information, etc.

> **Vous voulez concevoir votre propre application de m-learning ?**
>
> Inspirez-vous d'un des plus grands succès de ces dernières années : l'application d'apprentissage de langues Duolingo[4]. Si Duolingo doit une partie de son succès à sa gratuité, la conception de l'application y est aussi pour beaucoup. Avec un design simple, des exercices rapides et des sessions thématiques de cinq minutes (que l'app rappelle par des push quotidiens), son format et son contenu sont adaptés au mobile. Les badges récoltés au fur et à mesure des exercices, mais surtout les points qui permettent de débloquer de nouvelles séances, donnent à l'utilisateur l'envie de réussir. Enfin, les jauges correspondant à chaque leçon se remplissent quand on réussit, et baissent lorsque les notions ne sont pas utilisées, montrant la nécessité de réviser les différents thèmes. Cette application doit sa réussite aux principes du m-learning : des contenus courts, de la régularité, un peu de gamification et des révisions pour consolider les connaissances.

1. http://vmware.com/files/uk/pdf/MobileRebelsExecSummary.pdf
2. Le terme mobile n'est pas réservé au seul smartphone, mais englobe tous les appareils technologiques : tablettes, laptop et objets connectés (montre, bracelets, etc.).
3. En français, « formation au cas où ».
4. Duolingo est un site Web et une application pour terminaux mobiles (iOS, Android, Windows Phone) dont l'objectif est l'apprentissage des langues.

Parce que l'on recherche aujourd'hui l'immédiateté dans l'exécution, les conditions d'apprentissage se retrouvent chamboulées. L'outil mobile contribue à l'adoption du format d'apprentissage *just-in-time training*. Pour un apprenant, c'est la possibilité de pouvoir déclencher son action de formation dès qu'il en ressent le besoin. Il est plus efficace de se former sur des contenus que l'on va immédiatement utiliser. Par exemple, un technicien intervenant sur une machine défectueuse peut lancer directement sa vidéo de formation via son mobile (tablette, smartphone) pour apprendre en trois minutes comment réparer le matériel.

Le changement de paradigme du « *just-in-case* » au « *just-in-time* » constitue ainsi un véritable défi pour l'entreprise. Cela conduit à adopter une nouvelle posture pour les acteurs de la formation. D'une part, comprendre et accepter cette transformation des conditions d'apprentissage : vers une formation sur-mesure, une coconstruction et un codéveloppement du savoir (social learning). D'autre part, il est nécessaire de repenser le parcours d'apprentissage en intégrant les nouvelles spécificités du contenu et du support. L'usage du mobile impose une durée d'exposition beaucoup plus courte que sur les autres supports. En ce sens, il est préférable de proposer une série de vidéos de courte durée (moins de cinq minutes) qu'une séquence complète ininterrompue. L'objectif est de fournir désormais une formation plus flexible et plus personnalisée à l'apprenant.

Demain, les avancées technologiques vont également peser sur les changements en cours dans la formation mobile, que ce soit pour le format des devices (Google Glass, Apple Watch, objets connectés...), le format des contenus (plus courts, plus visuels – *bite-sized content*[1], gamification, etc.) ou par ajout de fonctionnalités sur les appareils existants (réalité augmentée[2], sensibilité accrue à la géolocalisation...).

LE BLENDED LEARNING

Pour faciliter l'apprentissage des connaissances et des savoir-être, il est impératif de varier les supports, les rythmes de formation et d'accroître la responsabilisation des collaborateurs. Le *blended learning*, expression anglo-saxonne qui se traduit littéralement par « apprentissage mélangé », ou « apprentissage mixé », est un nouveau modèle de formation qui combine une variété de dispositifs d'apprentissage, incluant sessions présentielles et en ligne. Les sessions présentielles peuvent précéder la phase en ligne pour poser les bases sur lesquelles s'appuie l'apprentissage à venir, suivre la séance en ligne pour une mise en situation individuelle ou en groupe, ou encore intervenir à plusieurs étapes de la formation pour des mises en application ou des acquisitions de connaissances.

1. En français, les contenus faits pour être consommés « en une bouchée ».
2. Superposition d'informations en 3D, avec un effet d'immersion qui augmente la réalité perçue de l'utilisateur sur les plans visuel et sonore.

Siemens France et le blended learning[1]

La filiale de Siemens AG, groupe international leader dans le secteur de la haute technologie, a lancé un programme de blended learning visant à améliorer les compétences linguistiques (anglais, espagnol, français, allemand et italien) de ses collaborateurs français. L'objectif était de renforcer la collaboration avec les collègues des autres pays, les clients du monde entier et, par conséquent, de soutenir la productivité du groupe Siemens.

Avant 2011, les formations en langues étaient déployées au travers d'écoles de langues régionales. Il y avait par conséquent une impossibilité de fixer un standard de qualité identique sur l'ensemble des sites. Siemens France a donc recherché une solution permettant d'assurer une unité dans la méthode d'apprentissage (pédagogie), dans les supports (contenus) et l'évaluation des résultats (qualité). Il était essentiel pour la filiale de rendre ses salariés acteurs et responsables dans leur apprentissage des langues étrangères, et donc important d'identifier également une solution capable d'offrir à tous les salariés un espace personnel de formation en ligne en accès libre pour leur permettre de se former en autonomie. Siemens France s'est alors tournée vers Speexx, une entreprise spécialisée dans la conception de solutions de formations blended learning dédiées à l'apprentissage des langues, un format qui permet d'apporter de la souplesse aux apprenants et plus d'efficience à l'entreprise. Parmi la variété de dispositifs proposés par Speexx, les équipes de formation de Siemens France en ont retenu quatre : l'e-learning tuteuré et classes virtuelles, l'e-learning tuteuré et cours par téléphone, les cours en face à face et les outils de formation en ligne. Pour renforcer la mise en pratique en situation réelle, un programme *Immersions UK* a également été ajouté.

Après consultation des partenaires sociaux, tous les salariés de Siemens ont ainsi bénéficié d'un accès libre et en ligne à la plateforme *English 4 Everyone* de Speexx. La particularité du dispositif est qu'il est disponible et accessible partout, que ce soit sur son lieu de travail ou depuis son domicile. Le fait de combiner le facteur humain, le présentiel et le distantiel a permis de répondre aux spécificités de chacun (mobilité, rythme, niveau, etc.).

En résumé, le déploiement de ce macro-dispositif de blended learning a permis aux salariés de Siemens France d'être plus largement sensibilisés à l'importance de bien communiquer en anglais, de gagner en cohérence dans leurs parcours de formation et d'accéder à une plus grande flexibilité dans l'apprentissage. Le succès de ce dispositif s'est traduit notamment par un accroissement du nombre d'apprenants, passant de 1 500 en 2011 à 2 700 en 2014. Pour l'entreprise, le passage au système de blended learning a contribué à réduire les coûts de formation tout en améliorant le niveau linguistique des collaborateurs et à simplifier la prise en charge financière par les OPCA[2].

1. http://blogs.speexx.com/fr/2014/03/18/internationalisation-blended-learning-siemens/
2. Organisme paritaire collecteur agréé.

Clarins et le blended learning[1]

Grâce au déploiement de la solution de blended learning, Clarins a pu former davantage de conseillères. En France, le nombre de conseillères formées a été multiplié par deux.

Les formats d'apprentissage et d'accompagnement sont variés afin de répondre à une logique de personnalisation. Ainsi, dans les régions où les chaînes sont majoritaires, par exemple pour un grand lancement de produit, Clarins allie le format présentiel (soirées événementielles) à un format distantiel via une campagne e-learning, puis, un nouveau format présentiel avec du coaching sur les points de ventes dédiés.

Varier les formats d'apprentissage est un choix au niveau du groupe Clarins, qui propose ainsi des cours présentiels en petits groupes ou en plus grand comité via des événements, des sessions de coaching et des formations terrain. En complément, le programme de formation intègre des sessions en distantiel avec de l'e-learning, des tutoriels vidéo, des documents à télécharger, des forums de discussion. Par ailleurs, dans une logique de suivi de la performance et du ROI, le groupe attache une importance toute particulière aux modalités d'évaluation sur l'ensemble de ces dispositifs et supports de formation.

LA LEARNING EXPEDITION

> *[Suite à l'organisation d'une learning expedition de trois jours dans la Silicon Valley, en 2014], je voulais montrer au ComEx des start-up, des entreprises investies dans l'innovation. C'est la vitesse, dans le processus et dans la prise de risque, qui nous a le plus impressionnés.* – Terry Gettys, directeur de la R&D, Michelin

Partir pour découvrir. Revenir et s'accomplir. Tels sont les quatre éléments clés de la learning expedition (ou expédition d'apprentissage). La learning expedition se présente comme un dispositif de formation permettant aux collaborateurs de sortir de l'enceinte de l'entreprise et d'aller à la rencontre d'autres professionnels, soit du même secteur, soit de secteurs différents, et de s'imprégner des différences de culture et de processus en entreprise. Pour réussir ces learning expeditions, il est essentiel de les concevoir comme un véritable projet et de les intégrer dans un écosystème digital dynamique. Rompue à cet exercice depuis 2004, Aurélie A. Vincent, directrice et fondatrice d'EmbodyAgency, qui accompagne entrepreneurs et leaders d'organisations internationales en Europe, aux États-Unis et en Asie pour ouvrir et développer leur vision, la communiquer et l'incorporer à leur stratégie, nous livre son témoignage sur les learning expeditions.

1. http://e-learning-letter.com/info_article/m/657/la-formation-chez-clarins-une-exigence-a-la-hauteur-d-une-marque-haut-de-gamme.html

Qu'est-ce qu'une learning expedition ?

C'est une expérience immersive au cours de laquelle des participants s'engagent sur un territoire nouveau et l'explorent dans ses multiples dimensions (culturelle, économique, technologique, sociale, historique, politique...) pour apprendre et « s'apprendre ». Lieu d'émergence et d'innovation par excellence, la Silicon Valley, en Californie, est une destination privilégiée pour les learning expeditions que l'on appelle « LX ». Cependant, on peut tout à fait organiser une learning expedition dans sa ville. Il n'est pas nécessaire de partir loin et longtemps pour qu'une organisation ou un groupe en retire des bénéficies.

Quel est l'intérêt pour une entreprise de partir en learning expedition ?

Cela permet de s'exposer à d'autres façons de faire mais aussi d'autres façons d'être, de penser et d'interagir. S'immerger dans un univers différent permet de se poser les bonnes questions, d'oser et de changer. Vivre une learning expedition est l'opportunité d'apprendre et se développer aussi bien en tant qu'individu qu'en tant qu'organisation. Aujourd'hui, ces parenthèses s'inscrivent parfaitement dans une époque hyper-connectée où la porosité entre les écosystèmes est grandissante. Source d'inspiration, elles permettent de s'ouvrir, de tester et d'oser. Elles offrent aussi la possibilité d'innover et de se transformer et ce, en un temps record.

Comment cela se passe-t-il concrètement ? Quels types d'entreprises visite-t-on lors d'une learning expedition ?

Une learning expedition se déroule souvent durant une semaine, mais on peut l'organiser pour une ou deux journées. Les participants visitent des entreprises de leur secteur d'activité, ou bien d'un secteur d'activité éloigné du leur. Ils découvrent aussi bien des start-up, que les GAFA ou des organisations à but non lucratif. Souvent, ce sont des modèles de réussite, mais aussi parfois d'échec. Cela confronte au réel. L'important, c'est que chaque programme soit élaboré sur-mesure afin d'atteindre ses objectifs et d'offrir des solutions concrètes et pérennes. Les thèmes d'une LX varient : « innovation managériale » ou « innovation technologique », « stratégie », « réinventer une culture d'entreprise », « transformation » ou « ressources humaines ».

Outre les visites d'entreprises, les participants sont sensibilisés aux différences culturelles (car souvent, les learning expeditions se déroulent à l'étranger). Ils rencontrent des acteurs clés de l'écosystème (investisseurs, entrepreneurs, leaders d'opinion) lors de moment privilégiés et informels. Prendre part à la vie locale avec des activités de team-building ou des workshops au sein de grandes universités, de centres de recherche, de design ou d'innovation, rend l'expérience concrète et actionnable.

Finement assemblés et séquencés, ces moments viennent challenger des façons de faire et de penser et développer de nouvelles compétences. Toute expérience devient source d'apprentissage. Les learning expeditions sont des voyages émotionnels et sensoriels autant qu'intellectuels.

Quel est l'intérêt pour une entreprise de partir en learning expedition ?

Tout dépend des besoins, des priorités et de l'intention de l'entreprise. Partager une expérience commune, améliorer la communication, s'informer, apprendre, développer de nouvelles compétences, être plus compétitive, redéfinir des orientations stratégiques, développer un réseau et des partenariats stratégiques, innover, se réinventer : les objectifs d'une learning expedition peuvent être divers.

À quels types d'entreprise s'adressent les learning expeditions ?

Toute organisation, quelle que soit sa mission ou sa taille, trouve des bénéfices dans une learning expedition, comme toute communauté dont l'intérêt est partagé. Par exemple, nous avons organisé aux États-Unis un séminaire d'une semaine pour un groupe d'une vingtaine de professionnels du bâtiment venus de la région Rhône-Alpes. Différents corps de métiers étaient représentés. En une semaine, les participants se sont rendus à Phoenix, Los Angeles et San Francisco. Venus explorer les tendances, des projets d'envergure, rencontrer des institutions et des acteurs clés qui influencent le visage des villes, ils sont repartis avec de plus grandes ambitions pour leurs projets, une meilleure connaissance, ainsi qu'un plus grand respect des métiers de chacun. Grâce aux affinités qui se sont naturellement tissées entre eux, des partenariats se sont mis en place au sein du groupe avant la fin du séjour.

Des réseaux de dirigeants, comme des incubateurs, nous sollicitent de plus en plus afin d'appréhender les tendances disruptives, développer des synergies internationales, débrider les esprits pour s'inspirer, oser et innover. C'est souvent le cas pour des start-up qui s'installent sur les côtes Est et Ouest des États-Unis. La plupart du temps, ce sont des entreprises de taille moyenne ou des grands groupes qui nous sollicitent pour organiser des learning expeditions. C'est le cadre idéal pour réunir les leaders actuels et futurs d'une entreprise et transmettre une stratégie commune. Cela donne l'opportunité unique à des membres d'entités et de régions différentes, qui ne se connaissent pas, de se rencontrer.

Quelle population de l'entreprise participe à une learning expedition ? Qui a le plus à y gagner ?

Avec la prépondérance des réseaux sociaux, le nombre d'évènements dans la vie réelle croît. À l'heure du tout-dématérialisé, de l'hyper-connecté, la rencontre dans une même unité de lieu, de temps et d'action a une grande valeur. Rassembler des populations ad hoc présente un bénéfice immédiat et pérenne pour ces organisations, car rien ne remplace la richesse de l'expérience vécue ! La learning expedition donne aux comités exécutifs un véritable espace commun de respiration, d'inspiration et de réflexion qu'ils ne trouvent pas dans l'urgence du quotidien. Elle sert de plateforme de décision pour les orientations stratégiques futures et pour redéfinir les contours de la culture d'entreprise, par exemple. Pour les directeurs, la learning expedition sert d'accélérateur pour mettre en place de nouveaux paradigmes et réinventer leur business model. Les managers prennent connaissance des tendances disruptives et ajustent leur comportement pour mener leur organisation plus loin. Pour les hauts potentiels, la LX est source d'inspiration et permet de développer un réseau interne de qualité, fort et durable, grâce à un vécu commun aligné avec les ambitions de l'entreprise. Les leaders d'opinion, eux, se confrontent à d'autres cultures et environnements pour revisiter leur positionnement et donner une plus grande ampleur à leur projet ou carrière.

Quel est l'intérêt d'une learning expedition ?

L'intérêt de la learning expedition est qualitatif autant que quantitatif. Il s'agit d'un processus d'apprentissage qui permet de gagner du temps, de l'énergie et de l'argent :

- Du temps, car les sociétés sont en contact immédiat avec l'innovation, des *business models* et solutions disruptives.
- De l'énergie, car cela donne de l'enthousiasme, du souffle et de l'inspiration aux participants, quels qu'ils soient. Les équipes rentrent galvanisées par ce type d'expérience, unique et intense, avec une volonté d'agir.
- De l'argent, car cela donne des idées nouvelles. Certaines solutions sont directement transférables pour l'entreprise, tout comme la mise en place de partenariats avec les sociétés rencontrées.

Ce sont des investissements importants dans ces trois domaines pour les organisations, mais le retour sur investissement peut constituer un véritable avantage compétitif. Cela permet de prendre du recul, remobiliser des équipes et créer des références communes. Cela a aussi l'avantage de questionner le « Why » : savoir *pourquoi* l'on fait ce que l'on fait est primordial. C'est ce qui donne du sens à une telle démarche, l'inscrit dans la stratégie de l'organisation et permet d'en obtenir le meilleur ROI aussi bien économique qu'humain.

Comment formaliser et tirer profit au maximum de ce qui a été vu et appris ?

Les offres des learning expeditions sont nombreuses. Les phases d'*avant*, et surtout d'*après* learning expedition sont clés. Aussi importantes que le *pendant*, elles sont souvent sous-investies… On ne peut atteindre avec satisfaction un objectif précis et clair que s'il est communément partagé. Suffisamment tangibles, les KPI (*Key Performance Indicators*) sont à communiquer auprès de toutes les personnes concernées, y compris les équipes des participants. L'amont de la learning expedition est fondamental. Le retour est une phase tout aussi décisive de l'expérience. Or c'est souvent l'étape la moins préparée et la moins investie. Pour en tirer le plus grand bénéfice, ce séjour doit s'incarner dans une réalité concrète au quotidien. La mise en place de plans d'action définis au cours du séjour permettra de faire la différence pour les participants et les organisations et de bénéficier de l'impulsion créée. L'accompagnement doit se poursuivre auprès des participants ainsi qu'auprès de leurs équipes.

Quels sont vos quatre conseils pour une learning expedition réussie ?

La learning expedition est l'occasion de se réinventer pour reconfigurer son organisation. Elle présuppose de se préparer à rencontrer l'inconnu pour regarder les choses sous un nouvel angle :

1. Soigner l'*avant* en se posant les bonnes questions pour cibler ses choix, définir les KPI et anticiper le retour.
2. Au cours du séjour, chaque rencontre, chaque expérience, est conçue pour être source d'apprentissage. Le rôle des facilitateurs est clé dans l'intégration et l'usage de ces nouveaux savoir-faire et savoir-être et dans la détermination de plans d'action choisis.

3. Le choix du partenaire est décisif pour accompagner les participants et donner sens à l'expérience pour obtenir le meilleur ROI pour les participants, l'organisation et ses clients.
4. Pour réussir l'*après* learning expedition, l'accompagnement et la mise en place des plans d'action déterminés et l'implication des autres membres de l'organisation sont essentiels.

La learning expedition est une formidable source d'inspiration et de progrès pour les organisations grâce aux femmes et aux hommes qui les constituent mais il est préférable de ne pas partir plutôt que de créer un effet « Wahoo ! » sans lui donner suite, car cela développe des frustrations qui peuvent provoquer un contre-effet.

La Silicon Valley et les comités exécutifs

Le digital bouscule les modèles économiques traditionnels, les comportements et les usages au sein des entreprises. Pour comprendre et être capables de réagir en proposant une nouvelle vision et de nouvelles stratégies sur le moyen et long terme, les dirigeants de grandes entreprises françaises se sont lancés dans ces learning expeditions aux quatre coins du monde, et plus particulièrement là où naissent majoritairement ces révolutions digitales : la Silicon Valley.

Le groupe français Orange a installé à San Francisco, un centre de développement qu'il a nommé « Orange Silicon Valley ». Son président, Georges Nahon, indique que le centre accueille environ 200 visites de dirigeants d'entreprise par an[1]. Il précise qu'Orange Silicon Valley reçoit également la visite de cadres et de dirigeants politiques (dont le Premier ministre japonais).

La learning expedition est un moyen efficace pour sensibiliser dans un temps relativement court (de trois jours à une semaine généralement) des membres du comité exécutif ou du comité de direction, des décideurs, et leur faire rencontrer d'autres acteurs majeurs de l'économie digitale mondiale.

C'est cette faculté à se transformer et à s'adapter qui est aujourd'hui recherchée par les DRH et les autres dirigeants des entreprises françaises, comme le souligne Antonia McCahon, Digital Acceleration Officer au sein de Pernod Ricard : « L'état d'esprit californien réside dans cette capacité à être flexible et agile, à se remettre en question ». C'est de cette flexibilité et de cette agilité que les grands groupes viennent s'inspirer.

1. http://usine-digitale.fr/editorial/le-safari-techno-des-comex-dans-la-silicon-valley.N332699

Conclusion

Chaque mode de formation a ses avantages, mais aucun ne sera parfaitement adapté pour tous les collaborateurs d'une entreprise sur l'ensemble des compétences digitales s'il est utilisé seul. Ainsi, le digital learning manager devra, à partir de sa connaissance de différentes populations de l'entreprise, réussir à trouver le bon cocktail pour faire monter ses équipes en compétences. Sur un même sujet, le besoin pourra varier en fonction du niveau hiérarchique et du pays. Il peut ainsi être intéressant de trouver plusieurs façons d'acquérir les mêmes compétences pour s'assurer de l'efficacité de la formation. Le blended learning, qui combine tous les modes de formation, sera alors un allié précieux.

Dans une ère du tout digitalisé, la tentation peut être grande d'oublier les formations présentielles. Pourtant, elles restent essentielles pour des ateliers qui permettent aux participants de confronter leurs idées, d'appliquer leurs acquis ou d'avoir un contact direct avec des formateurs lors de sessions de questions-réponses.

Aujourd'hui, tout l'enjeu de la formation est de savoir quelles méthodes utiliser à quelle étape de la formation, quand laisser les collaborateurs se former en autonomie et quand les accompagner de près, mais aussi quand et comment évaluer les résultats de la formation.

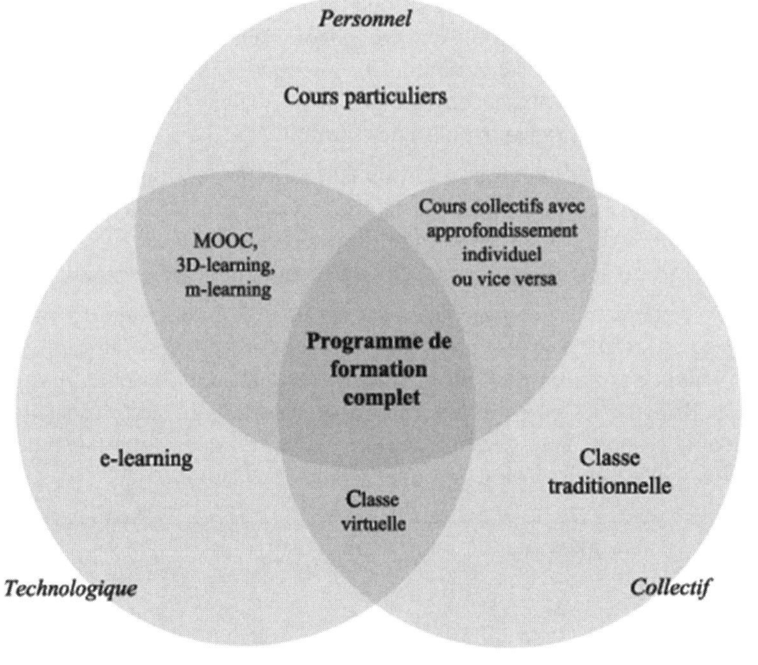

Conclusion de la partie 3

Le digital impacte l'expérience sur tout le cycle de vie du collaborateur : du recrutement au développement de la carrière dans l'entreprise en passant par l'*onboarding* et la formation.

Pour que les entreprises l'intègrent dans leurs processus, elles doivent souvent changer d'état d'esprit. Ainsi, il est indispensable, pour l'entreprise, ses managers et ses dirigeants, d'accepter que la répartition du pouvoir a changé et que l'entreprise ne peut plus contrôler entièrement ni sa réputation, ni les activités de ses collaborateurs. Ce lâcher-prise de la part de l'entreprise peut être considéré comme une force. D'une part, en établissant un dialogue réellement bidirectionnel et non plus top-down avec ses candidats et collaborateurs, l'entreprise peut mieux connaître leurs attentes et leurs besoins pour s'y adapter de façon plus spontanée.

Associée à l'exploitation des données, la conversation est en effet essentielle pour recueillir et analyser les avis des candidats et collaborateurs, ce qui permet de répondre à leurs attentes de façon plus rapide et plus agile. L'entreprise peut ainsi à la fois recruter les meilleurs talents, tout en s'adaptant mieux à la diversité de populations qu'elle souhaite recruter et fidéliser.

De la même façon, en étant moins directive avec ses collaborateurs, l'entreprise répond à leur besoin d'autonomie et de créativité, et peut ainsi mieux se nourrir de leurs idées pour développer sa productivité. Cela correspond à la fois à une dynamique de valorisation du travail des collaborateurs et d'adaptation à leurs usages. Il s'agit d'une part de leur donner plus de liberté au travail, et d'autre part, d'utiliser leurs idées et compétences en dehors du cadre des missions qui leur sont imposées par leur hiérarchie. Pourtant, cette digitalisation n'efface pas la culture de l'entreprise, mais met en avant l'essence en y intégrant les valeurs d'innovation, de collaboration, d'agilité qui sont indispensables à une transformation réussie.

Enfin, le digital est un allié précieux pour les entreprises qui souhaitent optimiser la mobilité interne et l'employabilité de leurs collaborateurs, notamment à travers la formation. D'une part, le digital permet au responsable formation de choisir le mode de formation qui est le plus approprié à chaque connaissance ou compétence. D'autre part, en permettant aux collaborateurs de gérer leur parcours de formation de façon plus autonome, on leur donne les clés de leur employabilité future. Avec les outils adéquats (m-learning, blended learning…), il devient possible d'améliorer la rétention de l'information, mais aussi de laisser le collaborateur choisir son prochain poste, en lui montrant quelle formation lui donne accès à un poste différent de son parcours de carrière classique au sein de l'entreprise.

En donnant plus de liberté aux collaborateurs et en changeant les méthodes de travail, l'entreprise prend évidemment des risques. Pourtant, ces risques sont faibles comparés aux risques encourus par une entreprise qui refuse de se transformer. Cependant, cela nécessite d'assurer un suivi continu de la transformation par la DRH, qui en fait part au comité exécutif, et d'ajuster les actions à la fois avec les usages des collaborateurs et avec la stratégie de l'entreprise.

S'il est essentiel pour une entreprise de mener sa transformation digitale, c'est pour qu'elle puisse refléter ce qu'est la société, dans ses usages, sa diversité et l'évolution de ses attentes. Il ne faut pas oublier, tout au long de la transformation, que derrière le digital, il y a des hommes et des femmes, des habitudes de travail, des préférences, des différences qu'il ne faut pas gommer, mais auxquels les différents usages digitaux permettent d'apporter des réponses adaptées.

Conclusion

> *Fear not, my lord, we will not stand to prate;*
> *Talkers are no good doers: be assured*
> *We come to use our hands and not our tongues*[1].
> – Shakespeare, *Richard III*, Acte 1, scène 3

Il n'est jamais simple de conclure un ouvrage sur un sujet aussi mouvant, changeant et vivant que celui de la transformation digitale. À l'instant même où nous mettons un point final à cet ouvrage, de nouveaux usages, de nouveaux services et outils voient déjà le jour – sans compter ceux qui mutent ou pivotent[2]. Learnist, Chirp, Mobli ou encore Impossible seront-ils encore présents en 2016 ? Pourtant, cet ouvrage présente de façon atemporelle les paradigmes qui conduisent chaque entreprise à penser sa transformation digitale. Une transformation qui n'est assurément pas qu'une simple affaire d'outils et de services digitaux, mais une refonte en profondeur du système de pensée, de la culture, du modèle économique et des interactions de l'entreprise avec ses clients externes et internes – c'est-à-dire les collaborateurs.

C'est une transformation avant tout « *people-centric* », comme disent les anglophones, c'est-à-dire pour, avec et par les personnes qui composent l'entreprise et son écosystème. Il est donc évident qu'elle doit être menée par le responsable de ces personnes au sein de l'entreprise : le directeur des ressources humaines. Pour pouvoir épouser ce changement de posture et accompagner au mieux la transformation de son entreprise et de ses collaborateurs, le DRH doit se remettre en cause et remettre en cause le statu quo sur de nombreux sujets concernant l'entreprise ; il amènera ainsi l'ensemble des employés à évoluer, à monter en compétences, à s'acculturer au digital, voire à s'approprier une réelle culture digitale pour mieux vivre et mieux répondre aux besoins des clients, eux-mêmes en pleine transformation.

On parle beaucoup d'ubérisation pour exprimer le fait de se focaliser principalement sur le client, d'être simple, rapide, de proposer avant tout une expérience. On parle aussi de son contraire : la kodakification, pour exprimer le fait de posséder des compétences, de comprendre le marché et son évolution, mais de ne pas savoir quoi faire ni comment agir pour se transformer et avancer. Même si elles ont connu des débuts difficiles face au digital, les directions RH doivent œuvrer pour éviter à l'entreprise de se kodakifier. Pour cela, elles doivent « s'auto-ubériser » de manière proactive, se remettre en question et plonger dans le bain bouillonnant des innovations de la transformation digitale.

---

1. « Bah ! Bah ! milord, nous ne nous arrêterons pas à bavarder. Les parleurs ne sont pas des hommes d'action. Soyez sûr que nous allons jouer du bras, et non de la langue », dans la traduction de François-Victor Hugo.
2. Terme issu du modèle agile, exprimant un changement de modèle économique ou de produit pour se recentrer sur un nouveau besoin identifié.

Pour citer le futurologue et auteur de *The Future of Work*[1], Jacob Morgan, « le travail, comme nous le connaissons, est mort » ! Celui-ci bouscule dans son livre l'ordre établi et exhorte les patrons – et les DRH – à repenser tous les processus de l'entreprise pour survivre, soit à la concurrence de nouveaux entrants tels que les GAFA, soit à la désaffection des collaborateurs qui recherchent d'autres moyens de fonctionner.

Nous espérons que cet ouvrage aura permis aux professionnels des ressources humaines, mais également à tous les collaborateurs qu'ils doivent accompagner dans cette transformation digitale, d'en appréhender les concepts principaux, et qu'il les aura sensibilisés à l'importance de la culture digitale et de la formation au digital.

Et comme nous faisons de notre mieux pour incarner de manière pragmatique notre discours – le fameux *walk the talk* des Américains –, nous avons fait notre possible pour donner des clés opérationnelles et des exemples pratiques d'entreprises, d'hommes et de femmes au cœur de ces transformations. Bien sûr, chacun vivra ces dernières de manière personnelle et unique, mais il n'en reste pas moins que les grandes lignes fondatrices sont communes. Et si, grâce aux retours d'expérience, certaines erreurs peuvent être évitées, alors nous serons ravis d'avoir apporté notre pierre à l'édifice.

Pour conclure, soulignons que nous partageons fortement la conviction de Belén Essioux-Trujillo[2], qui proclame que « les ressources humaines ne sont pas simplement une mission, mais une passion ». Et, comme le dit le proverbe, « on ne peut donner que deux choses à ses enfants : des racines et des ailes », nous souhaitons ardemment que tous les professionnels des ressources humaines, actuels ou en devenir, revendiquent leurs racines et trouvent le courage de laisser leurs ailes se déployer pour accompagner leur entreprise et ses collaborateurs vers de nouveaux horizons[3] au travers de leur transformation digitale !

Jean-Noël Chaintreuil

1. J. Morgan, *The Future of Work*, Wiley, 2014.
2. DRH de Kering.
3. Clin d'œil amical au livre d'Alexandre Pachulski, *Les Nouveaux Horizons RH*, Diateino, 2012.

Correction : Juliette Dablanc
Mise en pages : Nord Compo

Dépôt légal : septembre 2015
IMPRIMÉ EN FRANCE

Achevé d'imprimer le 7 septembre 2015
sur les presses de l'imprimerie « La Source d'Or »
63039 Clermont-Ferrand
Imprimeur n° 18059